技術・家庭 1〜3年 もくじ

JN093956

写真提供：アフロ，一般社団法人ボーケン品質評価機構，日本化学繊維協会

確認のワーク ステージ1

解答 p.1

1 材料と加工法

教科書の要点 （　）にあてはまる語句を答えよう。

1 材料の特徴

材料の特徴

	木材	金属	プラスチック
見た目	木目がある	光沢がある	光沢がある
手触り	冷たく感じない	(①　　)	冷たく感じない
水による変形	(②　　)	変形しない	変形しない
熱や電気	伝えにくい	伝えやすい	伝えにくい

材料の特徴や違いを考えて，使用目的や使用条件に合った製品がつくられているよ。

木材

- (③　　)材は主に**建築材**として，**広葉樹材**は主に**家具材**として利用される。（スギ，ヒノキ，アカマツなど）（キリ，ブナ，ケヤキなど）
- 木材は水分を含んでいて，乾燥すると(④　　)し，水分を吸収すると**膨張**する。
- (⑤　　)➡合板，集成材，パーティクルボード，ファイバーボードなど。（木材の小片を利用）（木材を繊維化して利用）

金属

- 金属には**弾性**，**塑性**，**展性**，**延性**などの性質がある。また，変形した部分の組織が変化してかたくなることを(⑥　　)という。
- (⑦　　)➡溶かした金属にほかの金属や元素を溶かして混ぜ合わせたもの。
- (⑧　　)➡溶けた金属を型に流し込んで目的の形にする加工法。（金属の加工法には，ほかに鍛造や熱処理などがある）

プラスチック

- プラスチックは主に**石油**を原料としてつくられる。
- (⑨　　)プラスチック➡熱を加えるとやわらかくなるプラスチック。
- (⑩　　)プラスチック➡一度固まると，熱を加えてもやわらかくならないプラスチック。

2 製品を丈夫にする方法

- 構造を丈夫にする方法や部材を丈夫にする方法がある。

木質材料の製造方法

合板

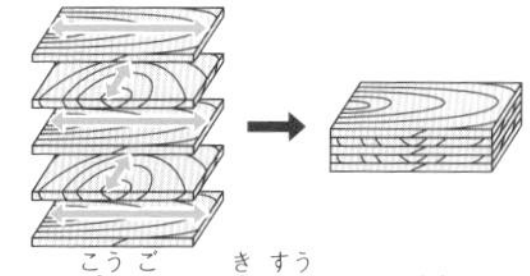
交互に奇数枚接着。

集成材

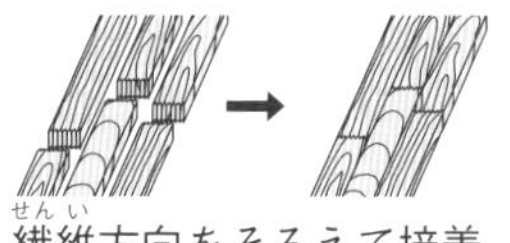
繊維方向をそろえて接着。

丈夫な構造

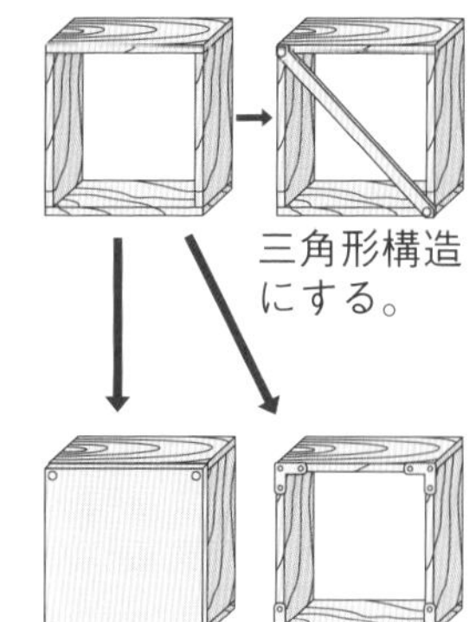

□まさ目材 □板目材 □辺材 □心材 □年輪 □早材 □晩材 □木質材

本冊 p.122 ～ 129

家庭Ｂ　衣・食・住の生活⑤

図表でチェック

▶住まいの空間

ファイナルチェック

☑❶台所・食事室・居間をまとめた空間を何というか。	LDK
☑❷１部屋を多目的に使えるのは和式・洋式のどちらか。	和式
☑❸保温性と吸湿性（きゅうしつ）がよい，和室の床材を何というか。	畳（たたみ）
☑❹住まいの中で起こる事故を何というか。	家庭内事故
☑❺住まいなどの段差をなくすことを何というか。	バリアフリー
☑❻年齢・性別・障がいの有無・出身などに関わらず誰（だれ）もが使いやすくしたデザインを何というか。	ユニバーサルデザイン
☑❼住まいの中の化学物質が原因で起こる体調不良を何というか。	シックハウス症候群（しょうこうぐん）
☑❽暖房器具の不完全燃焼で発生し，命に関わる被害（ひがい）を起こすものは何か。	一酸化炭素〔CO〕
☑❾室内空気の汚れ対策には何が有効か。	換気（かんき）
☑❿災害で家具の転倒を防ぐにはどうすればよいか。	(L字型金具などで)固定
☑⓫エネルギーや資源などを効率的に活用し，周辺の環境（かんきょう）と共に生活できるように工夫（くふう）された住宅を何というか。	環境共生住宅

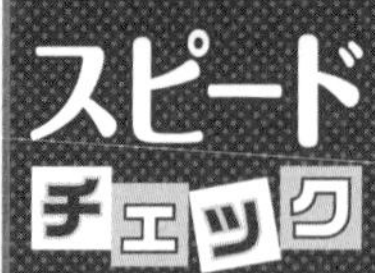

家庭C　消費生活と環境

図表でチェック

▶商品につけられるマーク

〔SG〕マーク

〔シルバー〕マーク

〔グリーン〕マーク

〔エコ〕マーク

〔JIS〕マーク

▶消費者トラブル…さまざまな悪質商法

〔マルチ商法〕	〔キャッチセールス〕	〔悪質な訪問販売〕	〔アポイントメントセールス〕
もうかるなどとして商品を購入させ会員にし，友人・知人を勧誘させる。	街頭で呼び止め，その場や喫茶店などに連れ込み，商品を購入させる。	家庭や職場などを訪問して，強引に商品の購入や契約をさせる。	電話などで約束を取りつけ，喫茶店などに招き，商品を購入させる。

ファイナルチェック

☐❶形のない商品は，物資とサービスのどちらか。	サービス
☐❷訪問販売や通信販売のような販売方法を何というか。	無店舗販売
☐❸前もって券やカードを購入しておき，現金の代わりに使用する支払い方法をまとめて何というか。	前払い
☐❹即時払いで商品の購入時に使用すると，即時に口座から代金が引き落とされるカードを何というか。	デビットカード
☐❺訪問販売など販売者の意思で始まった取引の契約を，一定期間内に書面で通知すれば解除できる制度は何か。	クーリング・オフ
☐❻消費者の権利を尊重し，その自立と主体的な行動の支援を基本理念として示した法律を何というか。	消費者基本法
☐❼消費者関連の業務をまとめて行う省庁は何か。	消費者庁
☐❽消費者の８つの権利と５つの責任を掲げている国際組織は何か。	国際消費者機構〔CI〕
☐❾限りある資源をできるだけ循環させて利用する社会を何というか。	循環型社会

中学教科書ワーク

定期テスト対策

まるごと重要用語マスター

技術・家庭

「スピードチェック」は取りはずして使用できます。

技術Ａ　材料と加工の技術①

図表でチェック

▶木材

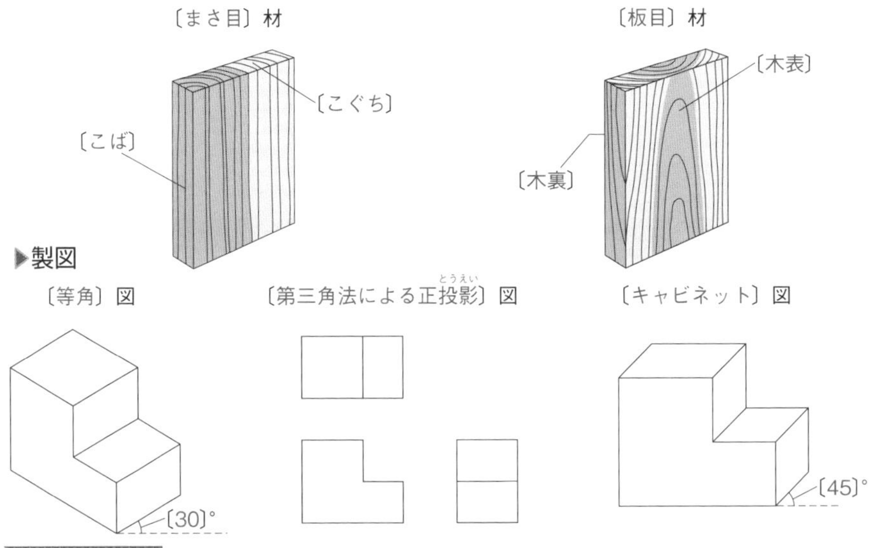

▶製図

〔等角〕図　〔第三角法による正投影〕図　〔キャビネット〕図

〔30〕°　〔45〕°

ファイナルチェック

❶木材，金属，プラスチックのうち，熱や電気を伝えやすい材料は何か。	金属
❷木材，金属，プラスチックのうち，水分によって変形する材料は何か。	木材
❸木の幹の中心にある，色の濃い部分を何材というか。	心材
❹年輪の色の濃い部分で，夏から秋にかけて成長した部分を何材というか。	晩材(ばんざい)〔夏材(かざい)〕
❺合板，集成材，パーティクルボード，ファイバーボードなどの材料を何というか。	木質材料(もくしつざいりょう)
❻金属の特徴(とくちょう)で，たたくとうすく広がる性質を何というか。	展性(てんせい)
❼溶(と)かした状態でほかの金属や元素を加え，冷やして固めたものを何というか。	合金
❽熱を加えるとやわらかくなるプラスチックを何というか。	熱可塑性(かそせい)プラスチック
❾製図に使用する線で，太線の実線でかく線を何というか。	外形線
❿寸法補助記号で，半径を表す記号は何か。	R

技術Ａ　材料と加工の技術②

図表でチェック

▶けがきで使用する工具

〔さしがね〕

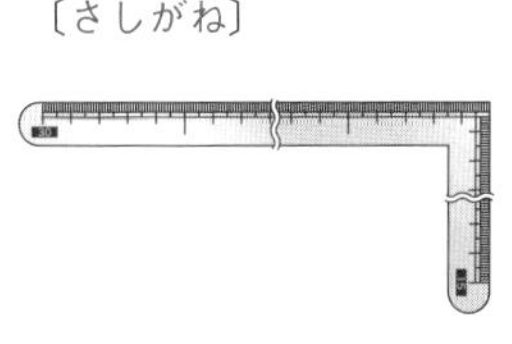

〔けがき針〕

〔センタポンチ〕

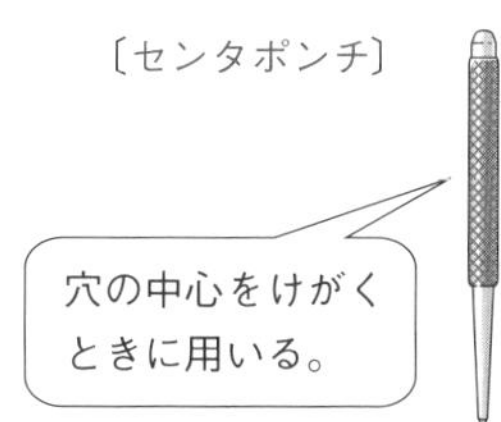

▶両刃（りょうば）のこぎり

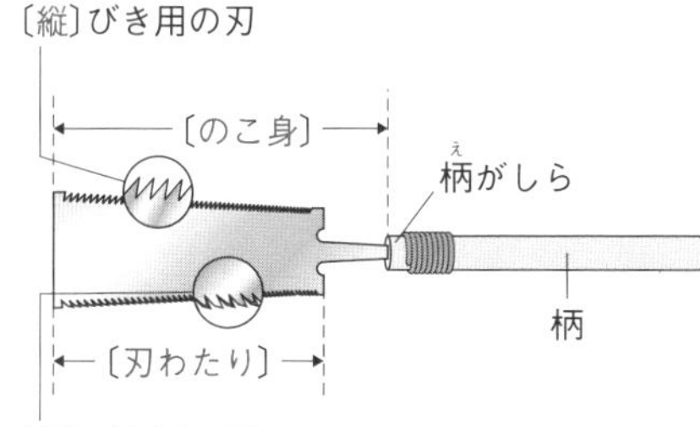

▶かんな

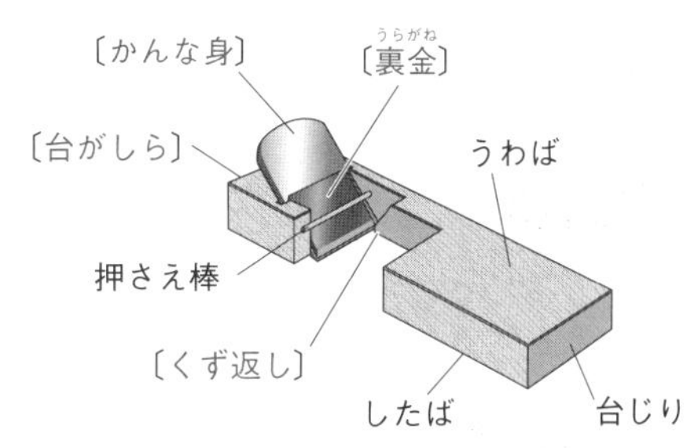

ファイナルチェック

☐❶材料から部品を取るために，材料の表面に線を引くことを何というか。	けがき
☐❷両刃のこぎりで，のこ刃が左右にふり分けられている構造を何というか。	あさり
☐❸かんな身を出すときは，どこを面に対して垂直にたたくか。	かんな身のかしら
☐❹やすりがけで，狭（せま）い範囲（はんい）を深くきれいに削（けず）ることができる方法を何というか。	直進法
☐❺木材や金属，プラスチックにドリルで丸い穴をあけるときに使用する工具を何というか。	卓上ボール盤（ばん）
☐❻ダイスを用いてつくるねじは，おねじか，めねじか。	おねじ
☐❼くぎ打ちの最後は，げんのうの平らな面と曲面のどちらで打つか。	曲面
☐❽仕上げのときに，傷つきやすく危険な角ばったところを削り落とすことを何というか。	面取り

本冊 p.24 ～ 35

技術Ｂ　生物育成の技術

図表でチェック

▶種まきの方法

〔ばら〕まき

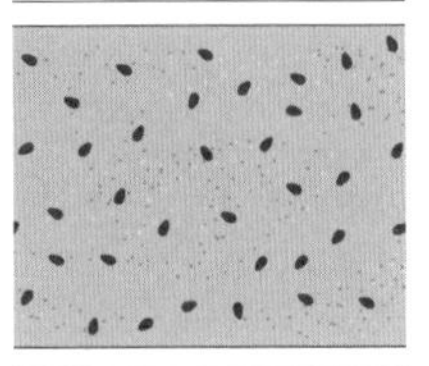

〔すじ〕まき

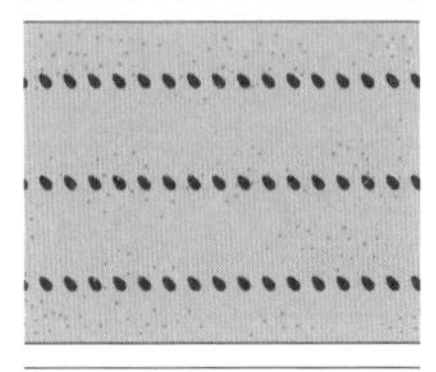

〔点〕まき

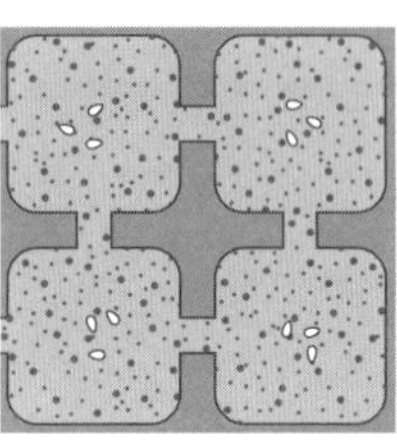

▶植物の育成

〔誘引(ゆういん)〕

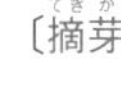

〔摘芯(てきしん)〕

ファイナルチェック

☐❶植物の成長に影響(えいきょう)を与(あた)える環境(かんきょう)要因のうち，光や降水量，温度などのことを何というか。	気象環境〔気象的要因〕
☐❷作物の地域に応じた栽培(さいばい)時期や特性などが示されたものを何というか。	栽培ごよみ〔栽培カレンダー〕
☐❸植物の成長に適した土の構造を何というか。	団粒(だんりゅう)構造
☐❹肥料の三要素のうち，主に光合成を盛んにして，果実や根の成長を促(うなが)す働きをもつものは何か。	カリウム〔K〕
☐❺定植の前にあらかじめ与える肥料を何というか。	元肥(もとごえ)
☐❻動物の排せつ物や動植物などを原料にした，効果が長続きする肥料を何というか。	有機質肥料
☐❼食用にするなど，人間が飼育して利用している動物を何というか。	家畜
☐❽動物に餌(えさ)を与えることを漢字２文字で何というか。	給餌(きゅうじ)
☐❾いけすなどで，人の手によって水産生物を育てる技術を何というか。	養殖

本冊 p.36 ～ 43

技術C　エネルギー変換の技術①

図表でチェック

▶電気用図記号

名前	図記号	名前	図記号	名前	図記号
〔電源プラグ〕		〔コンデンサ〕		〔モータ〕	M
〔直流電源〕		〔発光ダイオード〕		〔抵抗器〕	

▶分電盤(ぶんでんばん)

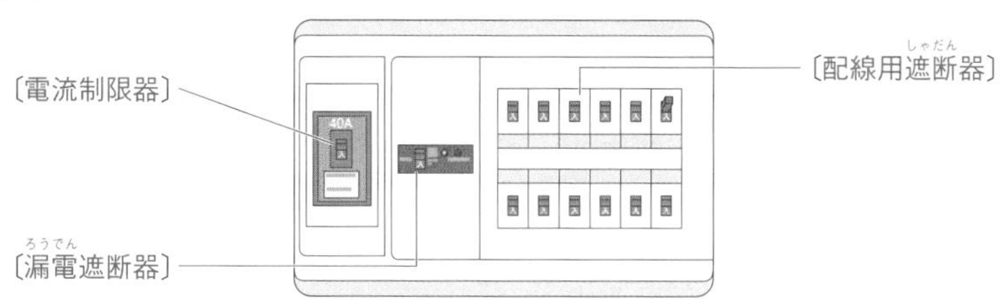

ファイナルチェック

☐❶もととなるエネルギーに対する使用目的に利用されるエネルギーの割合（%）を何というか。	エネルギー変換効率
☐❷化石燃料を使用し，二酸化炭素を多量に排出する発電方法は何か。	火力発電
☐❸発電所から家庭に送られる電気は，直流か，交流か。	交流
☐❹モータや電球など，電源から得た電気エネルギーを変換(へんかん)して利用する部分を何というか。	負荷(ふか)
☐❺電気ストーブは，電気エネルギーを何に変換して利用する機器か。	熱
☐❻漏電が発生したときに漏電遮断器を作動させるために，あらかじめ接続しておく線を何というか。	アース線〔接地線〕
☐❼電気機器に定められた，安全に使用できる範囲(はんい)の電流の値を何というか。	定格電流
☐❽電気回路を点検するときに使用する，電圧，電流，抵抗などが測定できる機器は何か。	回路計

本冊 p.44 ~ 51

技術C　エネルギー変換の技術②

図表でチェック

▶かみ合いで動力を伝達するしくみ

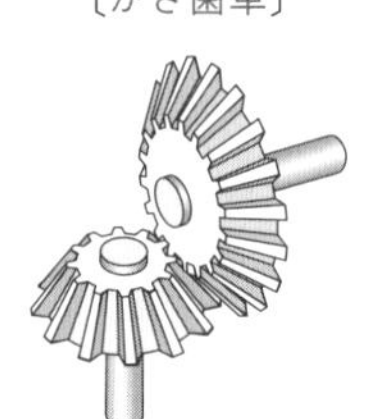

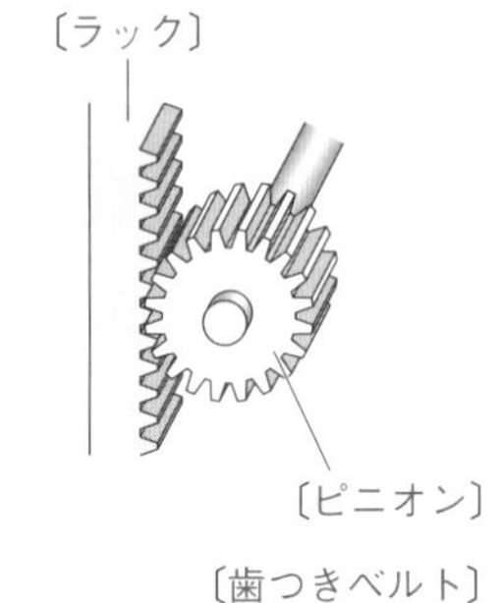

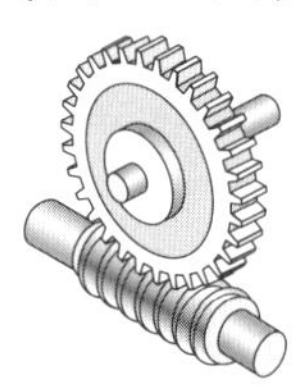

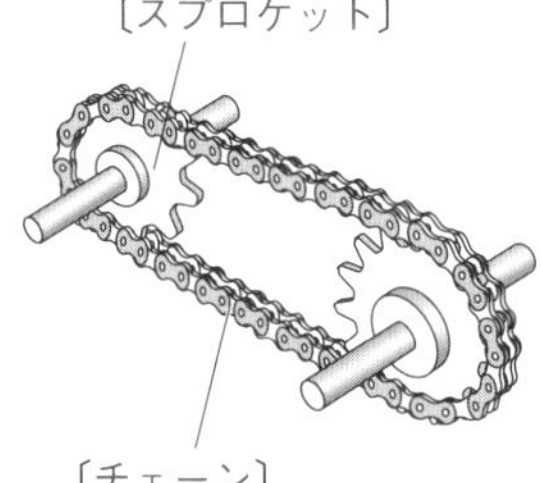

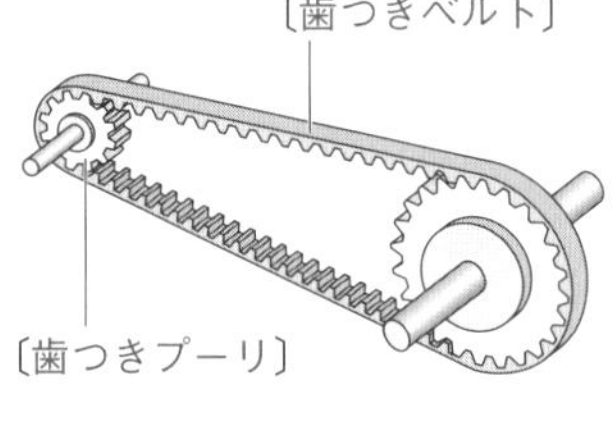

ファイナルチェック

☐❶日本産業規格は，アルファベット３文字で何というか。	JIS
☐❷駆動軸（原動車）と被動軸（従動車）の回転速度の比を何というか。	速度伝達比
☐❸摩擦で動力を伝達するしくみのうち，回転する２軸が近いものは何か。	摩擦車
☐❹リンク機構で，回転するリンクを何というか。	クランク
☐❺リンク機構で，揺動するリンクを何というか。	てこ
☐❻最短のリンクが回転すると，連接棒を経て別のリンクが揺動運動をするしくみを何機構というか。	てこクランク機構
☐❼往復運動を伝えるしくみで，原動節とそれに沿って動く従動節で構成されるしくみを何というか。	カム機構
☐❽熱エネルギーを運動エネルギーに変換する，蒸気機関やガソリン機関などを何というか。	熱機関
☐❾ガスタービンと蒸気タービンの両方を回すことで変換効率を上げている発電方法を何というか。	コンバインドサイクル発電

技術D　情報の技術①

表で チェック

▶コンピュータのしくみ

〔入力〕機能をもつ

〔出力〕機能をもつ

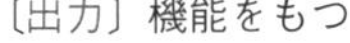

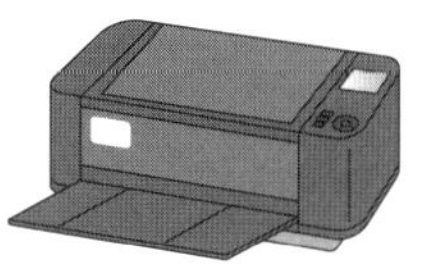

▶アナログとデジタル

〔アナログ〕情報　　〔デジタル〕情報

▶データ量

記号	関係
bit	最小単位
B	1B＝〔8〕bit
KB	1KB＝〔1024〕B
MB	1MB＝〔1024〕KB
GB	1GB＝〔1024〕MB

ファイナル チェック

☐❶コンピュータ本体と接続された周辺機器を何というか。　ハードウェア

☐❷コンピュータを動作させるためのプログラムなどを何というか。　ソフトウェア

☐❸コンピュータで，演算機能と制御(せいぎょ)機能をもつ装置をアルファベット3文字で何というか。　CPU

☐❹メインメモリやハードディスクは，どのような機能をもつ装置か。　記憶(きおく)機能

☐❺解像度が高いほど，画像のきめは細かいか，粗いか。　細かい

☐❻限られた範囲(はんい)にあるコンピュータを，ハブやルータなどで接続したネットワークを何というか。　LAN

☐❼インターネットへの接続サービスを提供する会社を何というか。　プロバイダ〔ISP〕

☐❽情報機器に割りふられている識別番号を何というか。　IP アドレス

☐❾インターネット上でデータをやりとりするときの約束事（通信方式）を何というか。　通信プロトコル

技術D　情報の技術②

図表でチェック

▶情報セキュリティ

〔認証〕システム	ユーザーIDやパスワードなどを利用し，不正侵入を防ぐ。
〔ファイアウォール〕	ネットワーク外部との通信を制限し，不正侵入を防ぐ。
〔フィルタリング〕	違法な情報や有害な情報の閲覧を制限する。
データの〔暗号〕化	通信中に情報が読み取られることを防止する。

▶フローチャート

ファイナルチェック

☑❶情報セキュリティの実現に必要な3要素とは，完全性，可用性ともう1つは何か。	機密性
☑❷コンピュータ上のファイルやプログラムに寄生して被害を与えるプログラムを何というか。	コンピュータウイルス
☑❸情報社会において適切に活動するための基となる考え方や態度を何というか。	情報モラル
☑❹知的財産権のうち，著作物に関わる権利を何というか。	著作権
☑❺産業財産権のうち，商品に使用するマークの保護を目的とした権利を何というか。	商標権
☑❻計測・制御システムで，周囲の状況を計測する部分を何というか。	センサ
☑❼計測・制御システムで，アナログ信号をデジタル信号に変換するなどの働きをする部分を何というか。	インタフェース
☑❽コンピュータが情報を処理する手順を，命令の形で記述したものを何というか。	プログラム

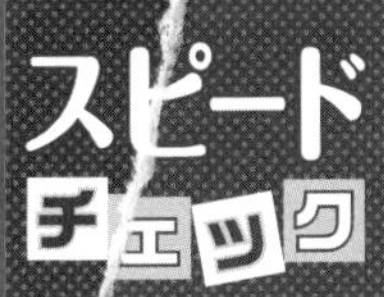

本冊 p.74～81

家庭A　家族・家庭生活①

図表でチェック

▶主な家庭の機能

衣食住などの〔生活〕を営む	心の〔安らぎ〕を得る	生活〔文化〕を伝える
暮らしのための〔収入〕を得る	子どもを〔育てる〕	〔地域〕の人と交流し，生活を築く

▶基本的生活習慣

〔着脱衣（ちゃくだつい）〕　〔食事〕　〔排（はい）せつ〕　〔清潔〕　〔睡眠（すいみん）〕

ファイナルチェック

- ☐❶食事・睡眠など，家族が生活を営む場を何というか。　**家庭**
- ☐❷1999年に施行（しこう）された，性別に関係なく，個性・能力を発揮できる社会を目指す法律を何というか。　**男女共同参画社会基本法**
- ☐❸仕事と生活を両立できる働き方や生き方のことを何というか。　**ワーク・ライフ・バランス**
- ☐❹生まれてから１歳になるまでの期間を何というか。　**乳児期**
- ☐❺１歳から小学校入学までの期間を何というか。　**幼児期**
- ☐❻幼児の体の発達には方向性がある。体の末端（まったん）から中心，中心から末端のどちらの方向に発達するか。　**中心から末端**
- ☐❼喜び・悲しみなどの心の動きを何というか。　**情緒**
- ☐❽２～３歳ごろに自我が芽生え，自己主張が強くなる時期を何というか。　**第１次反抗期**
- ☐❾食事・排せつなど健康に生きていくために行う習慣を何というか。　**基本的生活習慣**
- ☐❿幼児は食事以外で栄養を補うために何をとるとよいか。　**おやつ**

本冊 p.82～89

家庭A　家族・家庭生活②

図表でチェック

▶遊びの変化

1歳　2歳　3歳　4歳　5歳　6歳

〔大人〕と遊ぶ
一人で遊ぶ

友達の〔そば〕
で遊ぶ

友達と遊ぶ

大勢で〔協力〕
して遊ぶ

▶子育て支援の場所

〔保育所〕	〔幼稚園〕	〔認定こども園〕
0歳～就学前の乳幼児を保育。	3歳～就学前の幼児。基本は9時～14時。	保育所と幼稚園の機能を併せもつ。

ファイナルチェック

☐❶幼児の生活の中心となるものは何か。	遊び
☐❷昔から子どもたちの間で伝わってきた❶を何というか。	伝承遊び
☐❸❶を広げることができるおもちゃについて，安全基準に適合したおもちゃにつけられるマークは何か。	ST マーク
☐❹おもちゃは安全面や幼児の興味関心のほか，何に気をつけて選択するとよいか。	（幼児の）発達
☐❺幼児との触れ合うときは，目線をどうすればよいか。	幼児と同じ高さにする
☐❻国際連合で採択された子どもの人権に関する条約を何というか。	子どもの権利条約〔児童の権利に関する条約〕
☐❼日本国憲法を受けて日本で1951年に定められた子どもの権利宣言を何というか。	児童憲章
☐❽高齢者の歩行を介助するときは，相手の体のどこを支えるようにするとよいか。	わき
☐❾さまざまな人が支え合ってともに生活をつくっていくことを何というか。	共生

本冊 p.90～99

家庭B　衣・食・住の生活①

図表でチェック

▶五大栄養素

栄養素	特徴
たんぱく質	消化→アミノ酸 1gは約4kcal
〔無機質〕	カルシウム， リン，鉄など
ビタミン	ビタミンA， ビタミンB_1・B_2 ビタミンC ビタミンD
〔炭水化物〕	糖質と食物繊維 1gは約4kcal
〔脂質〕	脂肪 1gは約9kcal

- 体の組織をつくる
- 体の調子を整える
- エネルギーになる

▶6つの基礎食品群

	主な栄養素	食品
1群	〔たんぱく質〕	魚，肉，卵， 豆・豆製品
2群	カルシウム	乳・乳製品， 小魚，海藻
3群	ビタミンA （カロテン）	〔緑黄色野菜〕
4群	〔ビタミンC〕	その他の野菜， 果物，きのこ
5群	炭水化物	穀類，いも類， 砂糖
6群	脂質	油脂

ファイナルチェック

☐❶健康的な生活の柱となる3つの習慣は何か。	食事，休養，運動
☐❷繰り返し行われる食事の習慣を何というか。	食習慣
☐❸不適切な❷などの習慣が発症や進行に関わる症状を何というか。	生活習慣病
☐❹たんぱく質，無機質，ビタミン，炭水化物，脂質の栄養素をまとめて何というか。	五大栄養素
☐❺無機質で，血液のもととなり不足すると貧血を引き起こす栄養素は何か。	鉄
☐❻炭水化物に含まれ，腸の調子を整えるものは何か。	食物繊維
☐❼体内の水の働きは栄養素の運搬，老廃物の排出と何か。	体温調節
☐❽身体活動レベルに応じた，1日に摂取することが望ましいエネルギーや栄養素の量を示したものを何というか。	食事摂取基準
☐❾可食部100gあたりの栄養素の種類や量を示す表は何か。	食品成分表
☐❿小魚は何群の食品か。また多く含まれる栄養素は何か。	2群，カルシウム
☐⓫献立を立てる際，主菜は主に何群の食品を使うか。	1群

本冊 p.94 ~ 109

家庭B　衣・食・住の生活②

図表でチェック

▶食品表示

〔JAS〕マーク

日本農林規格を満たす

〔有機 JAS〕マーク

農薬・化学肥料を使わない

〔特定保健用食品〕マーク

特定の保健効果が期待できる

▶食品添加物

〔保存料〕	微生物の繁殖を防ぐ
〔調味料〕	味をつける
〔発色剤〕	色を鮮やかにする
〔着色料〕	色をつける
〔酸化防止剤〕	脂質の酸化を防ぐ

▶和食の配膳

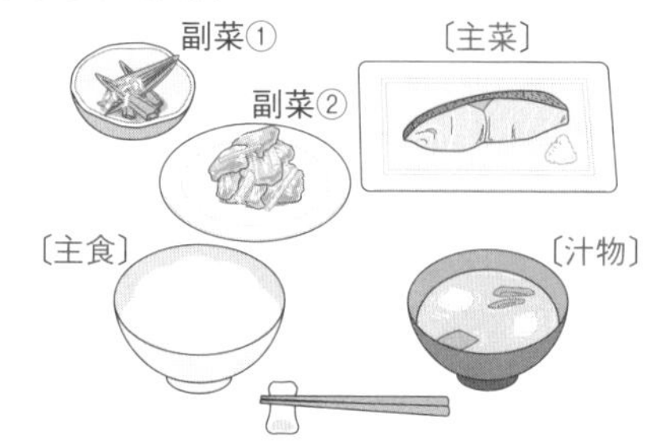

ファイナルチェック

- ☐❶生鮮食品の生産量が多い時期を何というか。（２つ）　旬，出盛り期
- ☐❷食品の期限で，保存期間が５日程度以内の食品につけられる，安全に食べられる期限を何というか。　消費期限
- ☐❸食中毒予防の三原則は，つけない，増やさないと何か。　やっつける
- ☐❹軽量スプーンで，大さじ１杯は何 mL か。　15mL
- ☐❺肉や魚を選ぶとき，トレイに何が出ていないものがよいか。　ドリップ〔液汁〕
- ☐❻肉や魚に多く含まれる栄養素は何か。　たんぱく質
- ☐❼さけは白身魚・赤身魚のどちらに分類されるか。　白身魚
- ☐❽ごぼうなどの野菜で，切り口を放置すると黒っぽくなる現象を何というか。　褐変
- ☐❾ほうれんそうなどの青菜はどのように下ゆでするか。　湯で短時間ゆでる
- ☐❿地域で生産された食材をその地域で消費することを何というか。　地産地消
- ☐⓫食品の輸送が環境に与える影響を表した指標は何か。　フード・マイレージ

家庭B　衣・食・住の生活③

図表でチェック

▶取り扱い表示

分類	記号	意味
洗濯	40	〔40℃〕を限度に洗濯機で洗濯できる
洗濯	40	40℃を限度に洗濯機で〔弱い〕洗濯ができる
洗濯		40℃を限度に〔手洗い〕できる
洗濯		家庭で〔洗濯できない〕
漂白		すべての〔漂白剤〕を使用して漂白できる
漂白		〔漂白剤〕を使用できない

分類	記号	意味
クリーニング	P	〔ドライクリーニング〕できる
クリーニング	F	〔石油系溶剤〕でドライクリーニングできる
クリーニング		ドライクリーニングできない
自然乾燥		つり干しにする
自然乾燥		〔平干し〕にする
自然乾燥		〔日陰〕でつり干しにする

ファイナルチェック

☐❶衣服の働きのうち，所属を表す・個性を表す・社会的慣習に合わせるなどの働きをまとめて何というか。	社会生活上の働き
☐❷衣服のコーディネートを考える際に踏まえる，時間・場所・場合（状況）をまとめて何というか。	T.P.O.
☐❸立体構成の衣服は和服・洋服のどちらか。	洋服
☐❹衣服の表示で，手入れの方法を示す表示は何か。	取り扱い表示
☐❺❹や衣服のサイズを定めた規格を何というか。	日本産業規格〔JIS〕
☐❻繊維のうち，石油を原料とするものを何というか。	合成繊維
☐❼絹・毛の衣服を洗濯するときに用いる洗剤の液性は何がよいか。	中性
☐❽洗剤で汚れを落とす働きをする成分は何か。	界面活性剤
☐❾頻繁に洗えない衣服はどのように手入れをするか。	ブラシかけ
☐❿複数の繊維を混ぜて衣服に使用することを何というか。	混用
☐⓫❿の衣服のアイロンかけは温度をどうするか。	低いほうに合わせる
☐⓬すそのほつれを直すときはどんな縫い方をするか。	まつり縫い

本冊 p.118～121

家庭Ｂ　衣・食・住の生活④

図表でチェック

▶ミシン

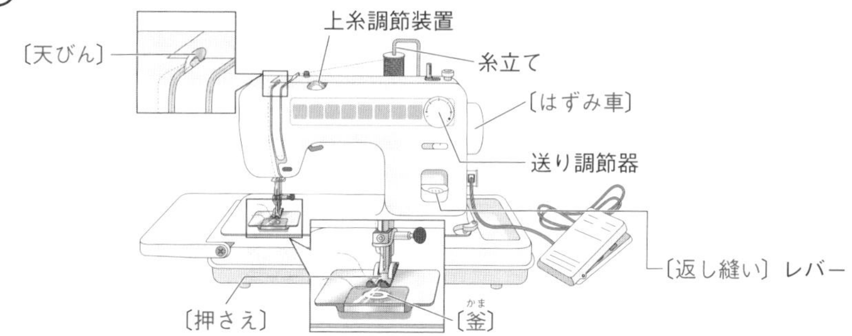

▶糸調子

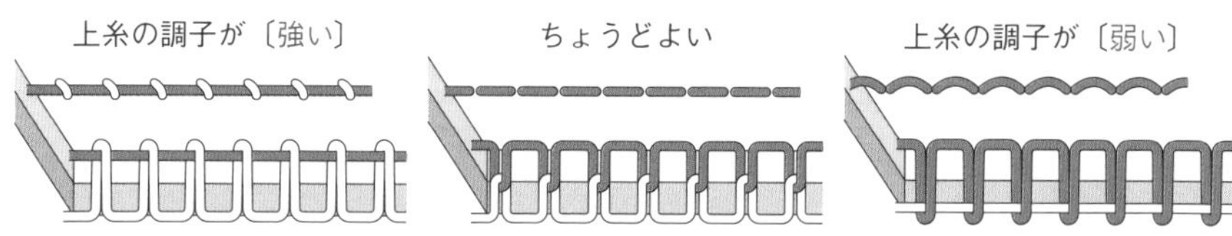

ファイナルチェック

☐❶布製品の製作で，作るものの形や大きさに合わせて準備しておくものは何か。	型紙
☐❷布地で，最も伸(の)びにくい方向は縦・横・斜(なな)めのどれか。	縦
☐❸布地の斜め方向をカタカナで何というか。	バイアス
☐❹布目のゆがみを直すことを何というか。	地直し
☐❺布を裁断するときに用いるはさみを何というか。	裁(た)ちばさみ
☐❻まち針は，できあがり線に対して直角に打つか，平行に打つか。	直角に打つ
☐❼ミシンで縫う前に仮縫いしておくことを何というか。	しつけ
☐❽ミシンの縫い終わりの糸の始末は，上糸と下糸を結んでおくほかにどのような方法があるか。	返し縫いをする
☐❾夏に，ネクタイを締(し)めないなど，ゆったりとした衣服を着て暑さを調節する着方を何というか。	クールビズ
☐❿衣生活の３Ｒのうち，衣服を原料に戻(もど)し，再び化学繊維の原料として使用する取り組みは何にあたるか。	リサイクル

教科書の資料　□にあてはまる語句を答えよう。

1 木材の名前と変形

③，④には何材(何板)というか書こう。

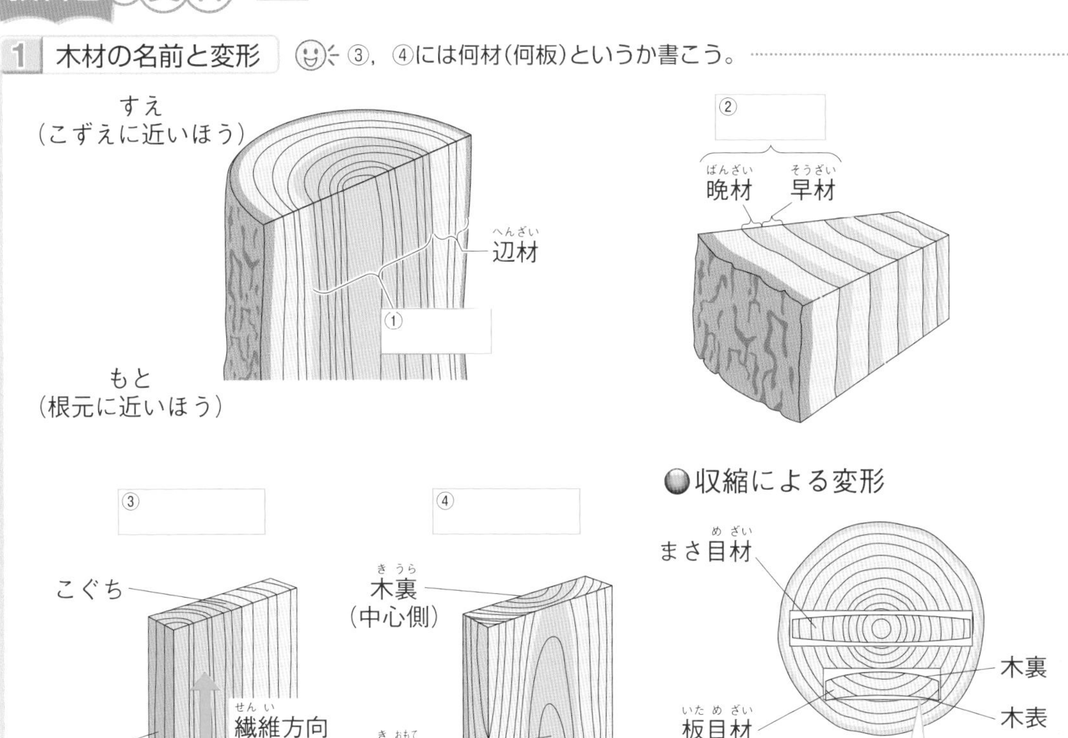

2 金属の性質

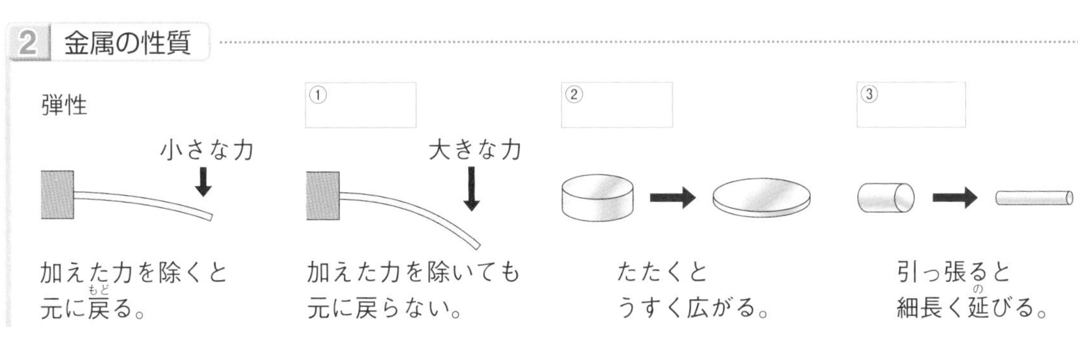

3 断面の形と曲げ強さ

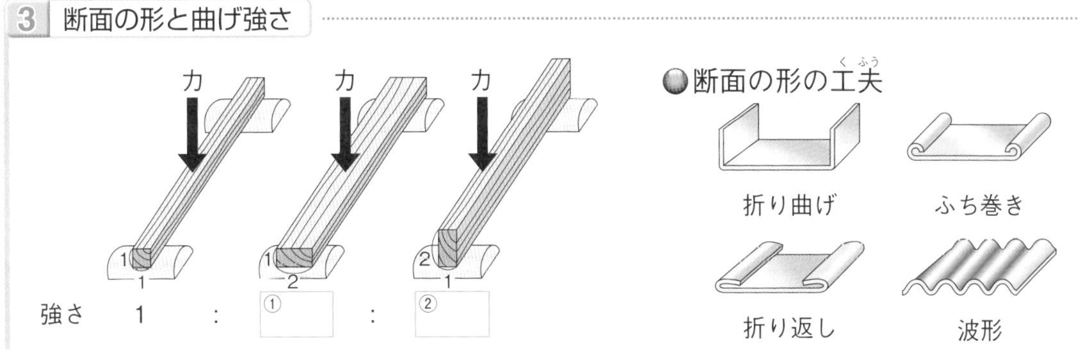

□弾性　□塑性　□展性　□延性　□合金　□熱可塑性プラスチック　□熱硬化性プラスチック

定着のワーク ステージ2

1 材料と加工法

解答 p.1

/100

1 材料の特徴 材料の特徴について，次の問いに答えなさい。 3点×6（18点）

(1) 次のア～カのうち，木材の特徴にあてはまるものを3つ選びなさい。

（　　）（　　）（　　）

ア 比較的軽くて丈夫である。

イ 光沢がある。

ウ 触ると冷たく感じる。

エ 電気を伝えない。

オ 水分によって変形する。

カ さびることがある。

木材，金属，プラスチックの主な特徴を整理しておこう。

(2) (1)のア～カのうち，金属の特徴にあてはまるものを3つ選びなさい。

（　　）（　　）（　　）

2 木材の名前 木材の各部の名前について，あとの問いに答えなさい。 3点×10（30点）

図1

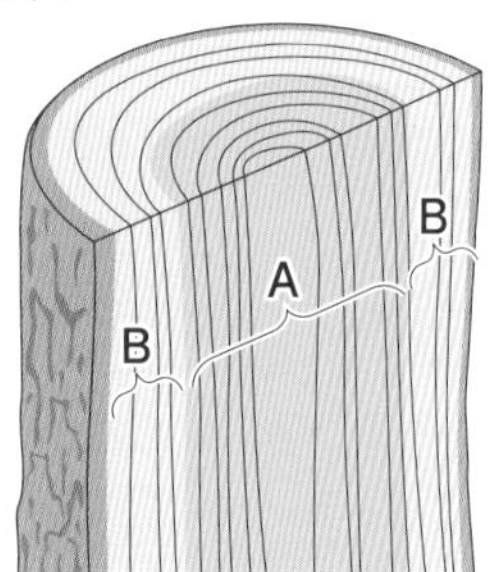

図2

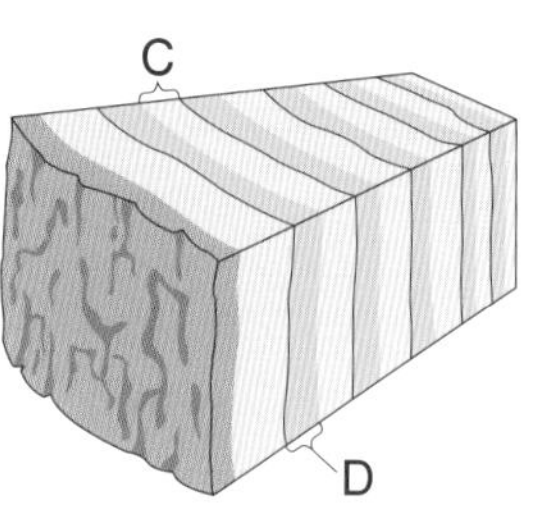

図3

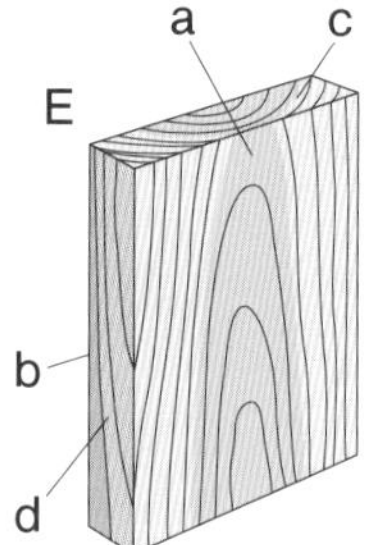

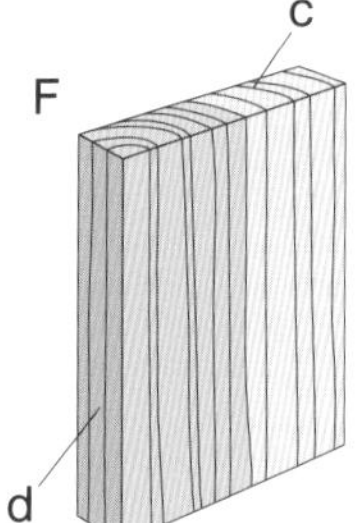

(1) 図1で，中心部の色の濃い部分A，周辺部の色のうすい部分Bを何というか。下の□からそれぞれ選びなさい。 A（　　） B（　　）

(2) 図2は，年輪の様子を示したものである。春から夏にかけて成長したC，夏から秋にかけて成長したDを何というか。下の□からそれぞれ選びなさい。

C（　　） D（　　）

(3) 図3は，木材を切り出したものである。E，Fのような木目が現れる木材をそれぞれ何というか。 E（　　） F（　　）

よく出る (4) 図3のEで，樹皮側の面a，中心側の面bを何というか。下の□からそれぞれ選びなさい。 a（　　） b（　　）

(5) 図3のEやFで，c，dの面を何というか。下の□からそれぞれ選びなさい。

c（　　） d（　　）

心材　早材　晩材　辺材　木裏　木表　こぐち　こば

1 木材は，水分を含むと膨張し，乾燥すると収縮する。 2 (2)早材は春材，晩材は夏材ともいう。(3)Eの木目の模様は山形に，Fの木目の模様はまっすぐになっている。

木材の変形　木材の強さや変形について，あとの問いに答えなさい。　5点×4（20点）

図1

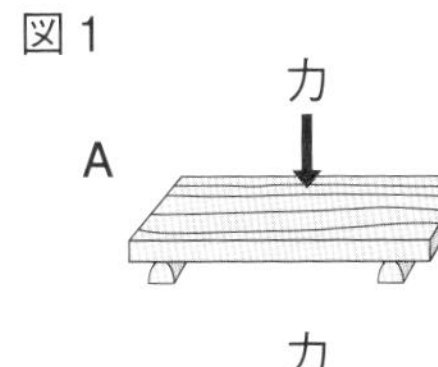

図2

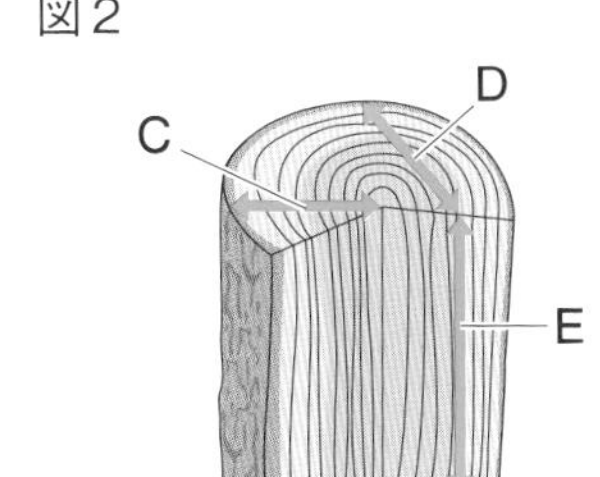

図3

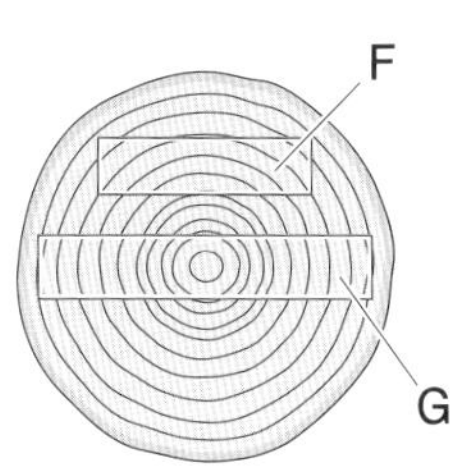

(1)　図1のように，木材に力を加えた。折れにくいのはA，Bのどちらか。（　　）

(2)　図2で，木材の収縮率が大きい方向から順にC～Eを並べなさい。

（　　→　　→　　）

(3)　図3で，F，Gの木材を乾燥させるとどのように変形するか。次からそれぞれ選びなさい。

F（　　）G（　　）

ア　　イ　　ウ　　エ

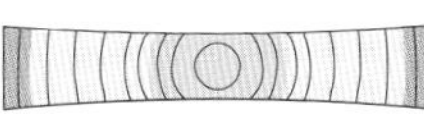

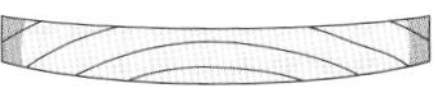

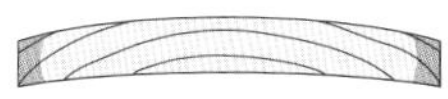

4 木質材料　いろいろな木材や木質材料（もくしつ）について，次の問いに答えなさい。　4点×8（32点）

(1)　広葉樹材は，主に建築材として用いられるか，家具材として用いられるか。

（　　）

(2)　スギやヒノキは，針葉樹と広葉樹のどちらか。（　　）

(3)　木質材料について，次の表の①～④にあてはまる語句を，右の［　　］からそれぞれ選びなさい。

木質材料の名前	つくり方
①	単板を繊維方向が直角になるように奇数枚接着する。
②	板材や角材を，繊維方向をそろえて接着する。
③	廃材（はいざい）などの木材の小片を接着する。
④	廃材などの木材を繊維化して接着する。

合板
パーティクルボード
集成材
ファイバーボード

(4)　木質材料の特徴を，次から2つ選びなさい。（　　）（　　）

ア　強度を高めることができる。

イ　大きな材料をつくることができない。

ウ　変形が大きい。

エ　資源の有効利用につながる。

3 (2)Cは半径方向，Dは接線方向，Eは繊維方向。(3)木裏よりも木表のほうが収縮する割合が大きい。　4 (3)「パーティクル」は小片，「ファイバー」は繊維という意味がある。

定着のワーク ステージ2

1 材料と加工法

解答 p.2

/100

1 金属の特徴 金属の特徴について，次の問いに答えなさい。

4点×9（36点）

よく出る (1) 金属には，共通して次の①～④の性質がある。それぞれの性質を何というか。

① たたくとうすく広がる性質。（　　　）

② 引っ張ると細長く延びる性質。（　　　）

③ 小さな力を加えたとき，加えた力を除くと元に戻る性質。（　　　）

① ②

③ ④

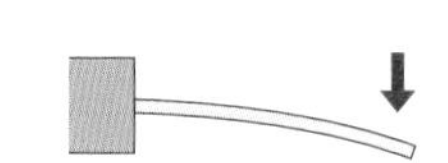

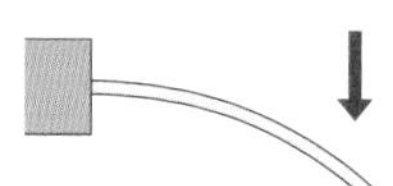

④ 大きな力を加えたとき，加えた力を除いても元に戻らない性質。（　　　）

(2) 金属の変形した部分の組織が変化することでかたくなることを何というか。下の[　　]から選びなさい。（　　　）

(3) 溶けた金属を型に流し込んで目的の形にする加工法を何というか。下の[　　]から選びなさい。（　　　）

(4) 加工した金属を加熱したり冷却したりして目的に応じた性質に変えることを何というか。下の[　　]から選びなさい。（　　　）

(5) 溶かした金属にほかの金属や元素を溶かして混ぜ合わせたものを何というか。下の[　　]から選びなさい。（　　　）

(6) 金属材料である炭素鋼と鋳鉄は，何によって分けられているか。下の[　　]から選びなさい。（　　　）

金属材料のうち，炭素鋼と鋳鉄は鉄と炭素の合金だよ。一般的に「鉄」と呼ばれるよ。

塑性加工　合金　加工硬化　鋳造　鍛造　熱処理　炭素含有量

2 プラスチックの特徴 次の表は，プラスチックを2つに分類したものである。これについて，あとの問いに答えなさい。

3点×4（12点）

	特徴	プラスチックの性質	例
①	熱を加えるとやわらかくなる。	性プラスチック	PET 樹脂 アクリル樹脂
②	熱を加えてもやわらかくならない。	性プラスチック	エポキシ樹脂 メラミン樹脂

(1) プラスチックは，主に何を原料としてつくられるか。（　　　）

(2) ①，②の特徴をもつプラスチックの性質を，それぞれ何というか。表に書きなさい。

(3) ポリエチレンは，①，②のどちらの特徴をもつプラスチックか。（　　　）

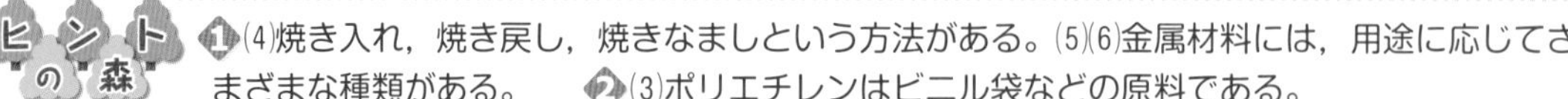

ヒントの森 1(4)焼き入れ，焼き戻し，焼きなましという方法がある。(5)(6)金属材料には，用途に応じてさまざまな種類がある。 2(3)ポリエチレンはビニル袋などの原料である。

3 丈夫な構造

構造を丈夫にする方法について，次の文を読んで，あとの問いに答えなさい。

4点×6（24点）

図1　図2 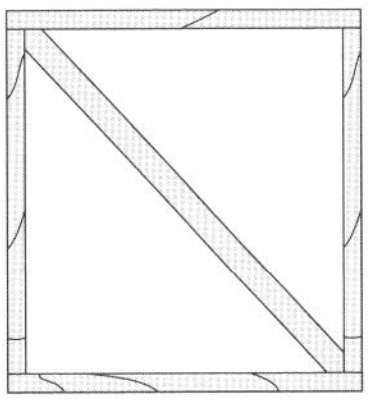　図3 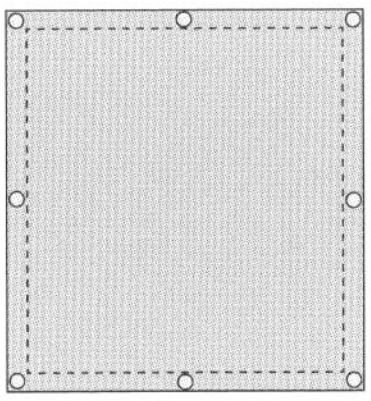　図4

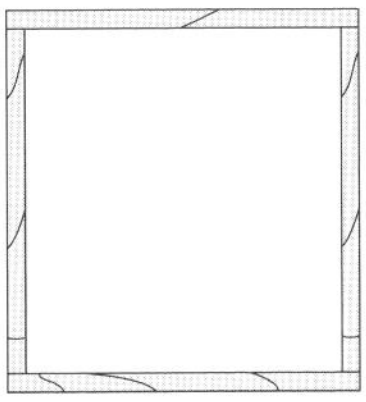

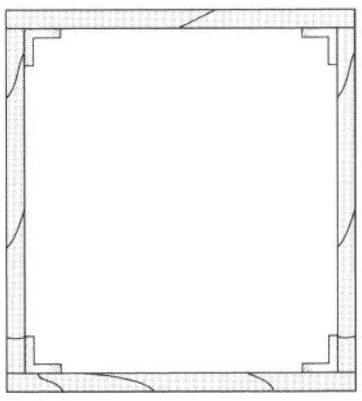

図1のような(①)の構造は不安定である。そこで，図2のように斜(なな)め材を入れて(②)の構造にするとよい。また，図3のように(③)を板で固定するとより丈夫になる。さらに，図4のように接合部を(④)で固定する方法もある。

よく出る (1) 文中の(　)にあてはまる語句を，右の□からそれぞれ選びなさい。

①(　　) ②(　　)
③(　　) ④(　　)

三角形
四角形
全面
補強金具

(2) 次のように板を組んだとき，丈夫なのはどちらか。(　　)

A　力　　B　力

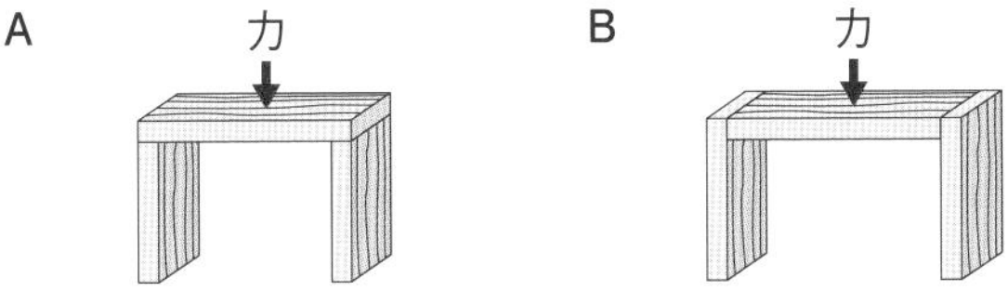

レベルUP! (3) 次のように板を組んだとき，丈夫なのはどちらか。(　　)

C　力　　D　力

上の板の繊維方向を考えてみよう。

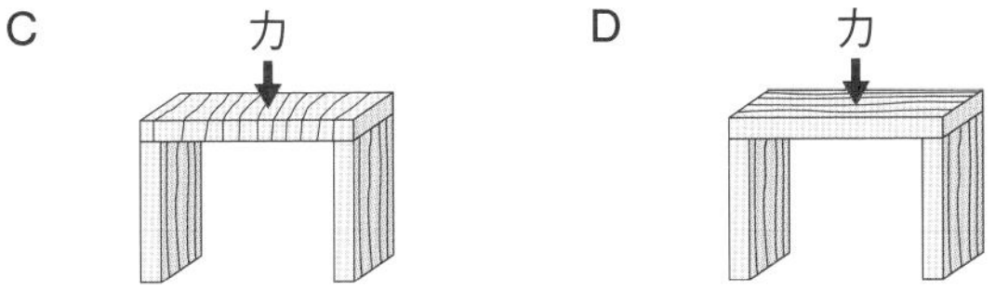

4 断面の形の工夫

部材を丈夫にするための工夫について，次の問いに答えなさい。

4点×7（28点）

(1) 図1は，棒材の断面の形の工夫を示したものである。それぞれの名前を下の□から選びなさい。

A(　　) B(　　)
C(　　)

(2) 図2は，板の断面の形の工夫を示したものである。それぞれの名前を下の□から選びなさい。

D(　　) E(　　)
F(　　) G(　　)

図1　A　B　C

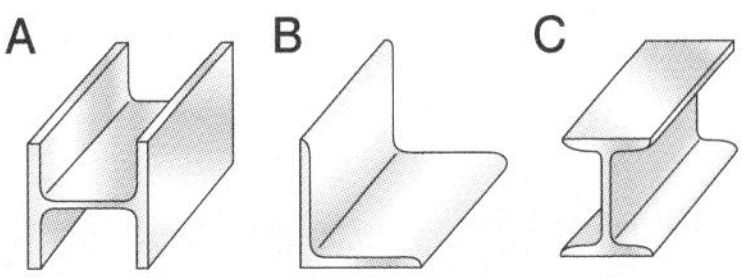

図2　D　E　F　G

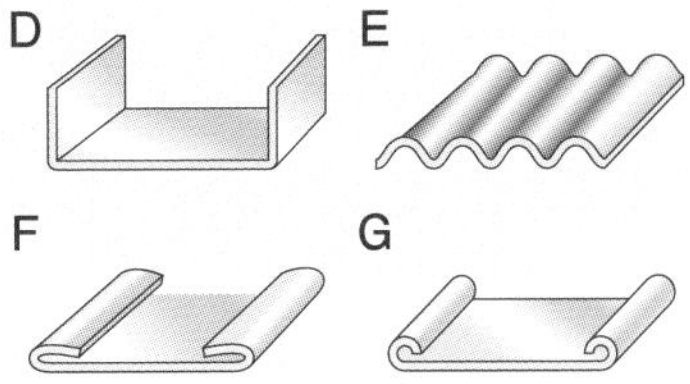

I形　H形　山形　波形　折り返し　ふち巻き　折り曲げ

3(1)接合部を補強金具や2本以上のくぎで固定すると，丈夫になる。強い材料を使って丈夫にする方法もある。　4(1)山形はL形ともよばれる。

解答 p.2

確認のワーク ステージ1

2 製作品の設計・製図

教科書の要点 (　)にあてはまる語句を答えよう。

1 構想の手順

構想の進め方

◆製作品の**機能**，**構造**，**材料**，**加工方法**について繰り返し検討し，構想をまとめる。
環境への配慮，製作から廃棄までの安全性や費用なども検討

◆(①　　　　)➡構想を表し，全体の形や構造がわかるようにかいた図。
主に等角図が用いられる

使う場所や目的，丈夫な構造か，材料の特徴や価格，加工できるかなどを検討し，構想をまとめよう。

2 製作に使われる図

(①　　　　)図

◆立体の**全体の形**をわかりやすく表すのに適している。

◆かき方
斜眼紙を使うとかきやすい

1 立体の底面の直交する2辺を，水平線に対してそれぞれ(②　　　　)°傾けてかく。

2 立体の縦，横，高さの3辺の長さを，**実物と同じ割合**でかく。
最後に不要な線を消し，外形線で仕上げる

第三角法による(③　　　　)図

◆立体の**正確な形や接合方法**などを表現できる。

◆立体の手前に透明な3つの画面を置き，各画面に投影した図を表す。
それぞれの画面に対して正面の方向から見た形

◆かき方

1 **正面図**の基準を決め，水平線と垂直線をかく。

2 正面図から少し離れたところに**右側面図**と**平面図**の基準となる点をとる。

3 右側面図と平面図の水平線と垂直線をかく。

(④　　　　)図

◆立体の**正面の形**を正確に表すのに適している。

◆かき方

1 立体の正面となる面を，**実物と同じ形**にかく。

2 奥行きを示す線を(⑤　　　　)°傾けてかく。

3 奥行きの辺の長さは，実際の長さの(⑥　　　　)の割合でかく。

線の種類

名前	形
外形線	太線・実線
寸法線	細線・実線
寸法補助線	細線・実線
隠れ線	細線(太線)・破線
中心線	細線・一点鎖線
想像線	細線・二点鎖線

寸法補助記号

用途	記号(呼び方)
直径	φ (まる)
半径	R (あーる)
板の厚さ	t (てぃー)
正方形の辺	□ (かく)
45°面取り	C (しー)
穴の深さ	↧ (あなふかさ)

3 製図のきまり

製図の方法や記号は，JIS(日本産業規格)に定められている。

寸法は(①　　　　)単位で記入する。

□構想図　□等角図　□第三角法による正投影図　□キャビネット図

□に製図をしよう。

1 等角図

次の立体を等角図でかこう。

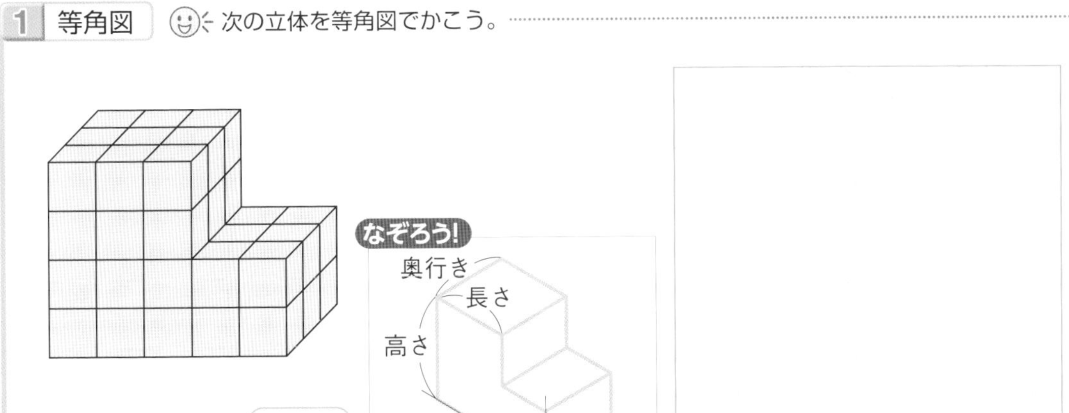

2 第三角法による正投影図

次の立体を第三角法による正投影図でかこう。

3 キャビネット図

次の立体をキャビネット図でかこう。

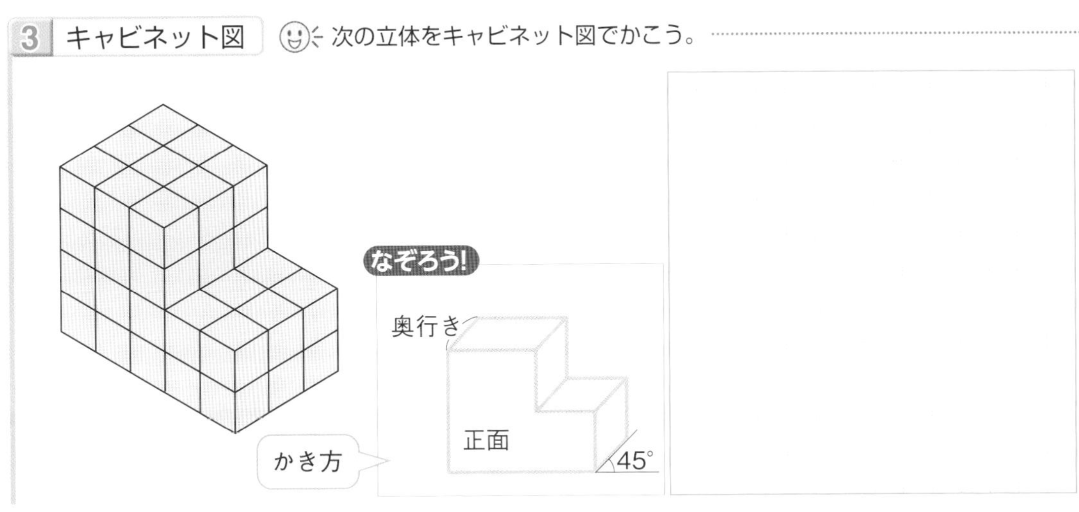

□JIS(日本産業規格)　□寸法補助記号

定着のワーク ステージ2

2　製作品の設計・製図

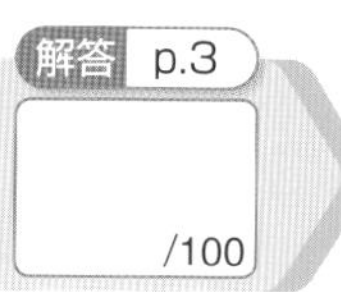

1 設計や構想の手順

次の表は，製作品の構想をするときに検討することをまとめたものである。これについて，あとの問いに答えなさい。　4点×5（20点）

検討項目	具体的な検討内容
構造	丈夫な構造をしているかどうか，（ ② ）など
（ ① ）	使う場所，形や大きさ，（ ③ ），デザインなど
材料	材料の特徴や強度，（ ④ ），材料の大きさなど
加工方法	加工できるか，（ ⑤ ）など

使いやすさ
価格
工具
力の加わる方向

(1) ①にあてはまる語句を書きなさい。（　　　）

(2) ②～⑤にあてはまる語句を，上の[　　]からそれぞれ選びなさい。

②（　　　）③（　　　）
④（　　　）⑤（　　　）

2 製図

製図について，次の問いに答えなさい。　5点×8（40点）

(1) 製図を行うとき，日本では日本産業規格と呼ばれる規格に従う。日本産業規格は，アルファベット３文字で何というか。（　　　）

(2) 構想を図に表すときに，全体の形や大きさ，構造がわかるように作成する図を何というか。（　　　）

(3) (2)では，何と呼ばれる図を用いることで，立体の全体の形を表すことができるか。次から選びなさい。（　　）

ア　等角図
イ　第三角法による正投影図

(4) ２つ以上の部品を組み立てた状態で，組み立てに必要な寸法を示した製作図を何というか。（　　　）

(5) (4)には，主に何と呼ばれる図が用いられるか。(3)のア，イから選びなさい。（　　）

(6) 部品について必要なことがすべて示されている製作図を何というか。（　　　）

(7) 現在，多くの工業製品などの設計には，コンピュータを利用した立体の製図法でかかれた設計図が用いられている。この製図法を何というか。（　　　）

(8) (7)の製図法について，誤っているものを次から選びなさい。（　　）

ア　正確な図面が容易にかける。
イ　さまざまな角度から形を確認することができる。
ウ　等角図には変換できるが，第三角法による正投影図には変換できない。
エ　複数の設計者で共有することができる。

2 製作に必要な図には，構想図，製作図，部品図，拡大図，組立図などがある。(7)立体的であることを３Dという。

3 等角図

次の図と文は，等角図のかき方を示したものである。これについて，あとの問いに答えなさい。

6点×4（24点）

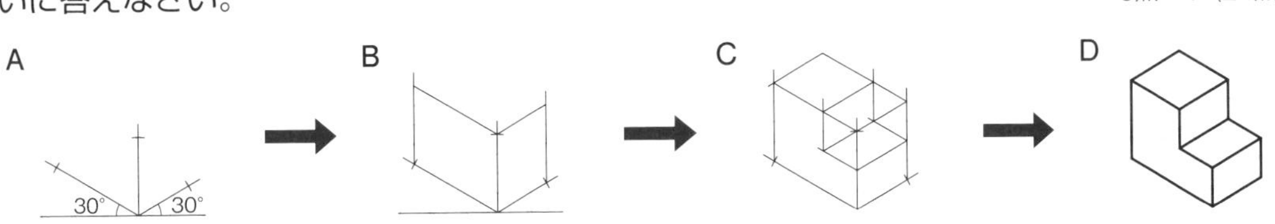

A　水平線に対してそれぞれ（ ① ）°傾けた線と垂直線をかく。
B　縦，横，高さを立体と（ ② ）の長さにし，左右の面をかく。
C　それぞれの点から各辺に平行な線を引き，（ ③ ）面をかく。
D　不要な線を消し，太線で仕上げる。

同じ割合	
30	45
上	下

(1)　等角図は何に適しているか。次から選びなさい。（　　）

ア　立体の全体の形をわかりやすく表す。
イ　立体の正面の形を正確に表す。
ウ　立体の正確な形や接合方法などを表す。

(2)　文中の（　　）にあてはまる語句を，上の[　]からそれぞれ選びなさい。

①（　　　　）　②（　　　　）　③（　　　　）

作図 4 等角図

次の立体を，それぞれ等角図で表しなさい。

8点×2（16点）

①

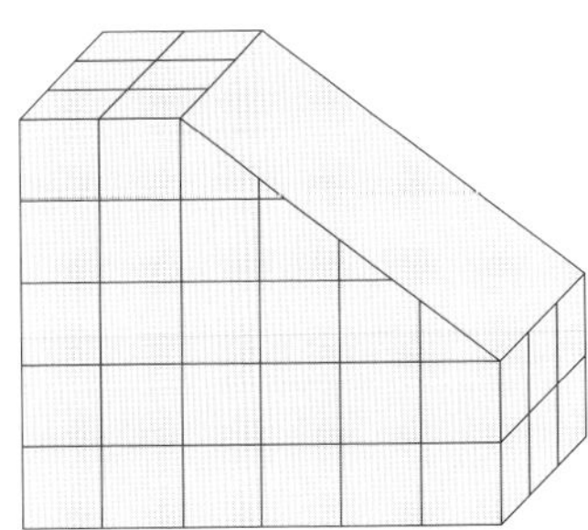

②

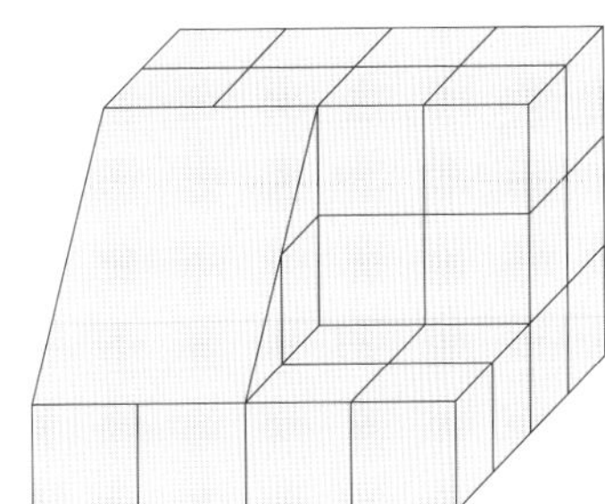

①

②

3 4 立体の形がわかりやすい方向から，左右の面を決める。縦，横，高さを表す線の間の角度がすべて120°であることから，等角図と呼ばれる。

定着のワーク ステージ2

2 製作品の設計・製図

解答 p.3

/100

1 第三角法による正投影図 次の図と文は，第三角法による正投影図のかき方を示したものである。これについて，あとの問いに答えなさい。

4点×5（20点）

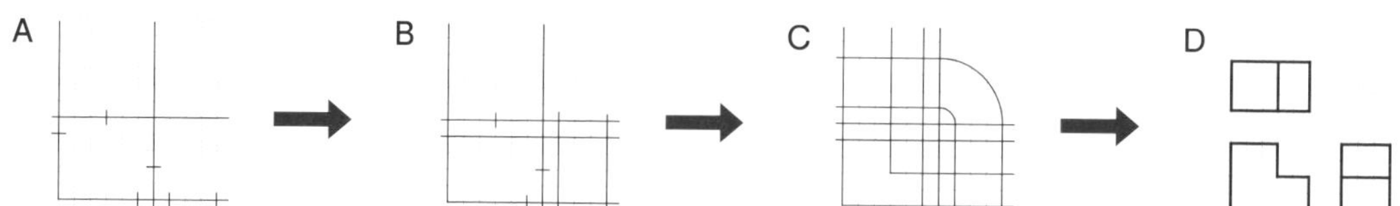

A 立体の（ ① ）を決め，基準となる（ ② ）線と水平線をかく。

B （ ① ）図の右側に（ ③ ）図，上側に（ ④ ）図の基準となる線をかく。

C それぞれの面の形を表す図をかく。

D 不要な線を消し，太線で仕上げる。

平面	正面
右側面	
水平	垂直

(1) 第三角法による正投影図は何に適しているか。次から選びなさい。（　　）

ア 立体の全体の形をわかりやすく表す。　イ 立体の正確な形や接合方法などを表す。

よく出る (2) 文中の（　　）にあてはまる語句を，上の［　］からそれぞれ選びなさい。

①（　　）②（　　）③（　　）④（　　）

作図 **2 第三角法による正投影図** 次の立体を，それぞれ第三角法による正投影図で表しなさい。ただし，Aに平面図，Bに右側面図をかきなさい。

8点×2（16点）

①

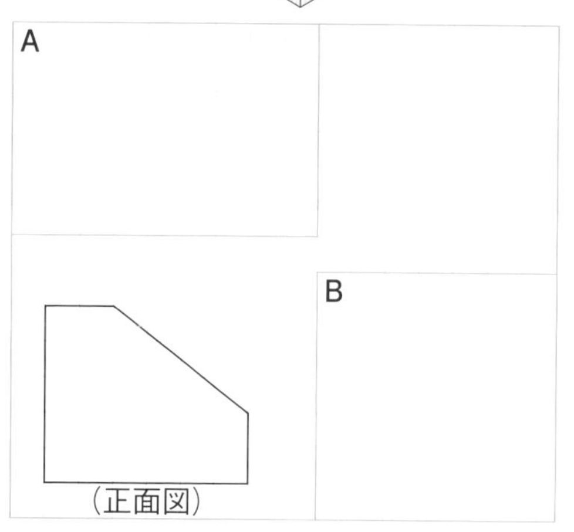

レベルUP! ②

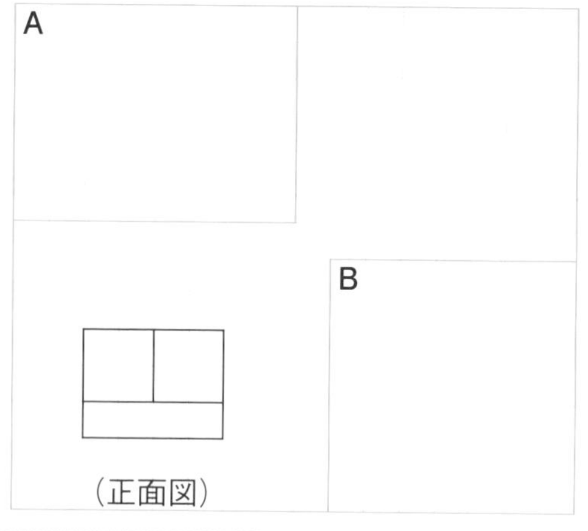

1 2 正面を決め，右側から見た図が右側面図，上側から見た図が平面図となる。

3 キャビネット図 次の図と文は，キャビネット図のかき方を示したものである。これについて，あとの問いに答えなさい。 4点×6（24点）

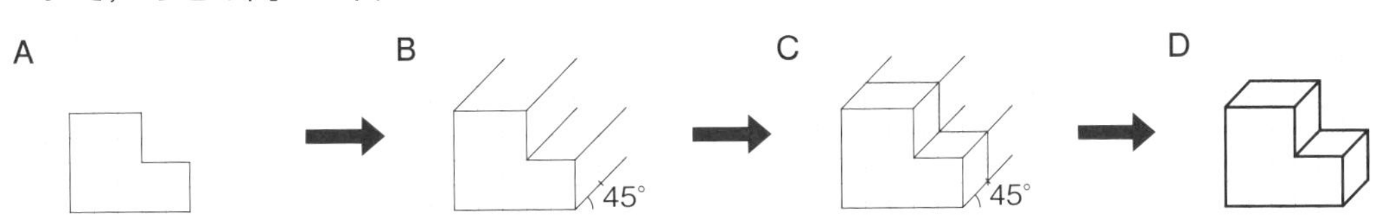

A　立体の（ ① ）を決め，立体と（ ② ）に細い線でかく。
B　（ ③ ）を示す斜線を，水平線から（ ④ ）°傾けてかく。
C　（ ③ ）を示す斜線の長さは，実際の長さの（ ⑤ ）にする。
D　不要な線を消し，太線で仕上げる。

正面	奥行き
側面	同じ形
30	45
2倍	2分の1

(1)　文中の（　　）にあてはまる語句を，上の[　]からそれぞれ選びなさい。

①（　　　　）②（　　　　）③（　　　　）
④（　　　　）⑤（　　　　）

作図 (2)　次の立体を，キャビネット図で右の方眼に表しなさい。

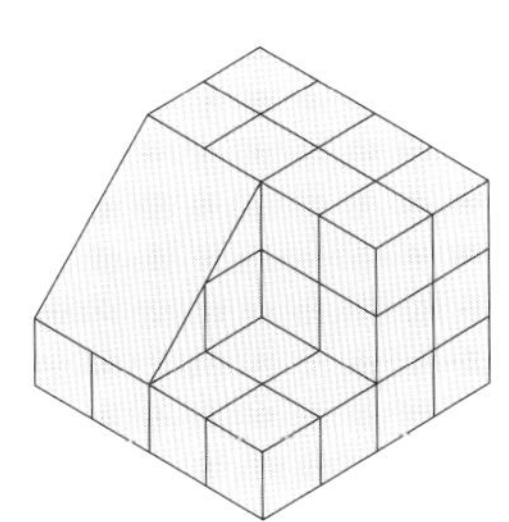

4 製図のきまり 製図のきまりについて，次の問いに答えなさい。 4点×10（40点）

(1)　次の寸法補助記号は，それぞれ何を示しているか。

①　R10（　　　　）
②　C5（　　　　）
③　□30（　　　　）
④　φ20（　　　　）
⑤　t6（　　　　）
⑥　2×4キリ↧10
（　　　　）

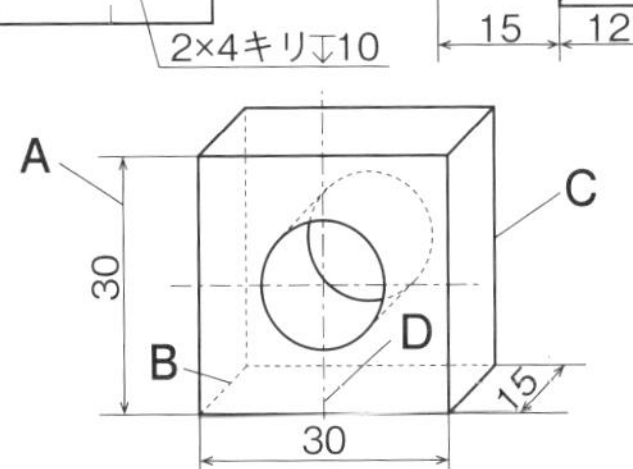

(2)　次の線を，それぞれ図のA～Dから選びなさい。

①　外形線（　　）　②　隠れ線（　　）
③　中心線（　　）　④　寸法線（　　）

3 (2)複雑な形のときは，直方体をかいてから欠けている部分を除くようにかいていくとよい。
4 (1)寸法の単位はmmで表す。(2)Dは一点鎖線である。

解答 p.4

確認のワーク ステージ1

3 製作品の製作(1)
4 材料と加工の技術のあり方(1)

教科書の要点 （ ）にあてはまる語句を答えよう。

1 部品表と製作工程表

- (①　　　　) ➡部品の番号や部品名，材質，仕上がり寸法，数量などを記入した表。（単位はmmでかく）
- **材料取り図**➡不足やむだが出ないように材料取りするための図。繊維方向や切り代(しろ)なども考慮して作成する。
- **製作工程表**➡製作手順や内容，使用する工具や作業のポイントなどを，作業工程ごとにまとめた表。

ここがポイント

材料取り図
- 部品表の番号と同じ番号を記入する。
- 大きい部品から順に材料取りする。

2 けがき

- (①　　　　) ➡材料を切断するときや組み立てをするときなどに必要な線や印を材料にかくこと。
  - 木材➡(②　　　　)や**直角定規**を使用し，**鉛筆**(えんぴつ)でけがく。このとき，**切り代**や**削り代**(けずりしろ)を考えて，切断線と仕上がり寸法線を引く。（平らな面を基準面とする）
  - 金属➡**鋼尺**(こうじゃく)や**直定規**を使用し，(③　　　　)でけがく。穴の中心や円の中心は(④　　　　)を**ハンマ**で軽くたたいてけがく。
  - プラスチック➡**直定規**などを使い，**保護紙**(シール)に**鉛筆**でけがく。保護紙がない場合は，油性マーカーでけがく。

工具（金属のけがき）

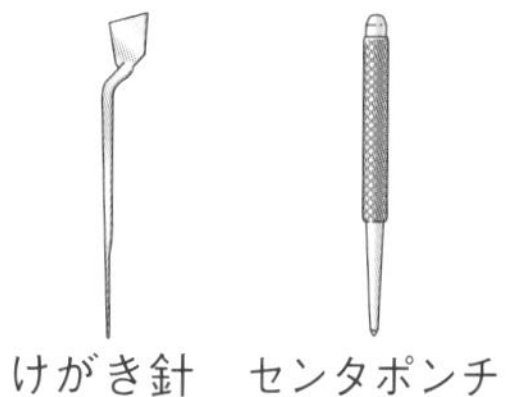

3 切断

のこぎりびき(両刃(りょうば)のこぎり)

- (①　　　　) ➡のこ刃が左右にふり分けられている構造。のこ身と材料の(②　　　　)を小さくしたり，切りくずを出しやすくしたりする。
- (③　　　　)用の刃➡**小刀**(こがたな)のような刃をしている。繊維方向に対して**直角の方向**や**斜めの方向**に切断するときに用いる。（繊維を切断しながら切る）
- (④　　　　)用の刃➡**のみ**のような刃をしている。**繊維方向**に切断するときに用いる。（繊維を削り取りながら切る）

あさりの構造

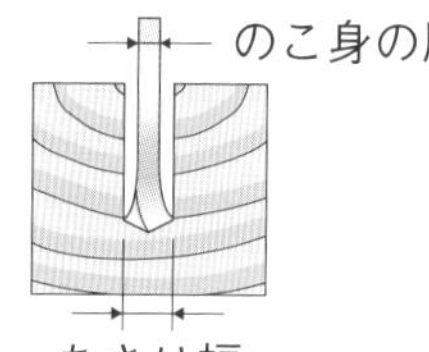

横びきと縦びき

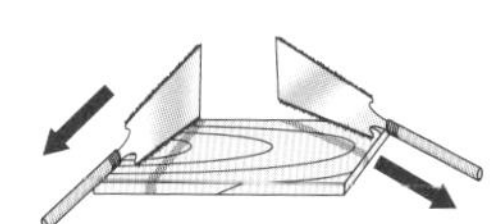

横びき用の刃を用いる。

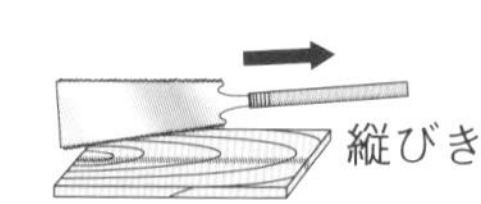

縦びき用の刃を用いる。

切断に用いる工具

- 曲線の切断➡**糸のこ**，糸のこ盤(ばん)，ジグソー。
- 金属の切断➡**金切りばさみ**，糸のこ盤。
- プラスチックの切断➡**プラスチックカッタ**。
- 棒材，管材の切断➡**弓のこ**。

絶対確認! □部品表 □材料取り図 □製作工程表 □けがき □さしがね □長手 □妻手

教科書の資料　□にあてはまる語句を答えよう。

1 木材のけがき

③には工具の名前を書こう。

●けがき方

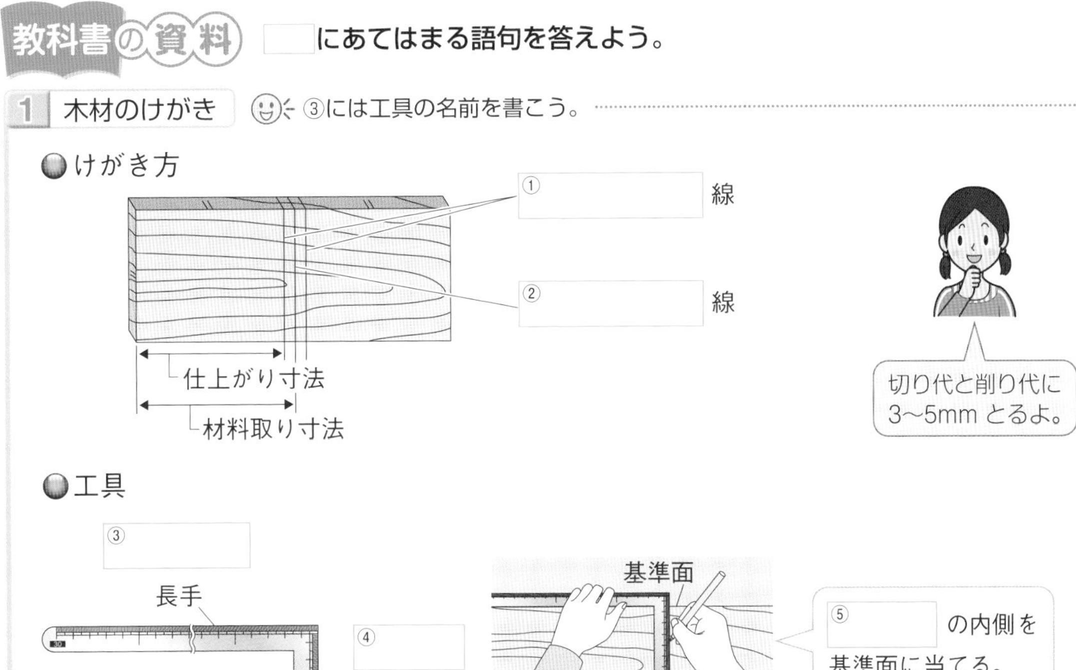

●工具

③

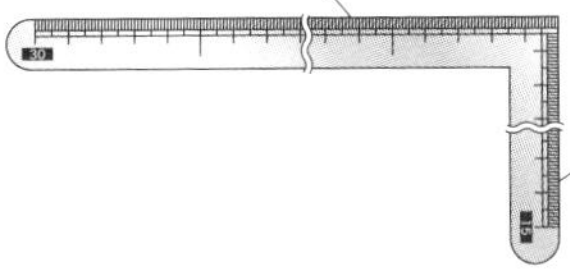

長手

④

基準面

⑤　の内側を基準面に当てる。

2 両刃のこぎり

●各部の名前

①　びき用の刃

②　びき用の刃

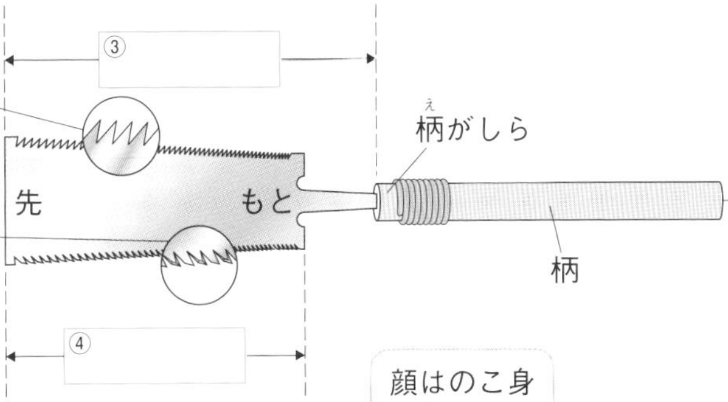

③

④

先

もと

柄がしら

柄じり

柄

●のこぎりびきのしかた

顔はのこ身の真上に。

固定

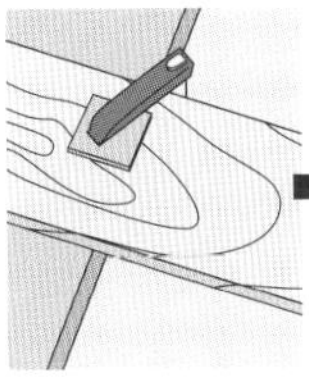

クランプなどで確実に固定する。

切り始め

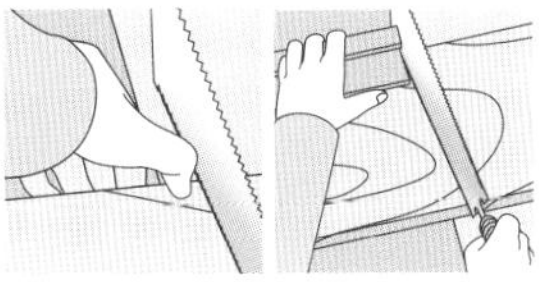

親指や当て木を使って正確に切り込む。

切断中

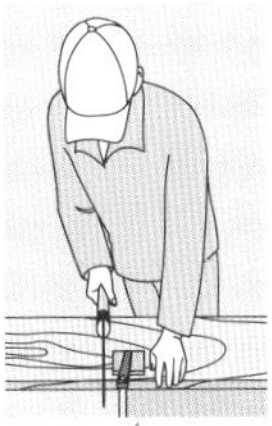

⑤　ときに力を入れる。

切り終わり

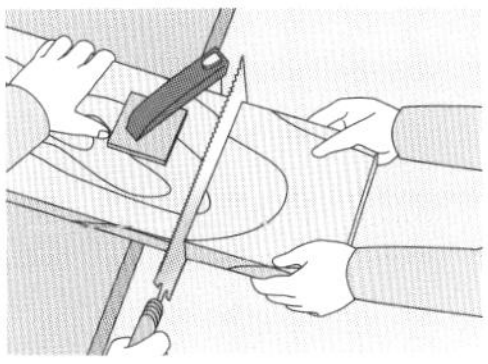

端が欠けないように，ほかの人に支えてもらいながら切る。

□仕上がり寸法線　□切断線　□けがき針　□センタポンチ　□あさり

定着のワーク ステージ2

3 製作品の製作(1)
4 材料と加工の技術のあり方(1)

製作品の製作 次の作品の製作について，あとの問いに答えなさい。 3点×8（24点）

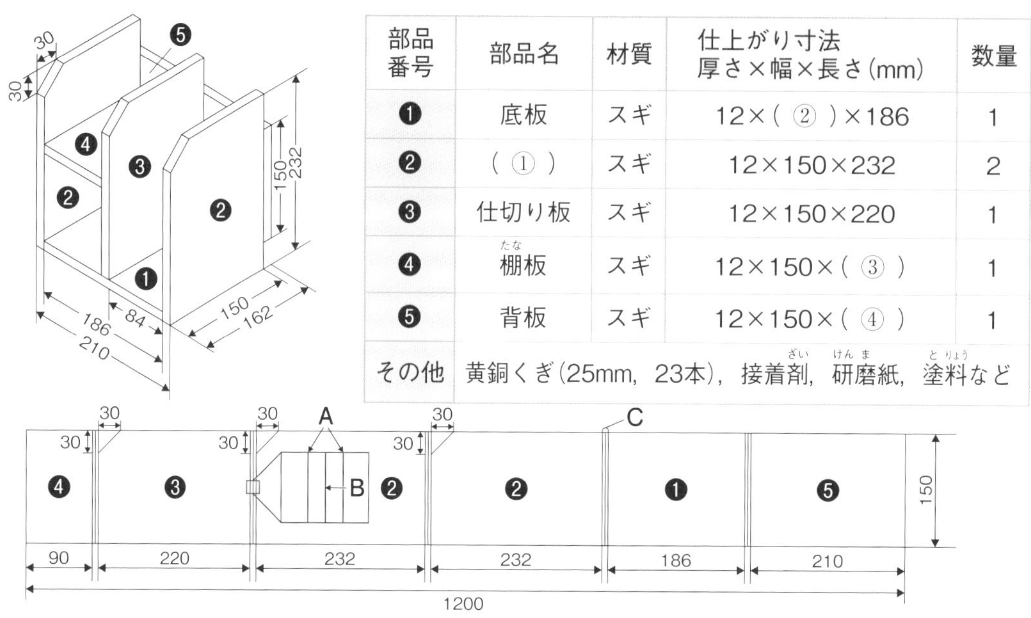

部品番号	部品名	材質	仕上がり寸法 厚さ×幅×長さ(mm)	数量
❶	底板	スギ	12×(②)×186	1
❷	(①)	スギ	12×150×232	2
❸	仕切り板	スギ	12×150×220	1
❹	棚(たな)板	スギ	12×150×(③)	1
❺	背板	スギ	12×150×(④)	1
その他	黄銅くぎ(25mm，23本)，接着剤(ざい)，研磨(けんま)紙，塗料(とりょう)など			

(1) 部品表の(　　)にあてはまる語句や数値を書きなさい。

① (　　　　　) ② (　　　　　)
③ (　　　　　) ④ (　　　　　)

(2) 材料取り図のA，Bの線をそれぞれ何というか。

A (　　　　　) B (　　　　　)

(3) 材料取り図のCは何のための長さか。「○○代」という語句を2つ書きなさい。 (　　　　　)(　　　　　)

Cは，のこぎりびきやかんながけで削られてしまう部分だね。

2 木材のけがき 木材のけがきについて，次の問いに答えなさい。 4点×7（28点）

よく出る

(1) 図の工具を何というか。 (　　　　　)

(2) 図の工具のA，Bの部分をそれぞれ何というか。

A (　　　　　) B (　　　　　)

(3) 木材のけがき方について，次の文の(　　)にあてはまる語句を，下のア～カからそれぞれ選びなさい。

① (　　) ② (　　) ③ (　　) ④ (　　)

(①)の(②)を基準面(こば)に密着させ，基準面に(③)な線を(④)を使って引く。

ア 工具のA　イ 工具のB　ウ 内側　エ 外側　オ 水平　カ 直角

❶構想図や材料取り図に記入した番号と部品表の番号をそろえる。このほかに，製作の手順や工具などをまとめた製作工程表も作成するとよい。 ❷直角定規が使われることもある。

3 けがき　次の図を見て，あとの問いに右の□から選んで答えなさい。

4点×5（20点）

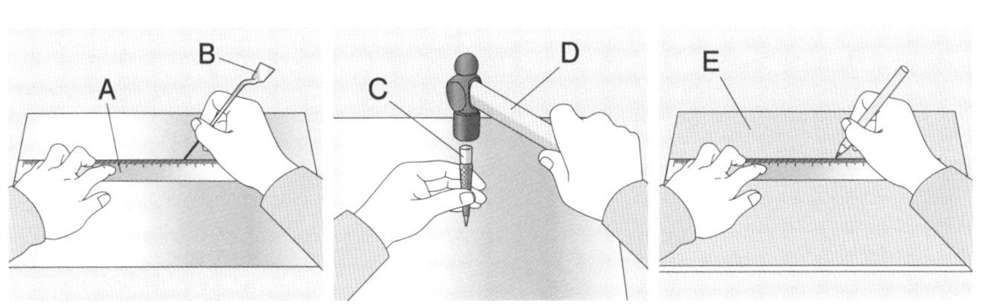

ハンマ
けがき針
保護紙
鋼尺
センタポンチ

(1) 金属のけがきで使用するA，B，穴の中心をけがくときに使用するC，Dの工具をそれぞれ何というか。
A（　　）B（　　）
C（　　）D（　　）

(2) プラスチックでは，Eの上からけがく。Eを何というか。（　　）

4 両刃のこぎり　次の図を見て，あとの問いに答えなさい。

4点×4（16点）

図1

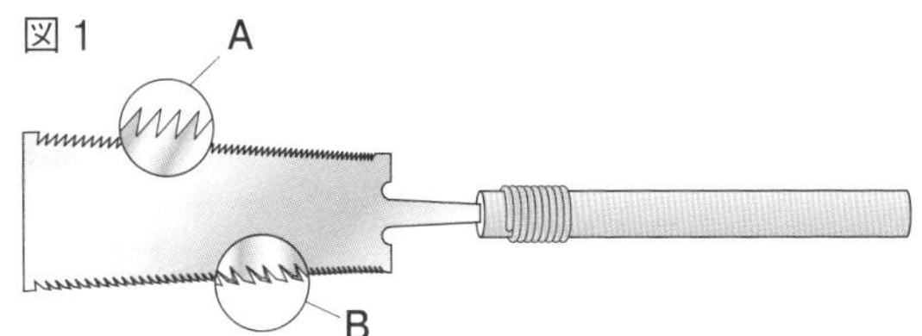

図2

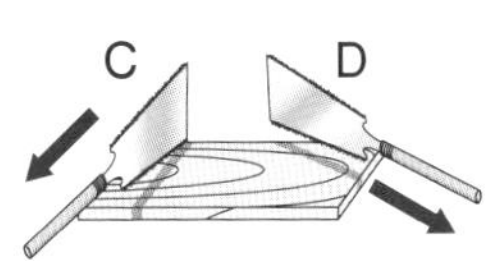

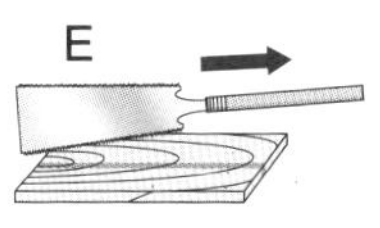

(1) 縦びき用の刃は図1のA，Bのどちらか。（　　）

(2) 横びき用の刃を用いる切り方を，図2のC～Eからすべて選びなさい。
（　　）

記述 (3) あさりの役割を1つ書きなさい。
（　　）

(4) のこぎりびきのしかたについて，次から正しいものを選びなさい。（　　）

ア　切り始めは，のこ身の先のほうの刃で勢いよく引くようにする。
イ　のこ身の真上から見ながら，押(お)すときに力を入れて切断する。
ウ　切り終わりは，ほかの人に支えてもらい，端が欠けないようにする。

5 切断に用いる工具　次の工具の名前を，右の□からそれぞれ選びなさい。

4点×3（12点）

①
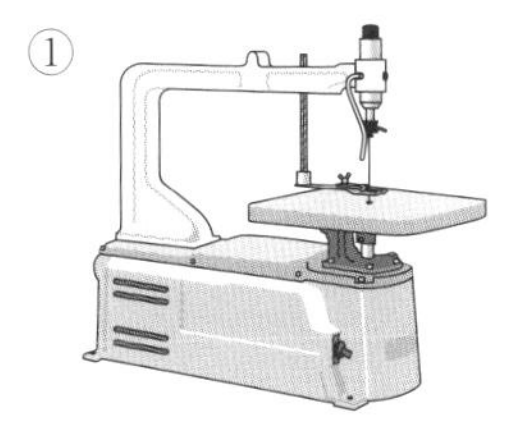

②

③
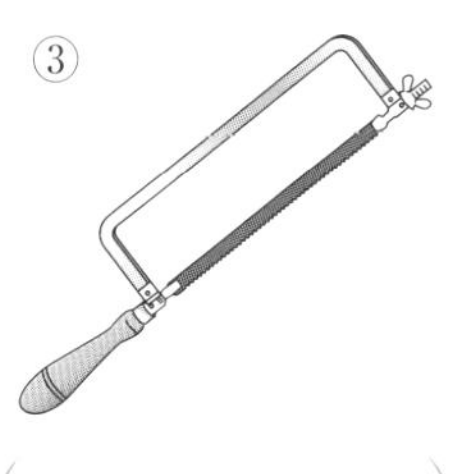

糸のこ盤
弓のこ
プラスチックカッタ
金切りばさみ

（　　）（　　）（　　）

ヒントの森　4(2)繊維方向と平行に切断するときは，縦びき用の刃を用いる。(4)材料をしっかりと固定してから切り始める。　5曲線びきや切り抜きには糸のこ盤を使うとよい。

解答 p.5

確認のワーク ステージ1　3 製作品の製作(2)　4 材料と加工の技術のあり方(2)

教科書の要点　(　)にあてはまる語句を答えよう。

1 加工

●かんながけ➡木材を(①　　　　)で削り，仕上がり寸法にする。
　└刃先の出は0.05～0.2mmに調節する

◆削り方にはこば削り，こぐち削りなどがある。

●やすりがけ
　└材料は万力などに固定する

◆狭い面をきれいに削る(②　　　　)法と，広い面を均等に荒削りできる(③　　　　)法がある。

◆木材はドレッサやベルトサンダで削ることもある。

●穴あけ➡(④　　　　)盤を使って通し穴や止まり穴をあける。
　└貫通した穴　└貫通していない穴

●折り曲げ

◆金属➡折り台と打ち木を使う。折り曲げ機を使う。

◆プラスチック➡曲げ用ヒータを使う。

●ねじ切り➡タップで(⑤　　　　)をつくり，ダイスで(⑥　　　　)をつくる。

●検査➡寸法を正確に測定したいときはノギスを用いる。

2 接合と仕上げ

●接合
　└仮組み立てして確認してから接合する

◆くぎ接合➡(①　　　　)で下穴をあけ，接着剤を塗り，(②　　　　)でくぎを打つ。

◆ほかに，ねじ接合，リベット接合，はんだ接合などがある。

●素地磨き➡研磨紙や研磨剤を使って磨く。研磨紙は，番号の小さいものほど目が(③　　　　)。

●仕上げ
　└スプレーによる吹きつけ塗装もある

◆はけ塗り➡はけを使って塗料を塗る。

◆ワックスやオイルによって仕上げる方法もある。スポンジなどを用い，円をえがきながら均一に塗る。

3 社会の発展と技術

●(①　　　　)な社会➡環境，経済，社会のバランスがとれた社会。

◆持続可能な社会の実現のため，資源を効率的に利用し，環境への負荷を少なくした(②　　　　)社会の形成が求められている。
　└材料と加工の技術が果たす役割は大きい

●3R➡リデュース，リユース，リサイクル。

やすりがけ

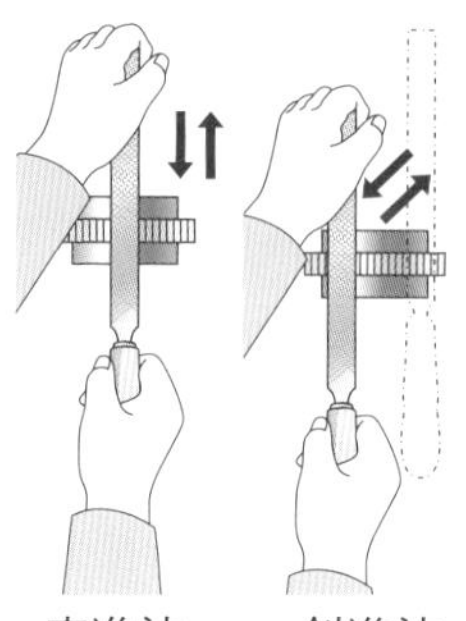

直進法　斜進法

ねじ切り

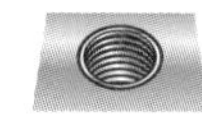

めねじ　おねじ

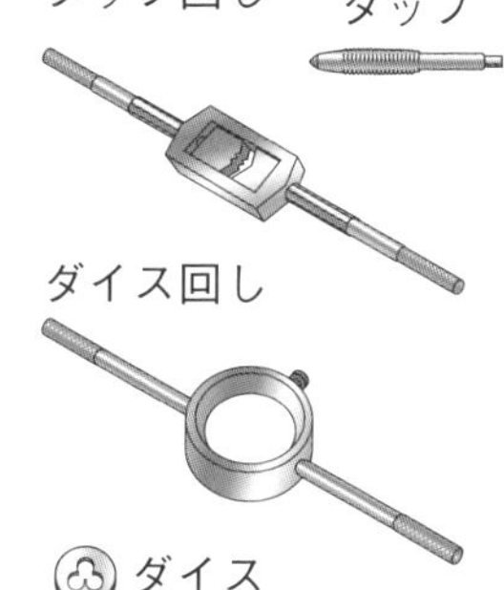

ダイス

ノギス

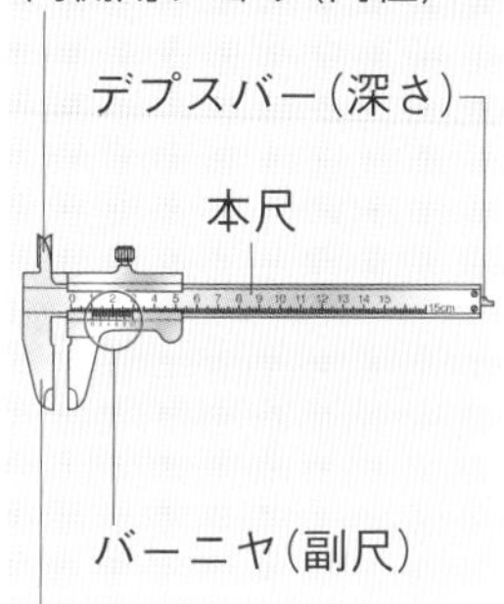

絶対確認!　□かんな　□こば削り　□こぐち削り　□直進法　□斜進法　□卓上ボール盤

教科書の資料　□にあてはまる語句を答えよう。

1 かんながけ

●各部の名前

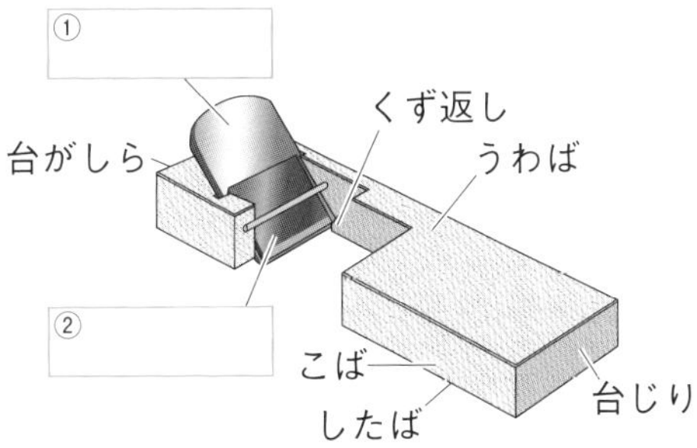
①
台がしら
くず返し
うわば
②
こば
したば
台じり

●かんなの調整

かんな身を出す

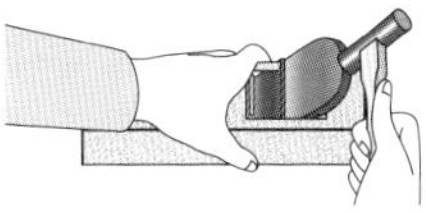

かんな身の③□をたたく。

かんな身を抜く

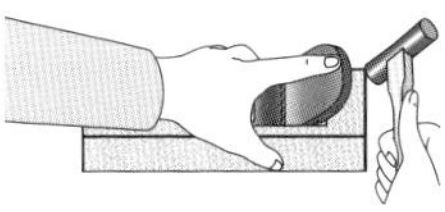

④□の角を交互にたたく。

●⑤□削り

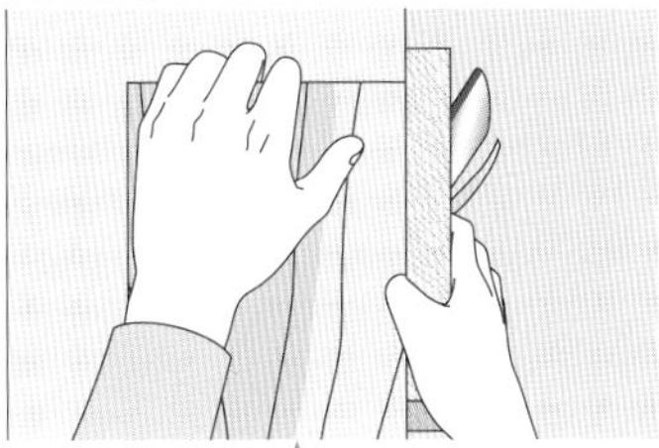

一気に引いて削る。

●⑥□削り

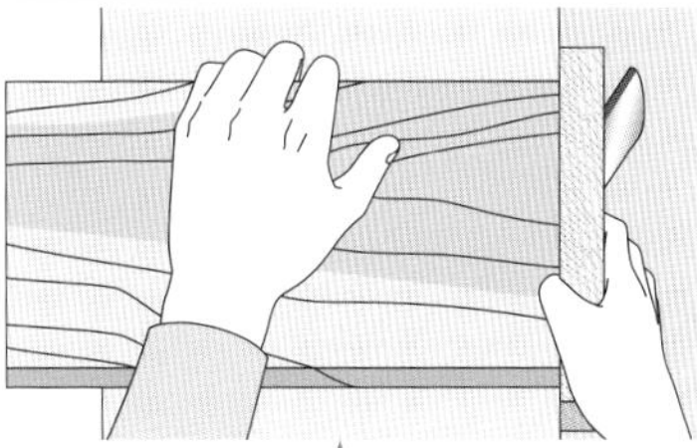

まずは3分の2ほど削り，裏返してから残りを削る。

2 接合

●くぎ接合のしかた

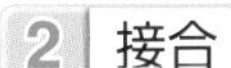

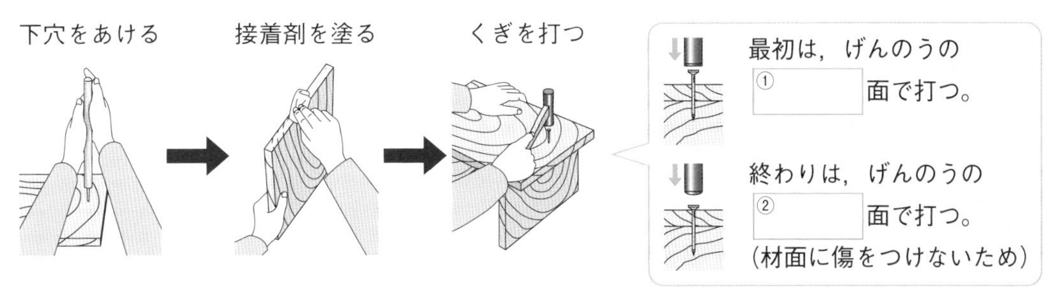

下穴をあける

接着剤を塗る

くぎを打つ

最初は，げんのうの①□面で打つ。

終わりは，げんのうの②□面で打つ。（材面に傷をつけないため）

●ねじ接合

③□ねじ　④□ねじ

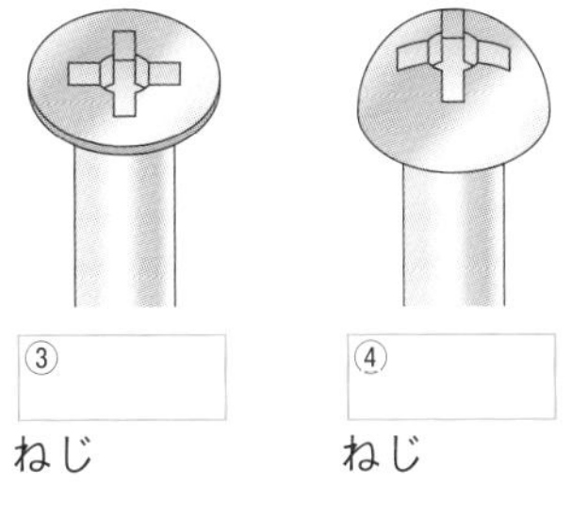

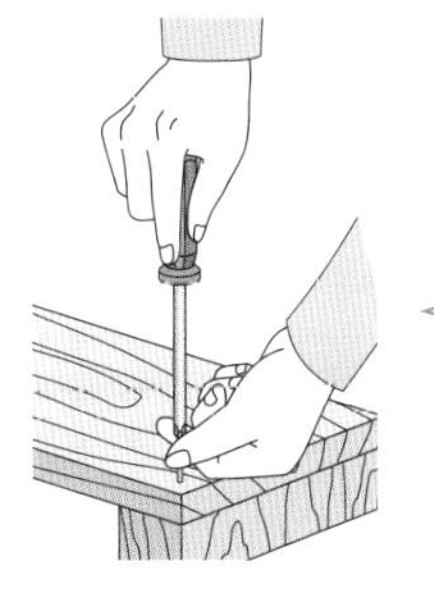

ねじ回しを垂直に持ち，押しながら⑤□向きに回す。

□めねじ　□おねじ　□きり　□げんのう　□持続可能な社会　□循環型社会

定着のワーク ステージ2　3 製作品の製作(2)　4 材料と加工の技術のあり方(2)

解答 p.5　/100

1 かんながけ　かんながけについて，次の問いに答えなさい。

3点×14（42点）

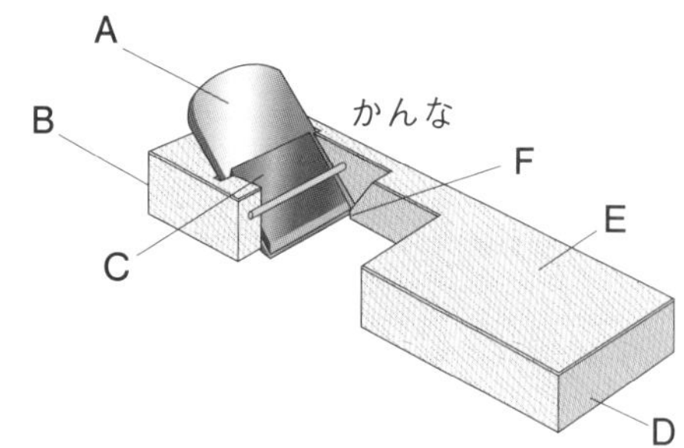

(1) 図のA～Fの部分を何というか。下の［　］からそれぞれ選びなさい。

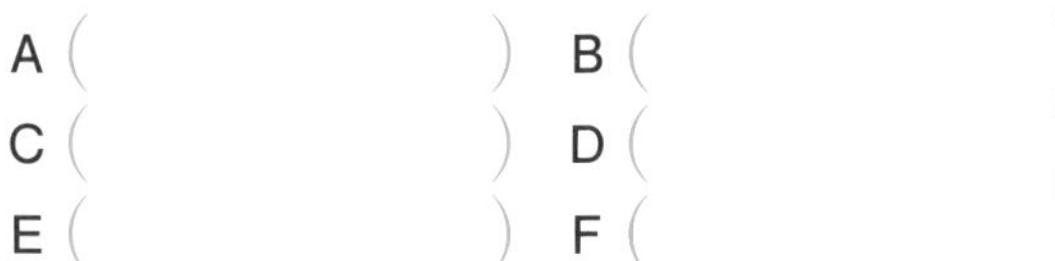

A（　　　　）　B（　　　　）
C（　　　　）　D（　　　　）
E（　　　　）　F（　　　　）

かんな身　台がしら　裏金（うらがね）　かんな台　くず返し　うわば　台じり
したば　こば　押さえ棒　刃口（はぐち）

(2) 図のAのかしらをたたくと，Aは出るか，抜けるか。（　　　　）

(3) 図のBの角を左右交互にたたくと，Aは出るか，抜けるか。（　　　　）

(4) 刃先（はさき）の出は何mmになるように調整するか。次から選びなさい。（　　）

ア　0.05～0.2mm

イ　0.5～2mm

よく出る (5) かんながけについて，次の文中の（　）にあてはまる語句を，右の［　］からそれぞれ選びなさい。
①（　　　　）②（　　　　）③（　　　　）
④（　　　　）⑤（　　　　）

木目に沿って削る方法を（ ① ）削りといい，表面はなめらかになる。一方，木目に逆らって削る方法を（ ② ）削りといい，木材が先割れを起こしやすい。（ ② ）削りでは，（ ③ ）を使うことで，表面が荒れにくくなる。

（ ④ ）削りをするときは，かんなを一気に引いて削る。一方，（ ⑤ ）削りをするときは，一気に削らず，途中で裏返して削る。

裏金
こぐち
こば
さか目
ならい目

2 やすりがけ　やすりがけについて，次の問いに答えなさい。

3点×4（12点）

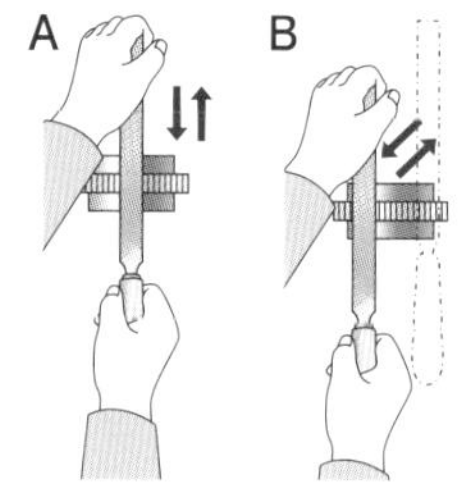

(1) 右の図のA，Bのやすりがけのしかたをそれぞれ何というか。　A（　　　　）　B（　　　　）

(2) 広い面を削ることができ，荒削りに適している方法は，A，Bのどちらか。（　　）

(3) 狭い面を深く削ることができ，きれいな仕上がりになる方法は，A，Bのどちらか。（　　）

1 (5)木目に沿った方向をならい目方向という。こぐちの端は，一気に削ると割れてしまう。
2 Aはやすりをまっすぐに動かし，Bはやすりを斜めに動かしている。

加工　加工について，あとの問いに答えなさい。

3点×5（15点）

図1

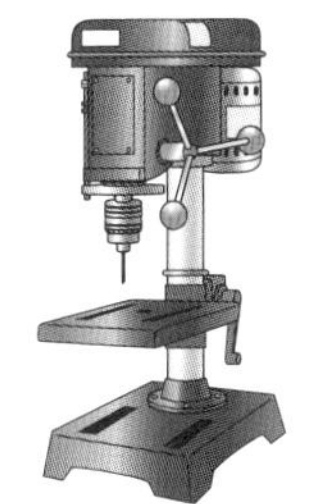

図2

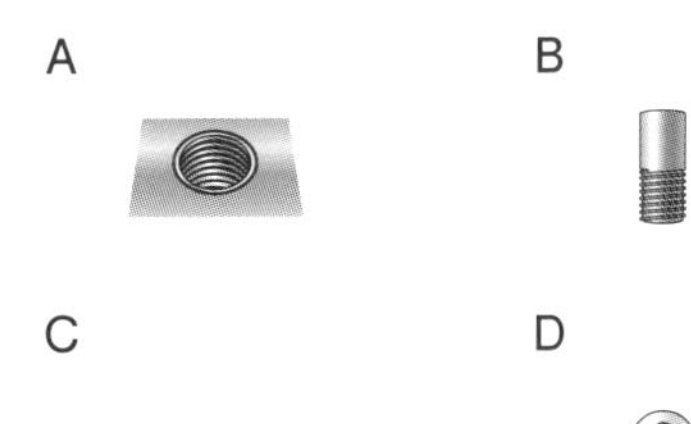

(1)　穴あけに使用する，図1の工具を何というか。（　　　）

(2)　図1の工具について，次から正しいものをすべて選びなさい。（　　　）

ア　材料は，クランプや万力でしっかりと固定する。

イ　通し穴をあける場合は，捨て板を敷（し）くとよい。

ウ　止まり穴をあける場合は，捨て板を敷くとよい。

エ　間違って穴をあけた場合は，だぼを穴に打ち込んで修正する。

(3)　おねじを表しているのは，図2のA，Bのどちらか。（　　　）

(4)　おねじやめねじをつくるときに用いる，図2のC，Dをそれぞれ何というか。

C（　　　）　D（　　　）

検査　寸法の検査で使用する工具について，次の問いに答えなさい。

5点×3（15点）

(1)　図の工具を何というか。（　　　）

(2)　外径を測定するときは，A，Bのどちらのジョウを用いるか。（　　　）

(3)　外径の寸法を測定したところ，右の図のようになった。このときの目盛りを読みなさい。（　　　）

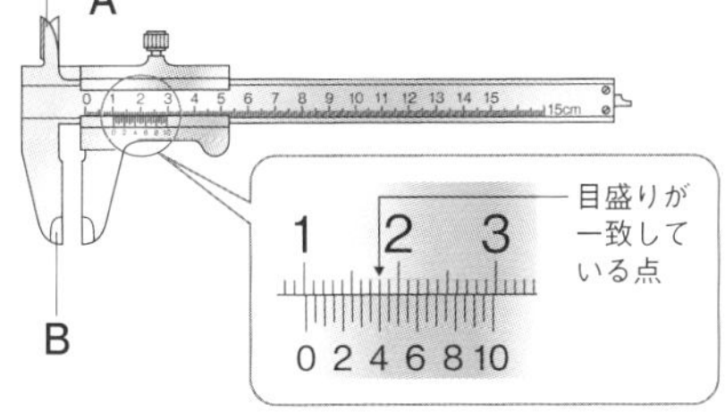

くぎ接合　次の図を見て，あとの問いに答えなさい。

4点×4（16点）

図1

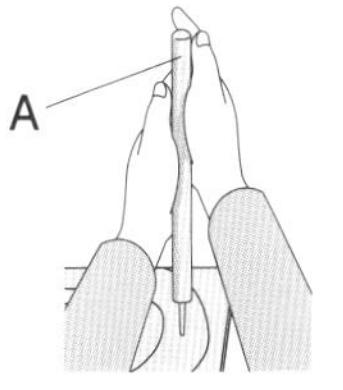

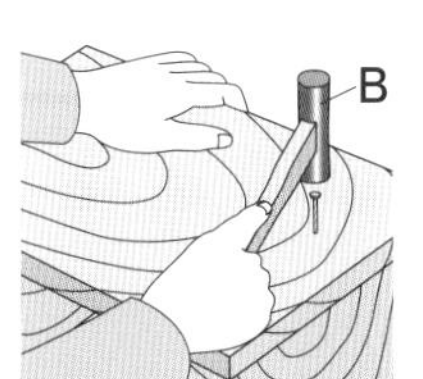

図2

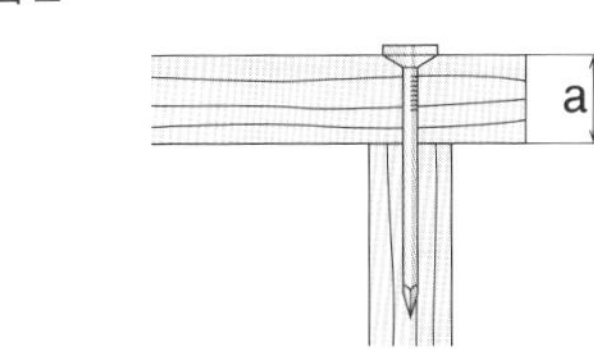

(1)　図1で，下穴をあけるときに用いるAを何というか。（　　　）

(2)　図1で，くぎ打ちで用いるBを何というか。（　　　）

記述 (3)　くぎ打ちの終わりで図1のBの曲面を用いるのはなぜか。簡単（かんたん）に書きなさい。

（　　　）

(4)　図2で，くぎの長さはaの何倍程度にするか。（　　　）

ヒントの森　3(4)ダイスはダイス回し，タップはタップ回しを使って回す。　4バーニヤの目盛り0が指す本尺の目盛り，本尺の目盛りとバーニヤの目盛りが一致している点を読み取る。

定着のワーク ステージ2

3 製作品の製作(2)
4 材料と加工の技術のあり方(2)

解答 p.6

1 組み立てと仕上げ

組み立てと仕上げについて，次の問いに答えなさい。 4点×3（12点）

(1) 右の図で，ねじはどの順に締めるとよいか。次から選びなさい。 (　　)

ア　A→B→C　　イ　A→C→B　　ウ　B→A→C

(2) 素地磨きでは，研磨紙を使ってどのように磨くか。次から選びなさい。 (　　)

ア　繊維方向に沿って磨く。　　イ　繊維方向と直角に磨く。

(3) はけ塗りのしかたとして正しいものを，次から選びなさい。 (　　)

ア

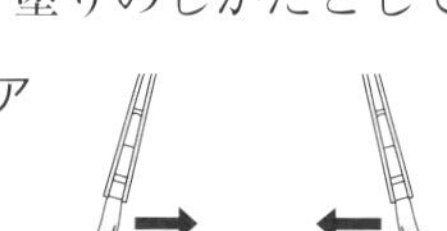

イ

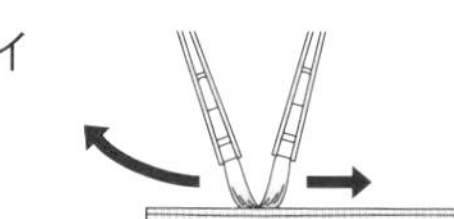

ウ

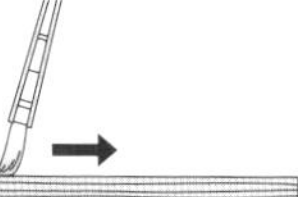

記述 2 社会の発展と技術

次の図の机の天板には，さまざまな工夫がされている。次の①～④について，それぞれどのような工夫によって最適化されているか答えなさい。 10点×4（40点）

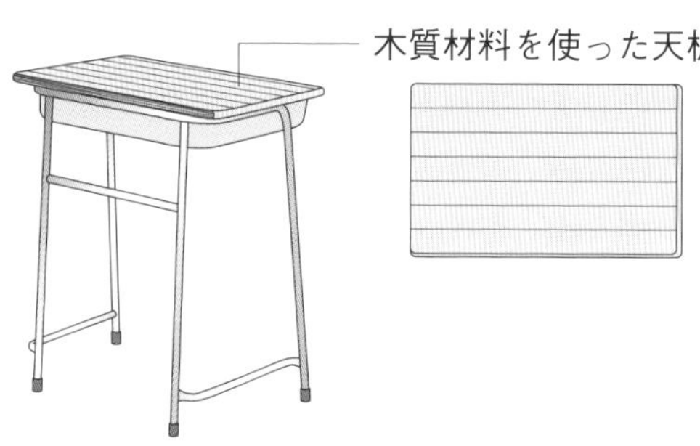

① 天板の材料について，環境に着目して答えなさい。

(　　　　　　　　　　)

② 天板の構造について，安全性に着目して答えなさい。

(　　　　　　　　　　)

③ 天板の機能について，木材の特徴を利用した表面の加工に着目して答えなさい。

(　　　　　　　　　　)

④ 天板の製作について，製作費用における社会からの要求に着目して答えなさい。

(　　　　　　　　　　)

2 環境への負荷，経済性，安全性，社会からの要求など，いろいろな側面からどのように最適化されているかを考える。

3 社会の発展と技術　社会の発展と材料と加工の技術について，次の問いに答えなさい。

12点×2（24点）

(1) 持続可能な社会の実現のため，材料と加工の技術は，どのようなことに気をつけて活用される必要があるか。「環境」という言葉を使って答えなさい。

（　　　　　　　　　　）

(2) 材料と加工の技術によって，社会や環境に影響を与えている事例をあげなさい。

（　　　　　　　　　　）

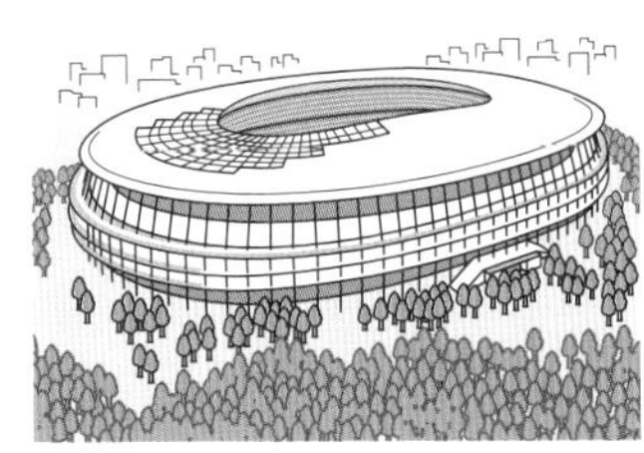

4 単元総合問題　材料と加工の技術について，次の問いに答えなさい。

4点×6（24点）

(1) CLT(クロス・ラミネーティッド・ティンバー)とは，右の図のように，幅のある木材を並べた後，繊維方向が直角に交わるように接着・積層した木質材料のことである。CLTについて，次から正しいものをすべて選びなさい。（　　　）

ア 断熱性(だんねつせい)や遮熱性(しゃねつせい)には優れるが，遮音性(しゃおんせい)には劣(おと)る。

イ 丈夫な構造で，地震などのゆれに強い。

ウ 環境に負荷の少ない材料としての利用が期待される。

エ コンクリートのような強度まで高めることは難しいので，大規模な建築には向いていない。

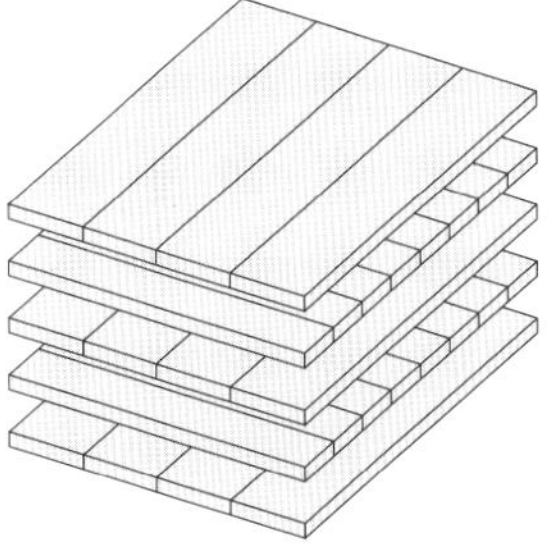

↓接着・積層

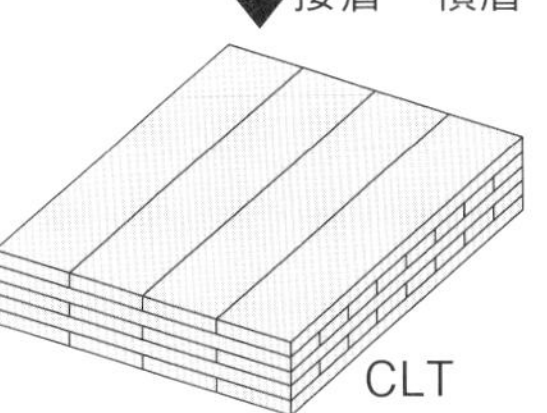

(2) CLTとは異なり，単板を繊維方向が直角に交わるように奇数枚接着した木質材料を何というか。次から選びなさい。（　　）

ア パーティクルボード　イ ファイバーボード　ウ 集成材　エ 合板

(3) 木材の小片を，接着剤を用いて積み重ね，熱圧した木質材料を何というか。(2)のア～エから選びなさい。（　　）

(4) 木材を削るときに使う，次の工具をそれぞれ何というか。

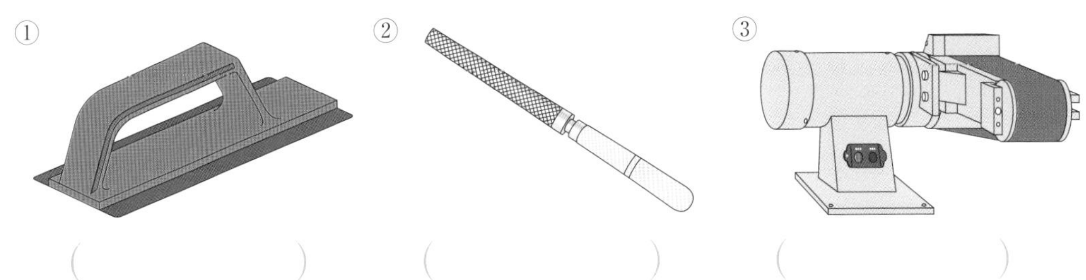

①（　　　）　②（　　　）　③（　　　）

3 材料と加工の技術の役割や課題について，いろいろな側面から考える必要がある。

4 (4)研磨紙，やすり，ドレッサ，ベルトサンダなどを用いて木材を削る。

解答 p.7

確認のワーク ステージ1

1 生育環境と育成技術(1)
2 生物の栽培・飼育(1)
3 生物育成の技術のあり方(1)

教科書の要点 (　　)にあてはまる語句を答えよう。

1 植物を育てる技術

植物を育てる技術

◆**育成環境**を調整する技術，生物の**成長**を管理する技術，(①　　　　　)などの生物の特徴を改良する技術。

植物の育成に影響する環境要因

◆**気象**環境➡光，温度，雨など。

◆**生物**環境➡雑草や小動物，昆虫，微生物など。

◆**土壌**環境➡土壌中の養分，水分，空気，粒子など。

植物工場では，施設内で環境を制御することで，季節に関係なく生産できるんだ。

2 植物の育成

育成計画➡育成目的，育成条件，栽培計画など。

◆目的に応じた作業が適切な時期に行える。

◆(①　　　　　)➡地域に応じた栽培時期や作物の特性などがわかりやすく示されている。
└作物の種袋にも書かれている

植物の育成

◆**土壌**➡(②　　　　　)**構造**の土にする。
└小さな塊になっている

◆種まき➡**ばらまき**(小さい種)，**すじまき**(普通の大きさの種)，**点まき**(大きい種)。

◆(③　　　　　)➡苗が混み合っているときや栽培に適さない苗があるときなどに行う。苗の品質や発育をそろえられる。

◆(④　　　　　)➡苗を植えつけること。

◆**支柱立て・誘引**➡茎が倒れることを防ぐため，**支柱**を立てる。茎が伸びたら，支柱に沿って茎を(⑤　　　　　)する。

◆**かん水**➡水やりのこと。土の表面が乾いたときに行う。

◆**肥料**➡定植の前にあらかじめ与える(⑥　　　　　)，栽培途中で与える**追肥**など。
└遅効性である有機質肥料などがよい

●肥料の三要素➡(⑦　　　　　)，**リン**，**カリウム**。

◆**摘芽**，**摘芯**➡必要に応じてわき芽(えき芽)や茎の先端部を摘む。

◆**収穫**➡適切な時期に収穫し，保存する。

◆その他の技術➡**病害虫**の防除，**受粉**，**接ぎ木**など。

◆栽培方法➡屋外の畑で育てる(⑧　　　　　)**栽培**，培養液に根を張らせて育てる**水耕栽培**，**容器栽培**などがある。

◆(⑨　　　　　)➡同じ場所に同じ科の作物を連続して栽培すると，生育が悪くなること。輪作するとよい。
└連作

栄養不足(トマトの例)

窒素欠乏	生育が抑制される。葉が黄色になる。
リン欠乏	生育が抑制される。葉が暗い色になる。
カリウム欠乏	葉のふちから黄色になる。

病害虫の例

病気	ウドンコ病 モザイク病 尻腐れ症
害虫	ヨトウムシ アブラムシ 鳥類

□団粒構造 □間引き □定植 □誘引 □かん水 □元肥 □追肥

□にあてはまる語句を答えよう。

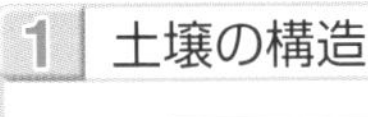

1 土壌の構造

① □ 構造

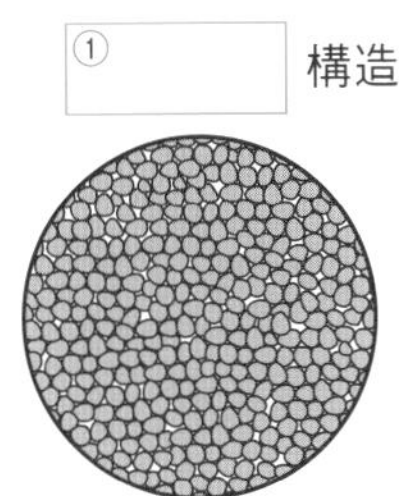

② □ 構造

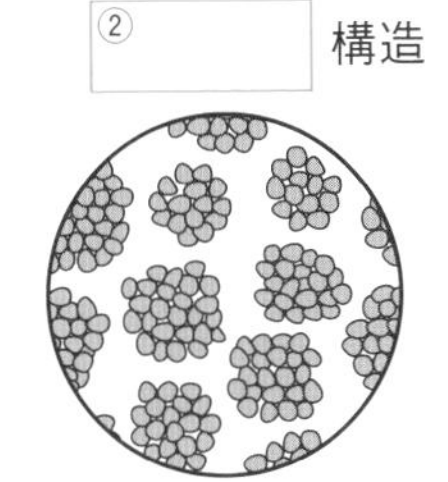

2 種のまき方

① □ まき

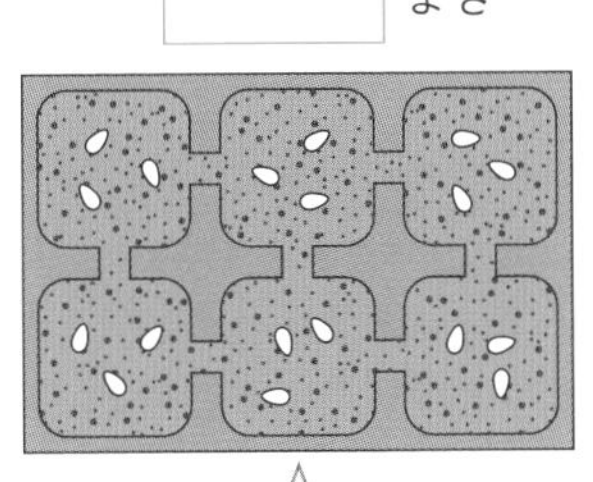

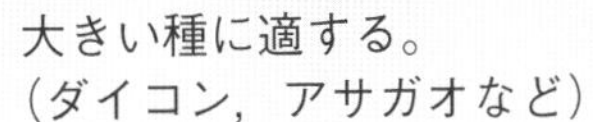

大きい種に適する。（ダイコン，アサガオなど）

② □ まき

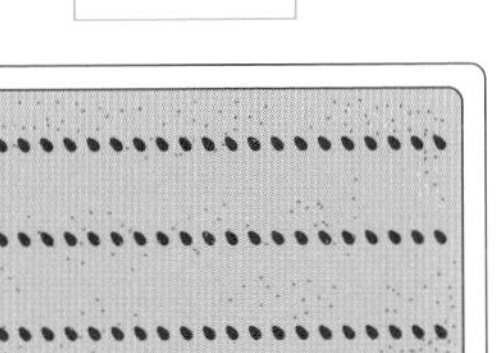

普通の大きさの種に適する。（ホウレンソウ，コマツナなど）

③ □ まき

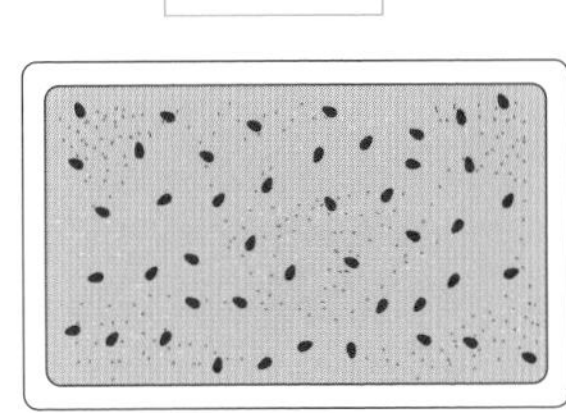

小さい種に適する。（レタス，ペチュニアなど）

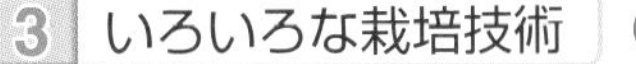

3 いろいろな栽培技術

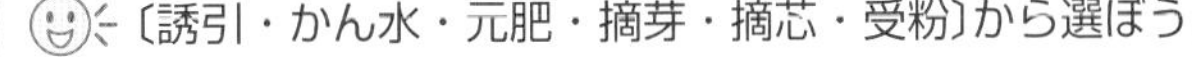

〔誘引・かん水・元肥・摘芽・摘芯・受粉〕から選ぼう。

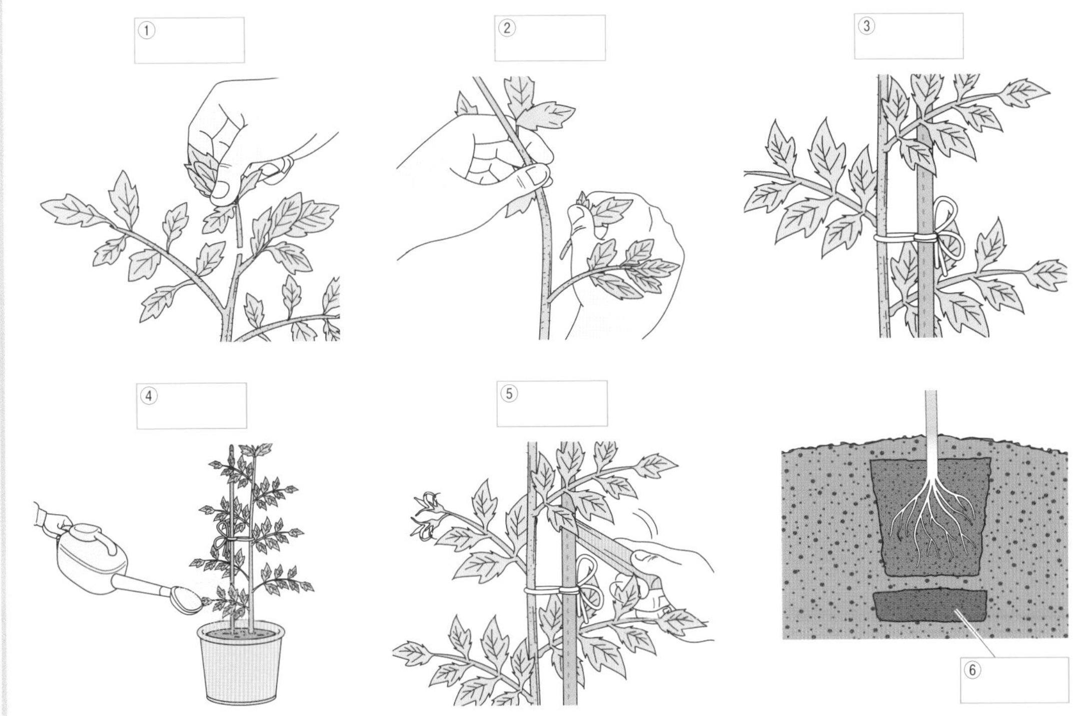

① □　② □　③ □

④ □　⑤ □　⑥ □

□肥料の三要素　□摘芽　□摘芯　□受粉　□収穫　□露地栽培　□水耕栽培

1 生育環境と育成技術(1)
2 生物の栽培・飼育(1)
3 生物育成の技術のあり方(1)

1 植物を育てる技術 次の文を読んで，あとの問いに答えなさい。

5点×6（30点）

植物を育てる技術とは，収穫量や品質の向上を目的とした技術で，日照条件などの a(①)を調整する技術，間引きなどの植物の(②)を管理する技術，b 植物の特徴を改良する技術がある。

(1) 文中の(　　)にあてはまる語句をそれぞれ書きなさい。

①(　　　　) ②(　　　　)

(2) 下線部aで，植物の成長に影響を与える3つの要因をすべて書きなさい。

(　　　　)(　　　　)(　　　　)

(3) 下線部bで，より役立つ新しい品種をつくり出すために行われる改良技術を何というか。漢字4文字で書きなさい。

(　　　　)

2 育成計画 次の図は，スイカの特性や栽培時期が示されているものである。これについて，あとの問いに答えなさい。

3点×2（6点）

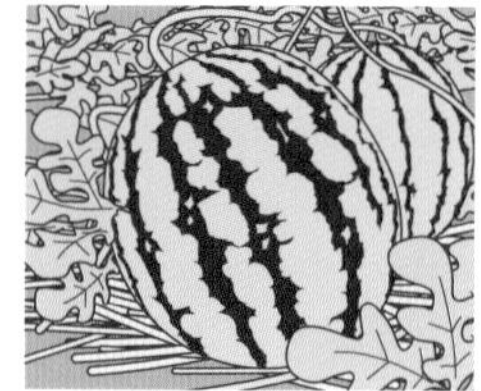

スイカ ウリ科

日当たりや水はけがよい場所を好む。親づるの摘芯，子づるの人工授粉，摘果などが必要。

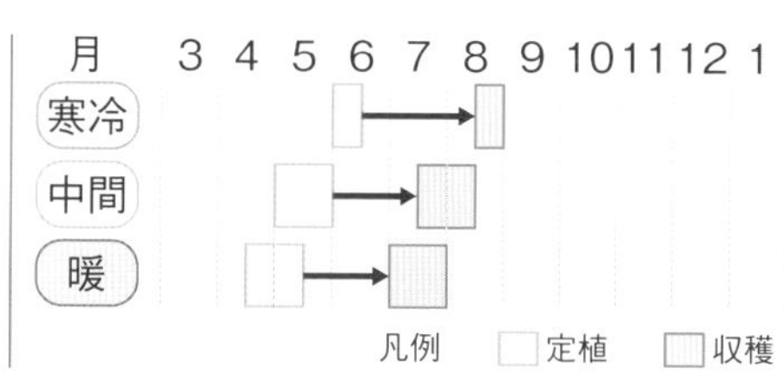

(1) 図のような，作物の特性や地域に応じた栽培時期が示されたものを何というか。

(　　　　)

(2) スイカを北海道で栽培するとき，定植に適しているのは何月ごろか。

(　　　　)

3 土壌 右の図は，土壌の構造を示したものである。これについて，次の問いに答えなさい。

4点×4（16点）

(1) 図のA，Bの構造を，それぞれ何というか。

A(　　　　) B(　　　　)

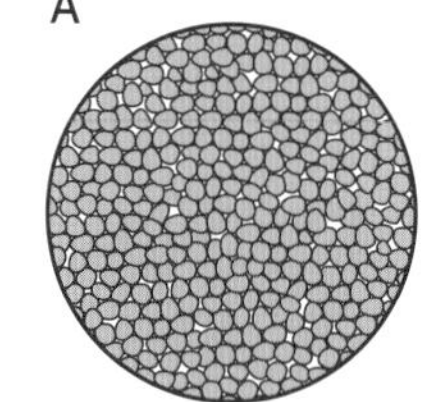

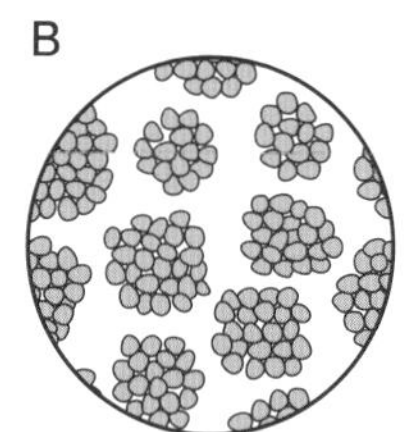

(2) 植物の栽培に適しているのは，A，Bのどちらの構造か。

(　　　　)

(3) (2)の構造について正しいものを，次からすべて選びなさい。

(　　　　)

ア 土壌がやわらかく，根が張りやすい。 イ 土壌中に水や空気が入りにくい。

ウ 有機物を食べるミミズなどによって，(2)の構造が促進（そくしん）される。

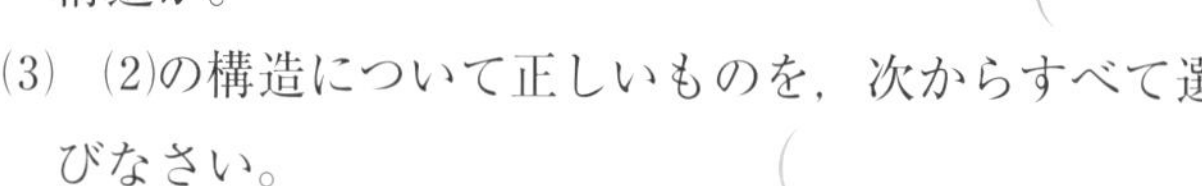

1 (1)光や温度などの環境，雑草や小動物などの環境，土壌中の養分や水分などの環境が影響する。 2 (2)北海道がどのような地域にあてはまるか考える。

種まき　種まきやその後の管理について，あとの問いに答えなさい。

3点×11（33点）

図1

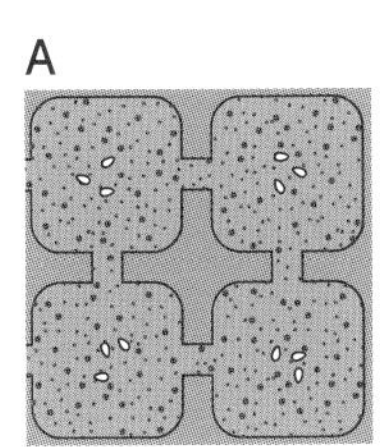

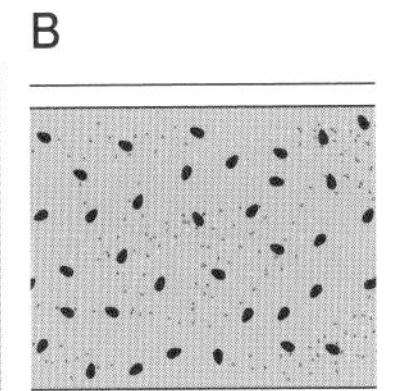

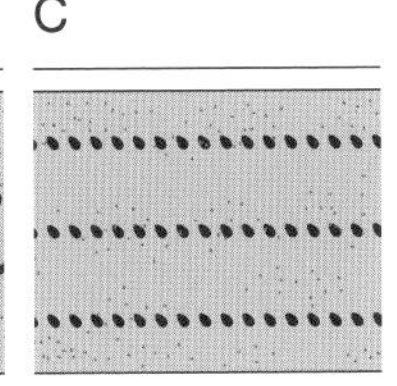

図2

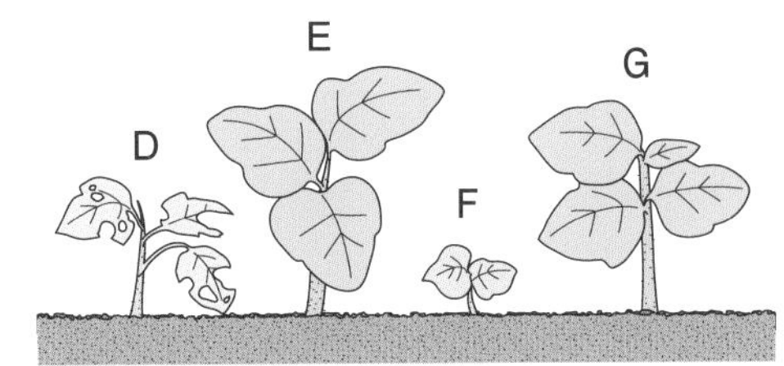

技術B

(1)　図1で，A～Cの種のまき方を何というか。下の［　］からそれぞれ選びなさい。

A（　　　　）　B（　　　　）　C（　　　　）

(2)　図1で，大きい種に適したまき方はどれか。A～Cから選びなさい。（　　）

(3)　種を畑などに直接まく方法を何というか。下の［　］から選びなさい。

（　　　　）

(4)　種をまいたあと，発芽を促（うなが）すために管理が必要な3つの条件は何か。

（　　　　）（　　　　）（　　　　）

(5)　図2で，苗の発育のために抜（ぬ）いたほうがよい苗を2本選びなさい。

（　　）（　　）

(6)　(5)で，苗を抜く作業を何というか。（　　　　）

すじまき　　じかまき　　ばらまき　　点まき

定植後の管理　次の問いに答えなさい。

3点×5（15点）

(1)　苗を植えつけることを何というか。

（　　　　）

(2)　よい苗の見分け方として正しいものを，次からすべて選びなさい。（　　　　）

ア　葉が大きい。

イ　葉が厚く，緑色がうすい。

ウ　葉の間隔（かんかく）が長い。

エ　茎が細い。

オ　根がしっかりと張っている。

(3)　支柱の立て方としてよいものを，図のA，Bから選びなさい。（　　）

(4)　茎が伸びてきたら，支柱と茎をひもで結んだ。この作業を何というか。（　　　　）

(5)　(4)の作業の方法としてよいものを，図のC，Dから選びなさい。（　　）

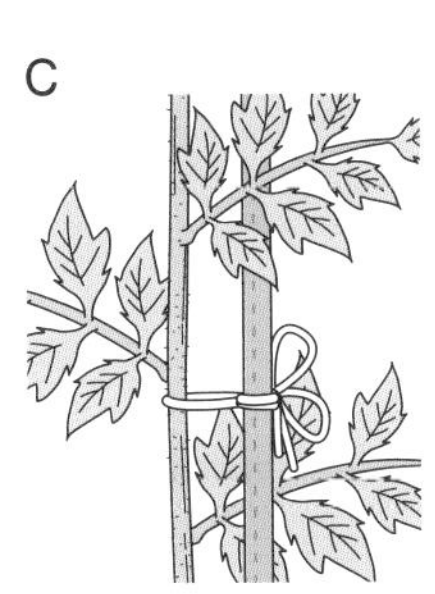

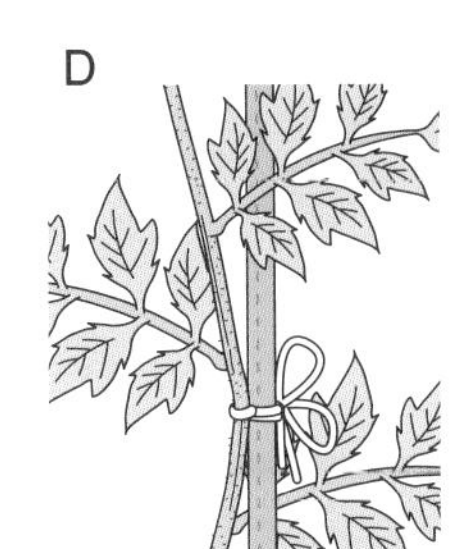

4(2)大きい種や間引きをあまり行いたくないときに適する。(5)(6)苗の品質のよいもの，発育のそろっているものを残す。　5(2)ほかに，子葉が傷んでいないことなど。

定着のワーク ステージ2
1 生育環境と育成技術(1)
2 生物の栽培・飼育(1)
3 生物育成の技術のあり方(1)

解答 p.8

/100

1 定植後の管理 次の問いに答えなさい。 3点×11（33点）

(1) 植物の栽培で行う水やりのことを何というか。（　　　）

(2) 一般に，(1)はどの時間帯に行うとよいか。次から選びなさい。（　　）

ア 朝　　イ 午後2時ごろ

ウ 夕方　　エ 夜

(3) 定植の前にあらかじめ与える肥料を何というか。（　　　）

(4) (3)の肥料には，有機質肥料と無機質肥料のどちらが使われることが多いか。

（　　　）

(5) 生育の状況を見ながら与える肥料を何というか。（　　　）

よく出る (6) 肥料の三要素について，次の表の(　　)にあてはまる語句をそれぞれ書きなさい。

①（　　　）②（　　　）

③（　　　）④（　　　）

肥料の三要素	主な働き	欠乏したとき(トマトの例)
(①)	根，茎，葉の生育に役立つ。	生育が悪くなり，下の葉が黄色に変化する。
(②)	成長の盛んな花や果実，新根などの生育に役立つ。	生育が悪くなり，葉が暗い色になる。
(③)	(④)を盛んにして，果実や根を育てる。	葉の周辺部から黄色に変化する。

(7) 株の周りや株の間のかたくなった土を耕す作業を何というか。右の□から選びなさい。（　　　）

(8) 根が地表に出ているときなどに，株元に土を盛る作業を何というか。右の□から選びなさい。（　　　）

中耕（ちゅうこう）
土寄せ

2 病害虫 病気や害虫の防除について，次の問いに答えなさい。 4点×4（16点）

(1) 同じ場所に同じ科の作物を連続して栽培することで，病害虫が増えたり生育が悪くなったりすることを何というか。（　　　）

(2) (1)を防ぐために異なる科の作物を一定の順序で栽培することを何というか。

（　　　）

(3) 葉が粉をふいたように白くなる病気を何というか。次から選びなさい。（　　）

ア ウドンコ病　　イ モザイク病

(4) 新芽や葉の裏，茎について汁液（じゅうえき）を吸う害虫は何か。次から選びなさい。（　　）

ア アオムシ　　イ アブラムシ

ウ ハダニ　　エ ヨトウムシ

1(4)有機質肥料はゆっくりと効く。無機質肥料は比較的早く効く。(6)三要素のほかに，カルシウムやマグネシウムなども重要。 2(3)カビの一種が原因である。

❸ 摘芽，摘芯，受粉，収穫　あとの問いに答えなさい。

3点×8（24点）

A

B
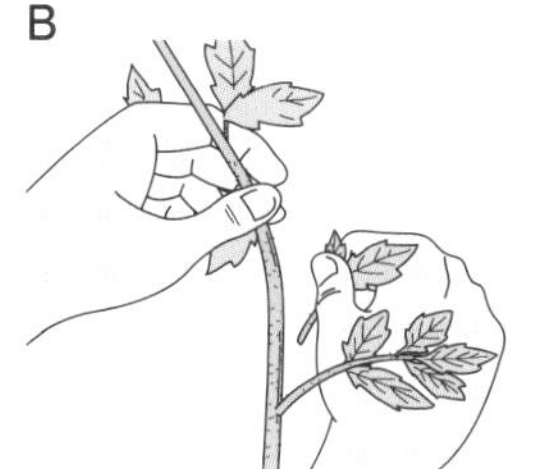
C

受粉
摘芽
摘芯
摘果

(1)　A～Cの作業を何というか。右の［　］からそれぞれ選びなさい。

A（　　　　）　B（　　　　）　C（　　　　）

(2)　ナスなどの栽培では，最初にできた実を小さいうちに取り除く。この作業を何というか。右の［　］から選びなさい。（　　　　）

(3)　収穫する時期と部位について，次の①～④にあてはまる作物を，それぞれ下のア～エから選びなさい。

①　花芽がつく前の葉（　　）
②　花芽がつく前の根（　　）
③　成熟する前の果実（　　）
④　成熟した果実（　　）

それぞれの野菜のどの部分を食べているか考えよう。

ア　キュウリ　　イ　キャベツ　　ウ　ダイコン　　エ　トマト

❹ その他の栽培技術　次の問いに，それぞれ右の［　］から選んで答えなさい。

3点×9（27点）

施設栽培
水耕栽培
露地栽培
容器栽培
マルチ栽培
植物工場
移植ごて
かま
くわ

(1)　次の栽培方法をそれぞれ何というか。

①　屋外の畑で育てる栽培方法（　　　　）
②　鉢（はち）やプランターなどで育てる栽培方法（　　　　）
③　ビニルハウスや温室などで育てる栽培方法（　　　　）
④　培養液に根を張らせて育てる栽培方法（　　　　）
⑤　黒いフィルムでうねを覆（おお）い，土の水分を保つとともに雑草の発芽を防止しながら育てる栽培方法（　　　　）

(2)　施設内で生育環境を制御（せいぎょ）することで，天候などに関係なく作物を生産できる施設を何というか。（　　　　）

(3)　栽培で用いる次の道具をそれぞれ何というか。

①（　　　　）　②（　　　　）　③（　　　　）

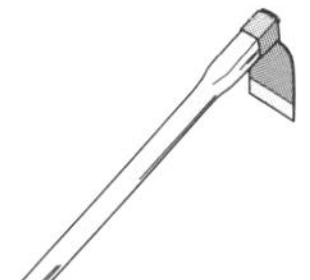

❸(1)Aは茎の先端部を摘み取り，果実の肥大などを促している。Bはわき芽を摘み取り，茎の先端部の成長を促している。Cは人工的に結実を促している。

解答 p.8

確認のワーク ステージ1

1 生育環境と育成技術(2)
2 生物の栽培・飼育(2)
3 生物育成の技術のあり方(2)

教科書の要点 (　　)にあてはまる語句を答えよう。

1 動物を育てる技術

動物を育てる技術

◆環境・衛生を管理する技術
- (①　　　　　)の調節➡動物により適温域は異なる。
- 畜舎(ちくしゃ)の除ふん，清掃(せいそう)，換気(かんき)，消毒➡病気の感染(かんせん)を防ぎ，健康に育てる。

◆家畜を管理する技術
- (②　　　　　)➡濃厚(のうこう)飼料や粗(そ)飼料，その他の栄養素を調節して与える。
- 給水，病気の予防。
  - 乳牛の場合，1頭あたり1日60～100L必要

◆その他の技術
- 繁殖(はんしょく)，(③　　　　　)(乳牛)など。
  - 出産から約10か月間行う

2 水産生物を育てる技術

水産生物を育てる技術

◆(①　　　　　)技術➡人の手によって水産生物を管理する技術。
- 場所➡育てる生物の種類や環境に応じて選択する。
- 水質➡水温，塩分，酸素量などを適正に保つ。
- 給餌(きゅうじ)➡種類や量，栄養素に配慮(はいりょ)する。
  - 水槽では，餌が残らないように調整する
- 健康の管理。

◆(②　　　　　)技術➡自然環境を利用して水産生物を増やす技術。
- 放流➡人の手によって育てた水産生物を，河川(かせん)や海などに放つこと。
- 移植➡水産生物をほかの場所に移して生育を図ること。
  - 今までその生物が生息していなかった場所に放流する

3 社会の発展と技術

生物育成は，地域の環境保全という役割も果たす。

生物育成に関する新しい技術

◆(①　　　　　)➡木材やサトウキビなどの植物が原料となっている燃料。再生産が可能。

持続可能な社会のための課題

◆担い手の減少。 ◆外国からの安い食料の輸入。
◆生産性と価格。 ◆技術が人体や自然界に与える影響。

ここがポイント

家畜の習性
・家畜には，餌(えさ)の好みや，外敵や環境から身を守るための習性がある。

ウシやブタなどは，人工授精を利用した繁殖によって品種改良が進んでいるよ。

ことばメモ

水産生物
海，湖，河川などに生息する生物のうち，人の役に立つ生物のこと。

養殖技術や増殖技術は，水産生物の安定的な供給のために用いられているよ。

□給餌 □給水 □繁殖 □搾乳 □養殖技術 □増殖技術 □放流 □移植

教科書の資料　□にあてはまる語句を答えよう。

1 乳牛の飼育

〔給餌，搾乳，除ふん〕から選ぼう。

●乳牛の1日

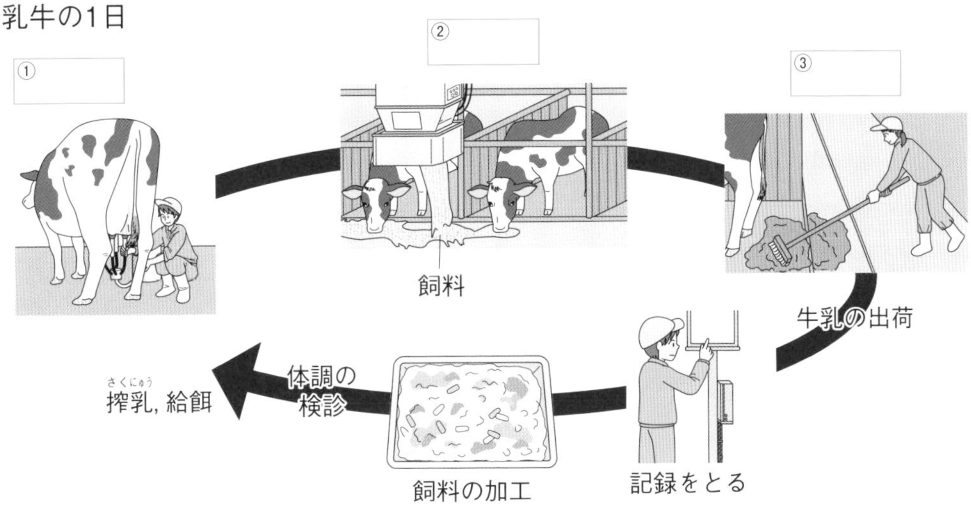

①
②
③
飼料
牛乳の出荷
記録をとる
飼料の加工
体調の検診
搾乳，給餌

●メスの一生

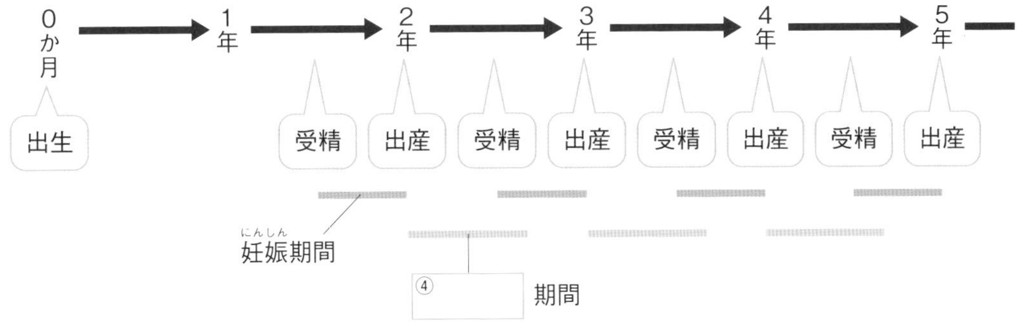

0か月
1年
2年
3年
4年
5年
出生
受精
出産
受精
出産
受精
出産
受精
出産
妊娠期間
④　期間

2 養殖と増殖

〔増殖，養殖〕から選ぼう。

卵をふ化させ，ある程度の大きさまで育てる。
①
施設で育てる。
海や川に放流する。
②

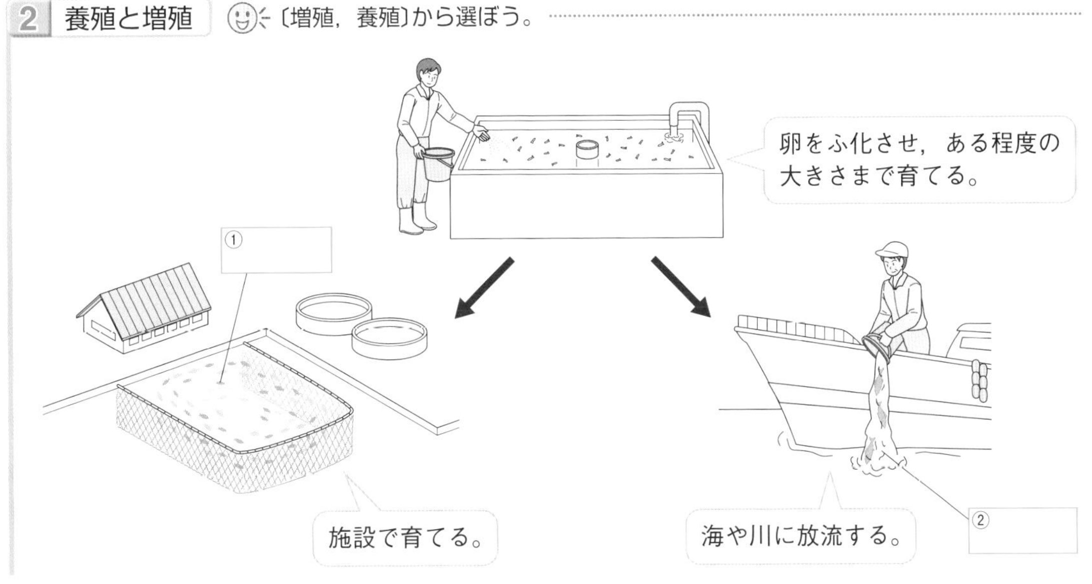

□バイオエタノール（バイオ燃料）

定着のワーク ステージ2

1 生育環境と育成技術(2)
2 生物の栽培・飼育(2)
3 生物育成の技術のあり方(2)

1 動物を育てる技術 次の図は，乳牛の管理作業の様子を示したものである。家畜を育てる技術について，あとの問いに答えなさい。 5点×9（45点）

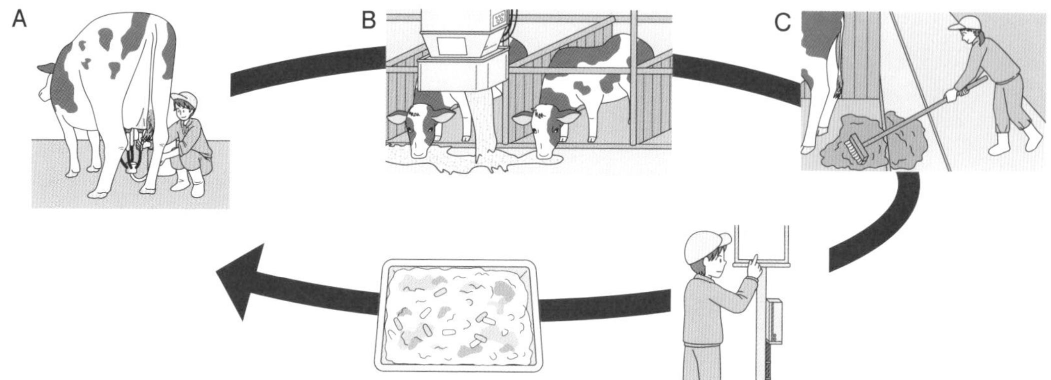

(1) 乳牛の飼育について，次の文中の(　　)にあてはまる語句をそれぞれ書きなさい。

①(　　　　) ②(　　　　)
③(　　　　) ④(　　　　)

図のAは(①)を行っている様子である。乳牛の(①)期間は出産から約(②)か月間である。図のBは(③)を行っている様子で，穀物などの濃厚飼料と牧草などの粗飼料，その他の栄養素を組み合わせながら与えている。図のCは畜舎の清掃を行っている様子である。ふん尿を処理する作業を(④)という。

記述 (2) 家畜とはどのような動物のことをいうか。簡単に書きなさい。

(　　　　　　　　)

(3) 次の家畜を育てる管理技術のうち，環境・衛生を管理する技術をすべて選びなさい。

(　　　　)

ア 病気の予防薬の投与
イ 温度の調節
ウ 畜舎の清掃
エ 繁殖

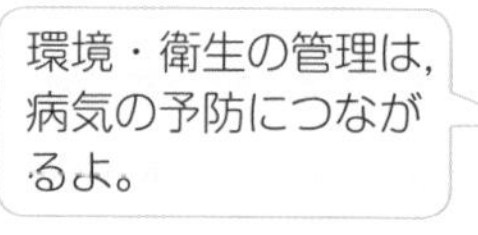

(4) 家畜の飼育について，次の文中の(　　)にあてはまる語句を，下の┆┆から選びなさい。

①(　　　　) ②(　　　　) ③(　　　　)

家畜によって(①)時間や(②)の好みが異なる。このように，動物がもつ(③)を考慮して飼育を行う必要がある。

餌	活動	習性

1 (2)家畜は食用だけでなく，さまざまなことに利用されている。(3)家畜の飼育では，畜舎や運動場などの飼育環境を整え，家畜の健康を管理することが必要である。

2 **水産生物を育てる技術** 次の図は，水産生物を育てる技術について示したものである。これについて，あとの問いに下の□から選んで答えなさい。 5点×7（35点）

図１

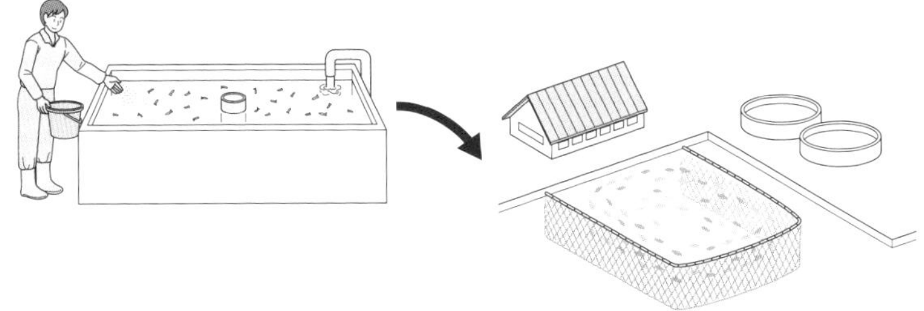

図２

(1) 図１のように，人の手によって水産生物を管理する技術を何というか。
（　　　　）

(2) (1)の技術で用いられる設備のうち，自然環境の中で育成でき，水質が安定しやすいことなどから，ブリなどの管理に適しているものを何というか。（　　　　）

(3) (1)のうち，長野県のマダイや群馬県のヒラメのように，陸上の施設で水産生物を管理する技術を何というか。（　　　　）

(4) (1)のうち，マダイやトラフグのように，人工生産の稚魚（ちぎょ）を使って水産生物を育てる技術を何というか。（　　　　）

(5) (4)に対して，ニホンウナギのように，天然産の稚魚を使って水産生物を育てる技術を何というか。（　　　　）

(6) 図２のように，人の手によって育てた水産生物を海や川に放つことを何というか。
（　　　　）

(7) (6)や移植のように，自然環境を利用して水産生物を増やす技術を何というか。
（　　　　）

海面いけす　増殖　養殖　放流　不完全養殖　陸上養殖　完全養殖

3 **森林を育てる技術** 森林を育てる技術について，次の問いに右の□から選んで答えなさい。 5点×4（20点）

(1) 森林のうち，人が植栽せずに，自然に形成されたものを何というか。
（　　　　）

(2) (1)に対して，木材生産などの目的で人が植栽してできたものを何というか。（　　　　）

(3) 木がある高さまで成長すると，間引きしてその数を減らす作業を行う。この作業を何というか。（　　　　）

(4) 木が目的の大きさまで成長したら，伐採（ばっさい）する作業を行う。この作業を何というか。（　　　　）

人工林
天然林
主伐（しゅばつ）
草刈（か）り
間伐（かんばつ）

2 (1)水槽や池で行ったり，海を仕切って行ったりする。(6)ある程度の大きさになるまで人の手で育ててから自然環境の中に放つ。

定着のワーク ステージ2

1 生育環境と育成技術(2)
2 生物の栽培・飼育(2)
3 生物育成の技術のあり方(2)

記述 **1** **社会の発展と技術** 社会の発展と生物育成の技術について，次の問いに答えなさい。

9点×5（45点）

(1) 遺伝子組み換え技術を使った植物や動物を育成し，食用とすることについてのメリットとデメリットをそれぞれ簡単に答えなさい。

安全性は？
収穫量は？

メリット（　　　　）

デメリット（　　　　）

(2) ロボット技術や情報通信技術，人工知能(AI)などを活用した農業をスマート農業という。スマート農業の具体的な例をあげ，どのような利点があるかを簡単に答えなさい。

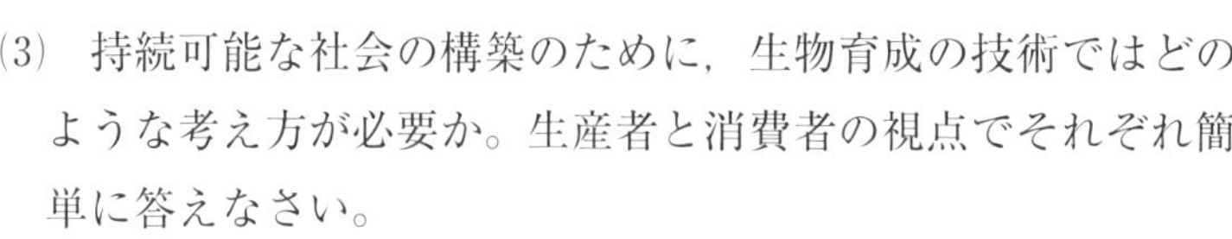

(3) 持続可能な社会の構築のために，生物育成の技術ではどのような考え方が必要か。生産者と消費者の視点でそれぞれ簡単に答えなさい。

1 (1)遺伝子組み換え技術とは，遺伝子を操作して新しい性質を生み出す技術である。(3)持続可能な社会の構築ために，生産者にできること，消費者にできることを考える。

2 単元総合問題　生物育成の技術について，次の問いに答えなさい。　5点×11（55点）

(1) 生物育成の技術には，育成環境を調整する技術，生物の成長を管理する技術，生物の特徴を改良する技術がある。次のうち，育成環境を調整する技術を表しているものを２つ選びなさい。

（　　）（　　）

ア　トマトの苗が大きくなってきたので，支柱を立てて誘引した。

イ　品種改良によって，収穫量の多いトマトが開発された。

ウ　ビニルハウスの中でトマトの苗を育てた。

エ　長い年月をかけて，乳用牛に適したホルスタイン種が開発された。

オ　夏の畜舎では，大型送風機を用いて換気をしたり，温度調節をしたりしている。

カ　生育のために必要な栄養素を考え，給餌した。

(2) トマトの健康管理について，次の文中の（　　）にあてはまる語句を，右の［　　］からそれぞれ選びなさい。

①（　　）②（　　）③（　　）④（　　）⑤（　　）

肥料の三要素とは，（ ① ），（ ② ），（ ③ ）のことである。これに（ ④ ），（ ⑤ ）を加えて肥料の五要素ということもある。
（ ① ）が欠乏すると生育が悪くなり，下の葉が黄色に変化してくる。また，（ ② ）が欠乏すると葉の周辺部から黄色に変化してくる。（ ③ ）が欠乏すると，生育が悪くなり，葉が暗い色になる。
（ ④ ）が不足すると尻腐れ症という，果実の底部が腐る病気になる。（ ⑤ ）が不足すると，葉先から黄色に変化してくる。

カルシウム
カリウム
リン
マグネシウム
窒素

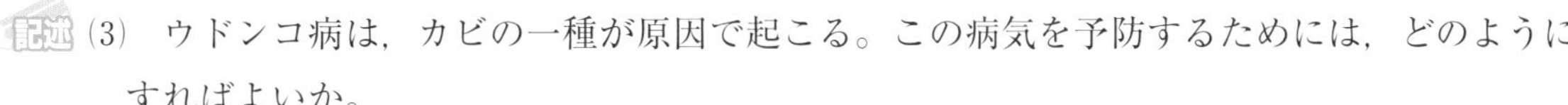

記述 (3) ウドンコ病は，カビの一種が原因で起こる。この病気を予防するためには，どのようにすればよいか。

（　　　　）

(4) 持続的な栽培に向けて，収穫後にプランターの土を再利用することもある。その手順について，次の文中の（　　）にあてはまる語句をそれぞれ答えなさい。

①（　　）②（　　）③（　　）

1．収穫後の土をふるいにかけ，植物の（ ① ）や落ち葉，虫などを取り除く。
2．ビニル袋（ぶくろ）に土を入れて少し湿らせ，日当たりの（ ② ）場所に１か月程度置き，熱殺菌する。
3．（ ③ ）や腐葉土（ふようど），石灰などを混ぜ，生育に適した土にする。

ヒントの森　2 (4)手順１では，ごみも除去する。手順２では，適量の水を入れることで，殺菌効果が高まる。熱殺菌するために，温かくなるようにする。手順３では，必要に応じて酸度の調整も行う。

解答 p.10

確認のワーク ステージ1

1 エネルギー変換(1)

教科書の要点 (　)にあてはまる語句を答えよう。

1 エネルギーの変換

- (① 　) ➡エネルギーの形を目的に応じて変えること。
  - ◆エネルギー資源➡石油や石炭などの(② 　)，核燃料，風力，太陽光など。エネルギー資源から得たエネルギーを変換して利用している。（電気エネルギーが中心）
- (③ 　) ➡次の式で表される。

$$\frac{\text{使用目的に利用されるエネルギー}}{\text{もととなる(供給される)エネルギー}}\times 100(\%)$$

2 発電方法

- (① 　) 発電
  - ◆石炭，石油，天然ガスなどの**化石燃料**を利用。（燃料に限りがある）
  - ◆**二酸化炭素**が多量に排出される。
- (② 　) 発電
  - ◆再生可能エネルギーである**ダムの水**を利用。
  - ◆新たに設置することが難しい。
- (③ 　) 発電
  - ◆ウランなどの**核燃料**を利用。（燃料に限りがある）
  - ◆二酸化炭素を排出しない。
  - ◆**放射性物質**の管理や事故が起こった際の対応に課題がある。
- 風力発電
  - ◆再生可能エネルギーである**風**の力を利用。
  - ◆天候に左右されやすい。騒音の問題がある。
- (④ 　) 発電
  - ◆再生可能エネルギーである**太陽光**を利用。
  - ◆天候に左右されやすい。日射量の少ない場所には適さない。
- 地熱発電
  - ◆再生可能エネルギーである火山などの**地熱**を利用。
  - ◆開発コストが高く，場所の選定が困難である。
- 電池や電源の種類
  - ◆使いきりの**一次電池**と充電できる(⑤ 　)がある。
  - ◆**交流**(AC)➡電圧の**向きが周期的に変わる**。1秒間に繰り返される変化の回数を(⑥ 　)という。
  - ◆(⑦ 　)(DC)➡電圧の**向きが変わらない**。

ことばメモ

一次エネルギー
自然から得られるエネルギー資源。化石燃料，ウラン，太陽光，風力，水力など。

二次エネルギー
一次エネルギーを利用しやすくしたもの。電気，都市ガス，ガソリンなど。

➡発電方法別のエネルギー変換効率

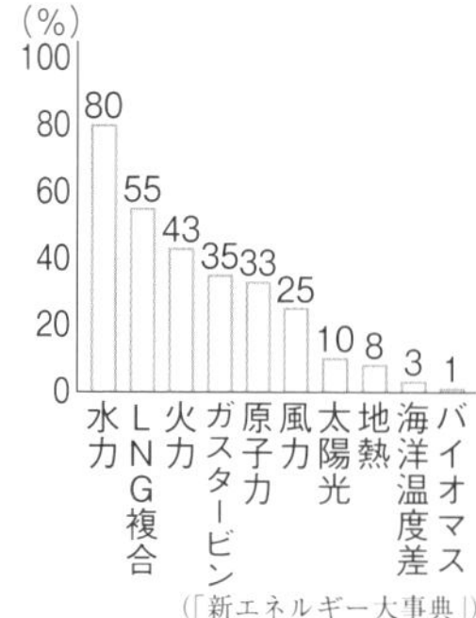

(「新エネルギー大事典」)

ここがポイント

交流と直流
・コンセントの電源は交流，乾電池の電源は直流。

交流の周波数
・東日本…50Hz
・西日本…60Hz

絶対確認! □エネルギー変換 □エネルギー資源 □化石燃料 □エネルギー変換効率

にあてはまる語句を答えよう。

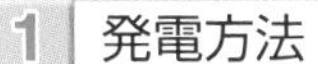

●火力発電

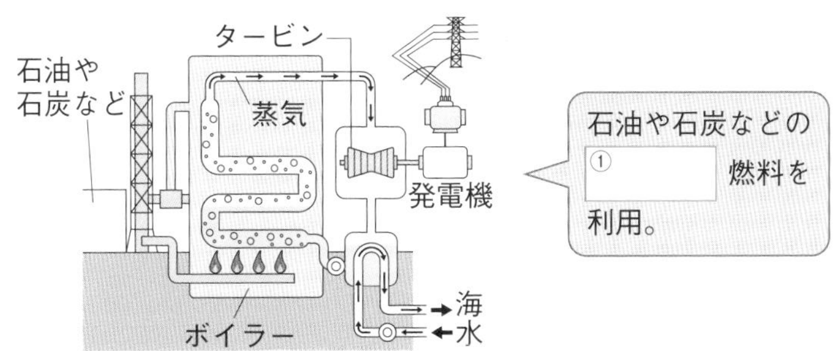

石油や石炭などの ① 燃料を利用。

●水力発電

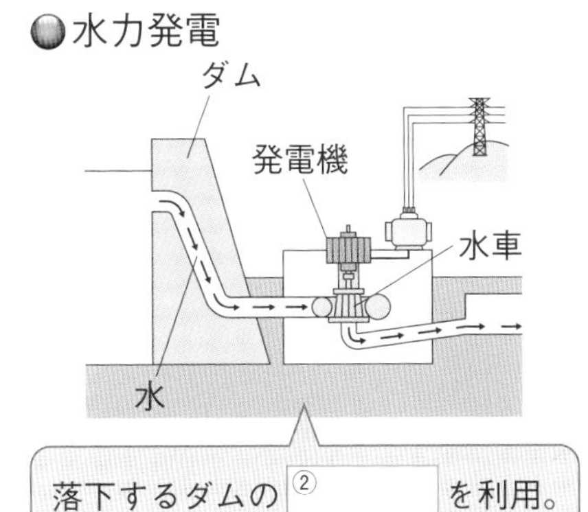

落下するダムの ② を利用。

●原子力発電

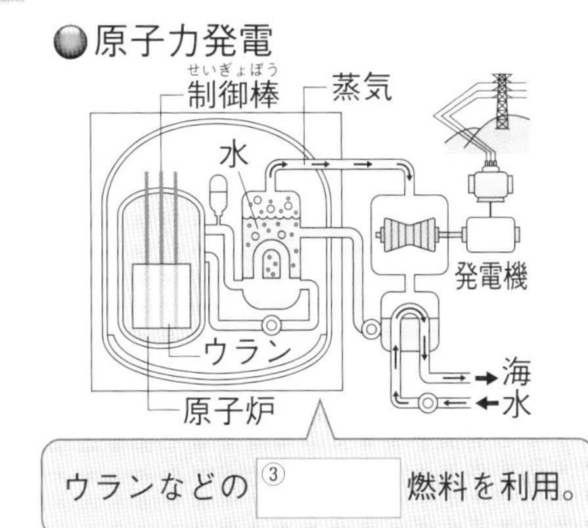

ウランなどの ③ 燃料を利用。

2 交流と直流の特徴

〔交流・直流〕から選ぼう。

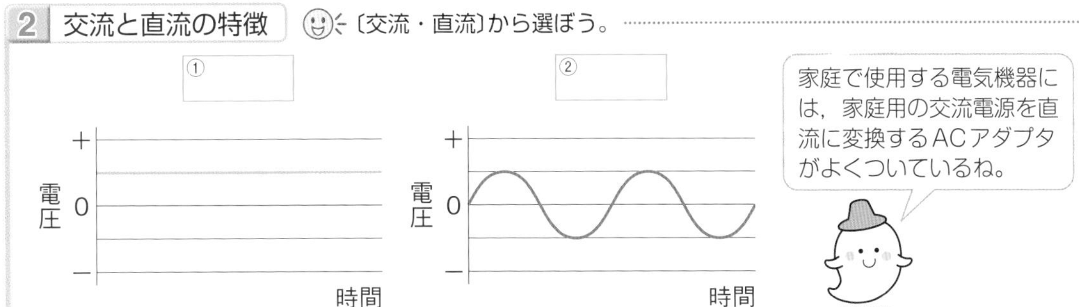

3 電気が送られるしくみ

〔変電所・変圧器・100・6600〕から選ぼう。

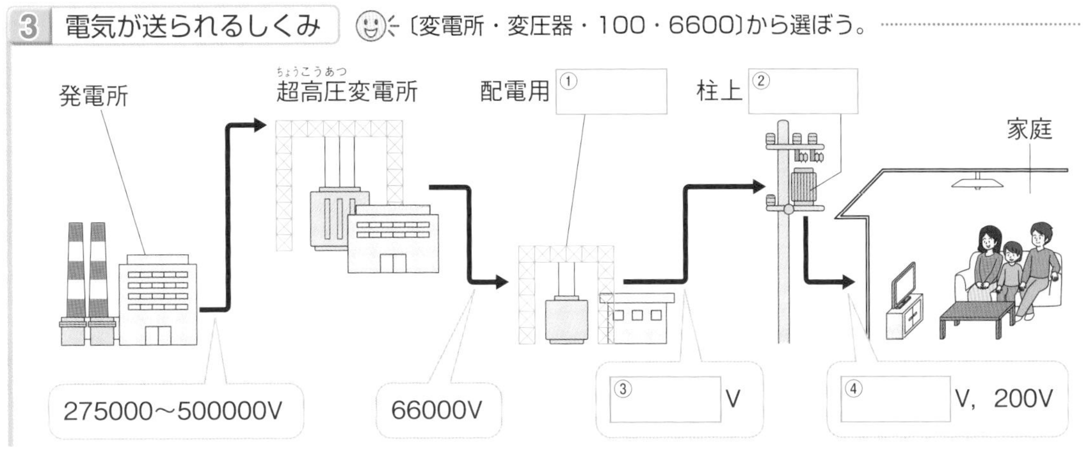

□火力発電　□水力発電　□原子力発電　□風力発電　□太陽光発電　□交流　□直流

技術C

定着のワーク ステージ2　1　エネルギー変換(1)

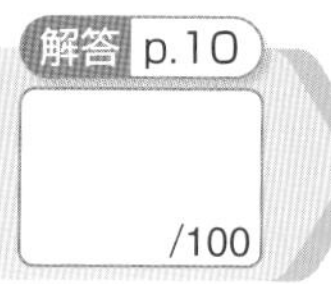

1 エネルギー資源 エネルギー資源について，次の問いに答えなさい。 3点×6（18点）

(1) 石油や石炭などを何燃料というか。（　　　　）

(2) 風力や太陽光など，枯渇することがないエネルギー資源を何エネルギーというか。（　　　　）

(3) (1)や(2)のように，自然から得られるエネルギー資源を何エネルギーというか。（　　　　）

(4) (3)を利用しやすくした二次エネルギーには，どのようなものがあるか。1つ書きなさい。（　　　　）

(5) 右の図は，電気エネルギーが電球で光エネルギーに変えられるときの様子を示したものである。これについて，次の問いに答えなさい。

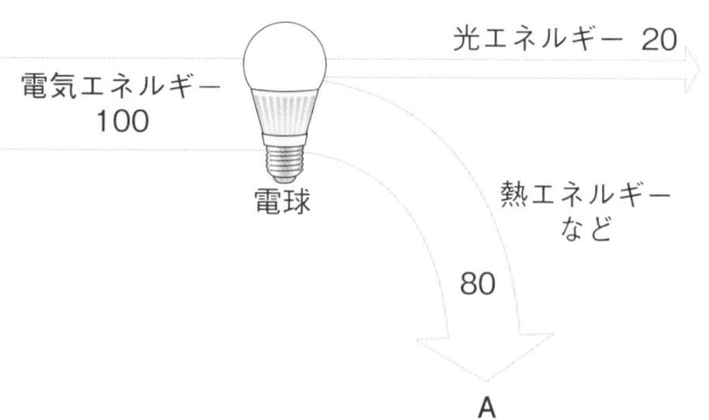

① Aの矢印のように，エネルギーが目的以外に放出されることを何というか。（　　　　）

レベルUP! ② 図で，電気エネルギーが光エネルギーに変えられるときのエネルギー変換効率は何％か。（　　　　）

2 いろいろな発電方法 次の図は，いろいろな発電方法を示したものである。これについて，あとの問いに答えなさい。 4点×5（20点）

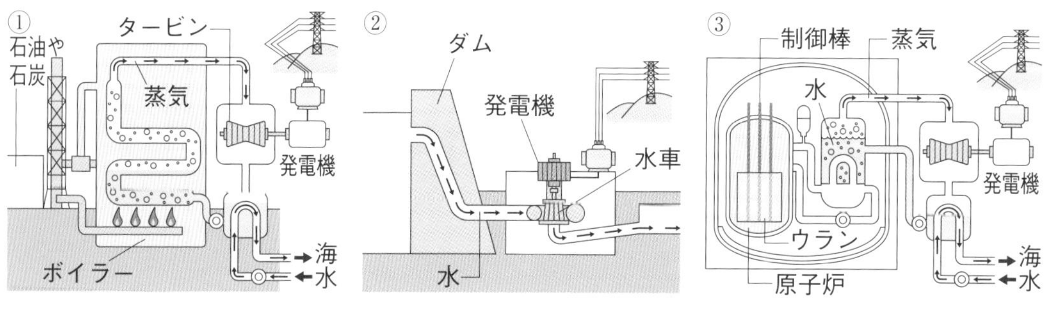

(1) ①～③はそれぞれ何という発電方法を示しているか。
①（　　　　）
②（　　　　）
③（　　　　）

(2) ①～③のうち，エネルギー変換効率が最も高い発電方法はどれか。（　　　　）

(3) ①～③のうち，発電するときに蒸気でタービンを回すことがない発電方法はどれか。（　　　　）

1 (3)化石燃料，核燃料，再生可能エネルギーなどが含まれる。
2 (3)水を熱して蒸気にし，蒸気でタービンを回す発電方法が図中に2つある。

3 いろいろな発電方法　次の文を読んで，あとの問いに答えなさい。

3点×10（30点）

A　天候に左右されやすい。１基あたりの発電量が少ない。
B　化石燃料を利用する。
C　新たに設置することが難しい。ダムによって自然が破壊される。
D　放射性物質の管理が難しい。
E　再生可能エネルギーを利用している。
F　二酸化炭素などの温室効果ガスが多量に排出される。
G　少量の核燃料から多量のエネルギーが得られる。

それぞれの長所と短所を調べよう。

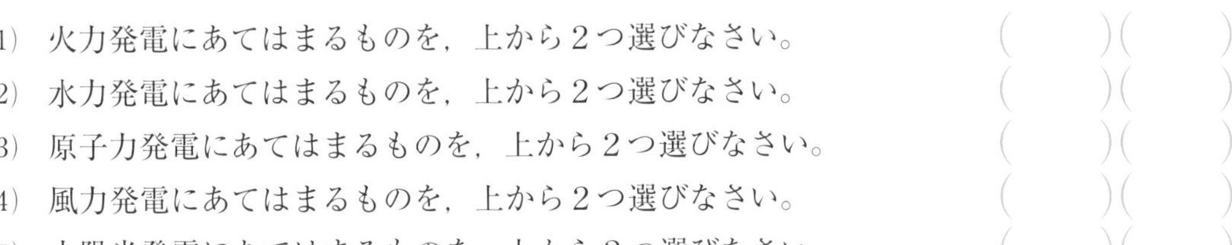

(1)　火力発電にあてはまるものを，上から２つ選びなさい。（　　）（　　）
(2)　水力発電にあてはまるものを，上から２つ選びなさい。（　　）（　　）
(3)　原子力発電にあてはまるものを，上から２つ選びなさい。（　　）（　　）
(4)　風力発電にあてはまるものを，上から２つ選びなさい。（　　）（　　）
(5)　太陽光発電にあてはまるものを，上から２つ選びなさい。（　　）（　　）

技術C

4 電源の種類と電池の種類　次の問いに答えなさい。

4点×5（20点）

(1)　家庭のコンセントの電源の特徴（とくちょう）を示しているのは，図のA，Bのどちらか。（　　）
(2)　図のBの電源で，１秒間に繰り返される変化の回数を何というか。（　　）
(3)　東日本での(2)の値を，単位も含（ふく）めて書きなさい。（　　）
(4)　ACアダプタは，図のAをBに変換するか，BをAに変換するか。（　　）
(5)　マンガン乾電池のように，使いきりで充電できない電池を何というか。（　　）

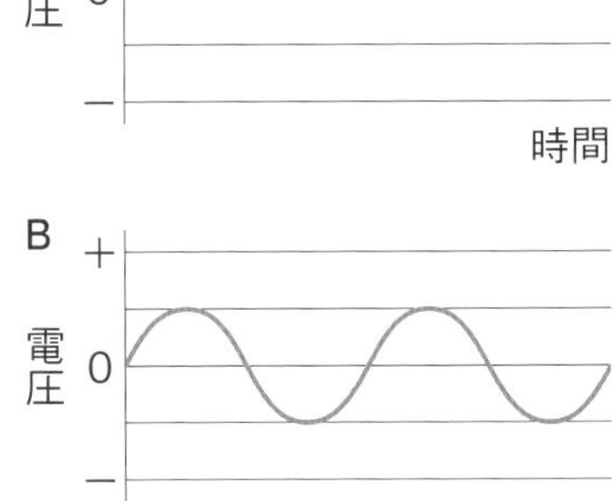

5 送電　発電所でつくられた電気が送られるしくみについて，次の（　　）にあてはまる語句を，右の［　　］からそれぞれ選びなさい。

4点×3（12点）

①（　　）　②（　　）　③（　　）

発電所→（ ① ）→柱上（ ② ）→電力量計→（ ③ ）→コンセント

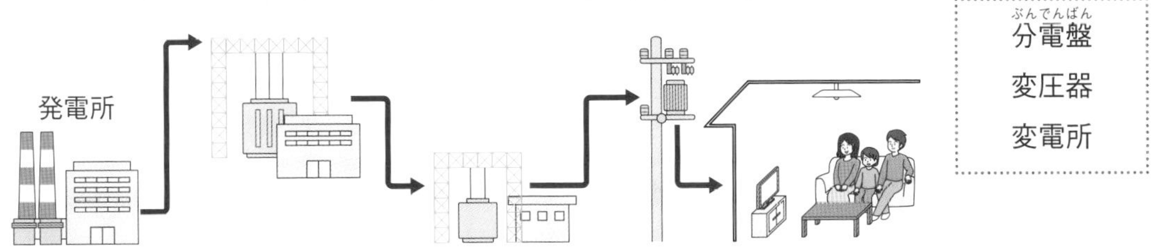

分電盤（ぶんでんばん）
変圧器
変電所

3 いくつかの文は複数の発電方法にあてはまる。　4 (4)ACアダプタは交流(AC)の電源を直流(DC)に変換する装置。　5 ③ブレーカが設置されている。

解答 p.10

確認のワーク ステージ1

1 エネルギー変換(2)

教科書の要点 (　　)にあてはまる語句を答えよう。

1 電気回路

●電気回路➡電源，導線，負荷(ふか)，スイッチからなる電流の通り道。

◆電源➡電流を送る役割を果たす。電池やコンセントなど。
（一般的な乾電池の電圧は1.5V）

◆(①　　　　　)➡電気エネルギーを変換して利用する部分。モータやLEDなど。

◆スイッチ➡電流を制御(せいぎょ)するしくみ。

◆電気回路は，(②　　　　　)で定められている電気用図記号を用いた(③　　　　　)で表す。
（日本産業規格）

2 電気エネルギーの変換

●電気エネルギーの変換の例

◆(①　　　　　)エネルギー➡アイロン，電子レンジ，電磁調理器，エアコンなど。
（ニクロム線を使用）

◆光エネルギー➡白熱電球，蛍光灯(けいこうとう)，LEDなど。
（エネルギーの変換効率が低い）

◆運動エネルギー➡モータなど。

3 電気機器の安全利用と保守点検

●事故を防ぐ方法

◆(①　　　　　)(短絡(たんらく))➡2本の導線が接触(せっしょく)するなどして，過大な電流が流れること。**感電**や**火災**につながる。
設定された値を超える電流が流れると，**配線用遮断器(しゃだんき)**というブレーカが作動し，回路を遮断する。
（自動的に回路を遮断する）

◆(②　　　　　)➡故障や水濡(ぬ)れなどにより，回路以外に電流が流れること。感電や火災につながる。
アース線(接地線)を接続すると，漏電(ろうでん)したときに**漏電遮断器**というブレーカが作動し，回路を遮断する。
（洗濯機などで必ず行う）

◆**ヒューズ**➡一定の条件になると回路を遮断し，電気機器を守る。

◆**トラッキング現象**，束ねたコードや延長コードの**過熱**などにも注意が必要。
（プラグとコンセントの間にほこりがたまり，漏電・発火すること）

●電気部品の定格
（時間，温度，湿度，消費電力などの定格もある）

◆安全に使用できる電流の限度を(③　　　　　)，電圧の限度を(④　　　　　)という。

◆電気部品に表示されている**定格**の値を守って使用する。

●電気機器の保守点検➡(⑤　　　　　)を用いると，電流，電圧，抵抗(ていこう)などを測定できて便利である。

得点UP
理科で学んだ「電流とその利用」の内容も出題される。
・電流（単位：A）
・電圧（単位：V）
・抵抗（単位：Ω）
・オームの法則
(電圧＝抵抗×電流)
・電力（単位：W）

ことばメモ
分電盤
配線用遮断器，漏電遮断器，電流制限器などからなる。

➡電気用品安全法によるマーク

特定電気用品

その他の電気用品

➡ヒューズ

電流ヒューズ(電流が定められた値を超えたとき)

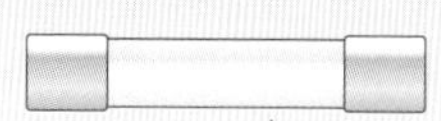

温度ヒューズ(温度が定められた値を超えたとき)

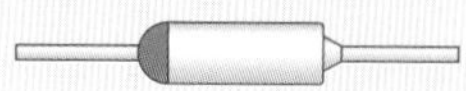

絶対確認! □電気回路 □電源 □負荷 □JIS □電気用図記号 □回路図 □ショート

教科書の資料　□にあてはまる語句や記号を答えよう。

1 電気用図記号

名前	図	図記号	名前	図	図記号
①			電源プラグ		⑤
直流電源		②	スイッチ		
交流電源			⑥		
③			コンデンサ		⑦
発光ダイオード（LED）		④	⑧		
ダイオード			導線の接続		

2 分電盤　〔電流，漏電，配線〕から選ぼう。

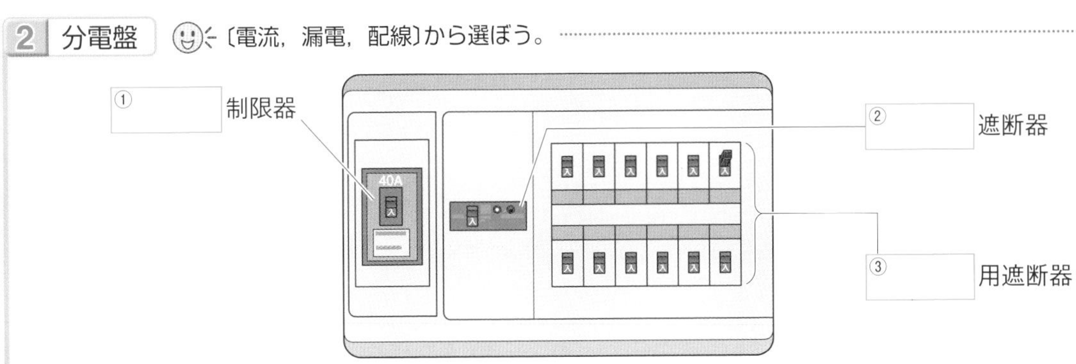

3 安全な使い方　〔ショート，トラッキング，感電，過熱，漏電〕から選ぼう。

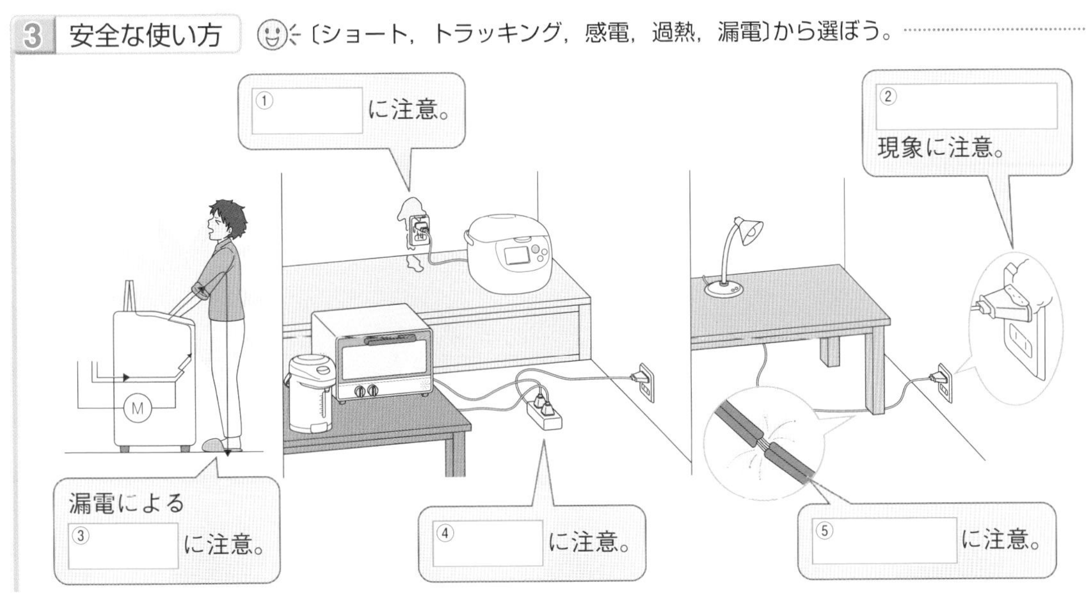

□感電　□漏電　□アース線　□トラッキング現象　□定格電流　□定格電圧　□回路計

技術C

定着のワーク ステージ2　1 エネルギー変換(2)

解答 p.11

/100

1 電気回路　電気回路について，次の問いに答えなさい。

3点×12（36点）

(1) 次の文中の(　　)にあてはまる語句を，右の［　］からそれぞれ選びなさい。

①(　　　　) ②(　　　　)
③(　　　　) ④(　　　　)

スイッチ
電源
負荷
導線

電気機器は，電池などの(①)から送られた電気エネルギーを(②)で利用している。電流は(③)を通って回路の各部分に流れ，(④)で制御される。

作図 (2) 次の器具を，それぞれ電気用図記号で表しなさい。

名前	図記号
ランプ	①
電源プラグ	②
発光ダイオード	③

名前	図記号
モータ	④
直流電源	⑤
抵抗器	⑥

いろいろな電気用図記号を確認しておこう。

作図 (3) 階段の電灯のように，2つのスイッチから1つのランプの点灯，消灯ができる回路を，回路図で右に表しなさい。ただし，電源は直流電源とする。

(4) ある電気機器に2Vの電圧を加えたところ，0.5Aの電流が流れた。この電気機器の電力は何Wか。

(　　　　)

2 電気エネルギーの変換　次の図は，いろいろな電気機器を示したものである。下の①～④のエネルギーに変換して利用しているものをそれぞれ選びなさい。

4点×4（16点）

A

電気アイロン

B
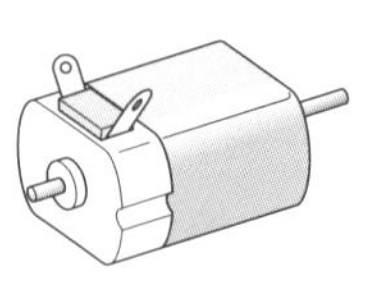
モータ

C

LEDライト

D
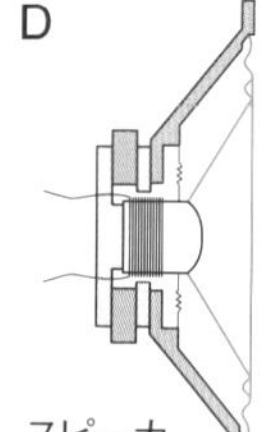
スピーカ

① 光エネルギー (　　)　② 熱エネルギー (　　)
③ 運動エネルギー (　　)　④ 音エネルギー (　　)

1 (1)④電流のオンとオフを制御する。(3)ほかにも，身の回りの回路を回路図で表してみよう。(4)電力〔W〕＝電圧〔V〕×電流〔A〕である。

電気機器の安全利用　あとの問いに答えなさい。

4点×9（36点）

図1

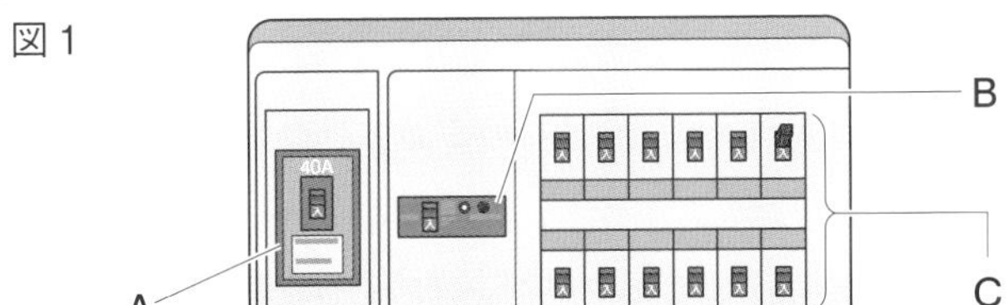

図2

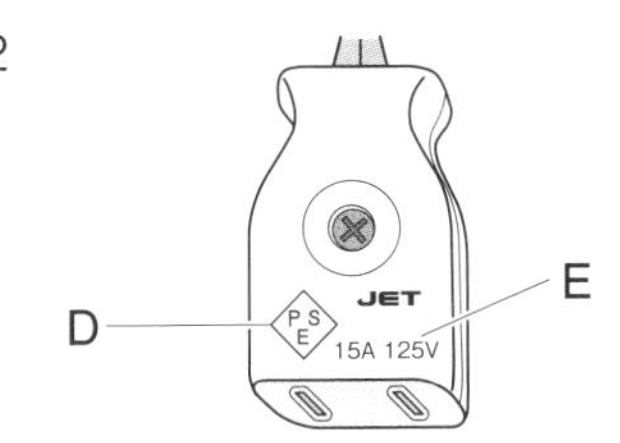

(1) 図1の設備を何というか。下の[　　]から選びなさい。（　　　　）

(2) 図1について，次の表の（　　）にあてはまる語句を，下の[　　]からそれぞれ選びなさい。

記号	名前	働き
A	（①　　　　）制限器	契約（けいやく）した電流量を超（こ）えたときに作動する。
B	（②　　　　）遮断器	（④　　　　）が接続されていると，漏電したときに作動する。
C	（③　　　　）遮断器	設定された値を超える電流が流れたときに作動する。

(3) 図2は定格表示の例を示したものである。D，Eは何を表しているか。下の[　　]からそれぞれ選びなさい。　D（　　　　）　E（　　　　）

(4) 電源プラグとコンセントの間にたまったほこりと湿気（しっけ）が原因で電流が流れ，発熱や発火する現象を何というか。（　　　　）

(5) 次のテーブルタップの使い方のうち，安全なのはどちらか。（　　）

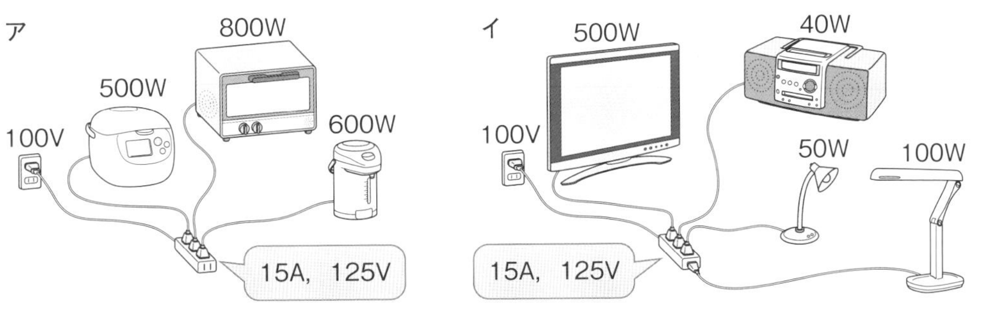

アース線　定格電圧　特定電気用品　配線用　分電盤　電流　漏電

電気機器の保守点検　右の図の器具について，次の問いに答えなさい。

4点×3（12点）

(1) 右の図の器具を何というか。（　　　　）

(2) 右の図の器具を使って導通試験を行った。回路の断線があるとき，器具の指針は振れるか。（　　　　）

(3) 右の図の器具を使って絶縁試験を行った。漏電が起こっているとき，器具の指針は振れるか。（　　　　）

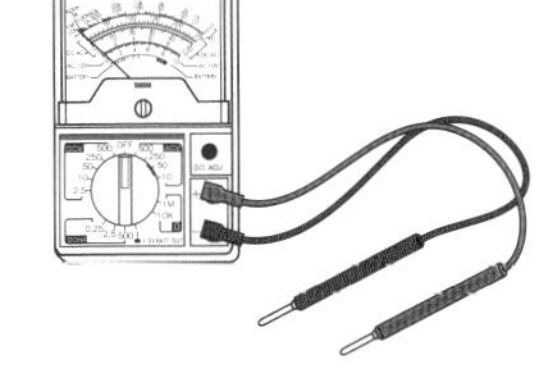

❸(2)漏電した部分に体が触れると，感電する危険がある。(4)ショートや過熱にも注意が必要。(5)定格値内に収まっているか確認する。　❹電流が流れると，指針が振れる。

技術C

解答 p.11

確認のワーク ステージ1　2 製作品の設計・製作　3 エネルギー変換の技術のあり方

教科書の要点　(　)にあてはまる語句を答えよう。

1 動力伝達のしくみ

機械の共通部品

◆ねじ➡固定に使用。ナットや座金(ざがね)と組み合わせてゆるみを防ぐ。

◆(①　　　　)➡軸(じく)がなめらかに回転するように支える。

(②　　　　)➡駆動軸(くどうじく)と被動軸(ひどうじく)の回転速度の比。

$$\frac{\text{駆動軸(原動車)の回転速度}}{\text{被動軸(従動車)の回転速度}} = \frac{\text{被動軸側の歯数(直径)}}{\text{駆動軸側の歯数(直径)}}$$

動力伝達のしくみ

◆かみ合いで伝達するしくみ

・平歯車，かさ歯車，ラックと(③　　　　)，ウォームギヤ，スプロケットと(④　　　　)，歯つき(⑤　　　　)と歯つきベルト。

└回転運動を直線運動に変える

◆摩擦(まさつ)で伝達するしくみ

・(⑥　　　　)車，プーリとベルト。

└すべりが生じやすい

往復運動のしくみ

◆(⑦　　　　)➡4本のリンクで成り立ち，往復運動や揺動(ようどう)運動，回転運動など，さまざまな動きを得られるしくみ。

└棒のこと

◆(⑧　　　　)➡カム(原動節)が回転することで，従動節が往復運動や揺動運動を行うしくみ。

熱機関

◆(⑨　　　　)エネルギーを(⑩　　　　)エネルギーに変換する。

2 機械の保守点検

自転車の保守点検

└チェーンのたるみや動きも点検する

◆サドル➡両足のつま先が地面に届くくらいの高さか。

◆前ブレーキ，後ろブレーキ➡確実に働くか。

└ロックナットをゆるめて調整する

◆タイヤ➡(①　　　　)が適切か。

◆ライト➡照らせる距離(きょり)が適切か。

3 社会の発展と技術

エネルギー問題➡温室効果ガスによる地球温暖化，限られた資源。

◆エネルギー変換の技術を総合的に(①　　　　)し，適切に(②　　　　)することが重要。

◆新しい技術➡エネルギーをつくる技術，ためる技術。

ことばメモ

トルク
回転軸の半径と回そうとする力の積。回転半径が大きいほど，トルクが大きくなる。

製作品を製作するときは，電気的要素や動力伝達のしくみも検討しよう。

工具

スパナ

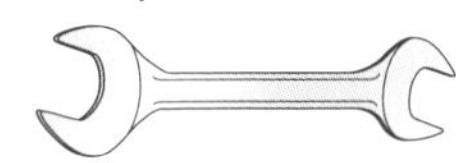

めがねレンチ

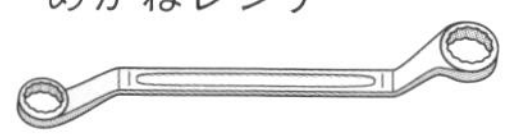

はんだごて

ねじ

小ねじ

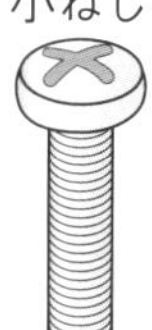

ボルト

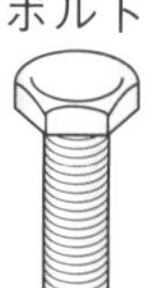

座金

ナット

絶対確認! □軸受　□速度伝達比　□平歯車　□かさ歯車　□ラックとピニオン　□ウォーム

□にあてはまる語句を答えよう。

1 動力伝達のしくみ

右下の□から選ぼう。

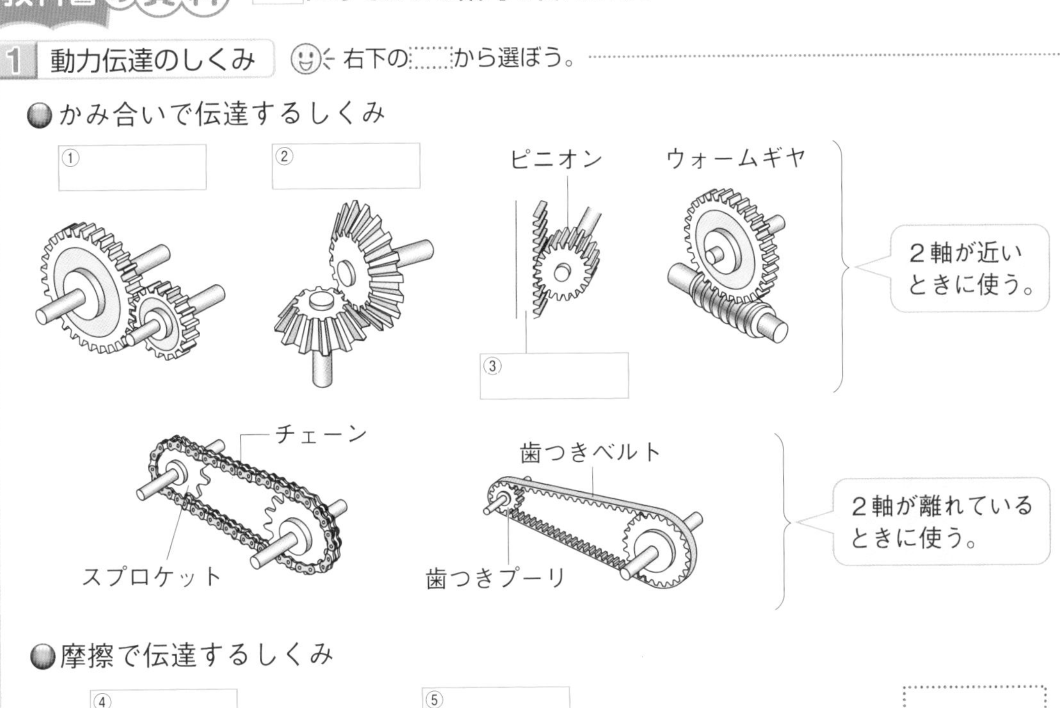

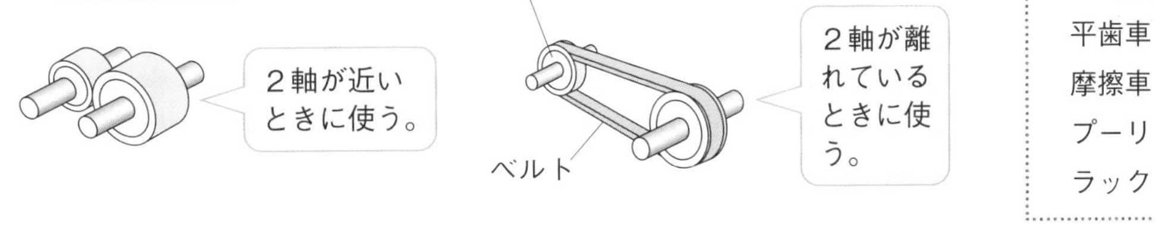

2 リンク機構

右の□から選ぼう。

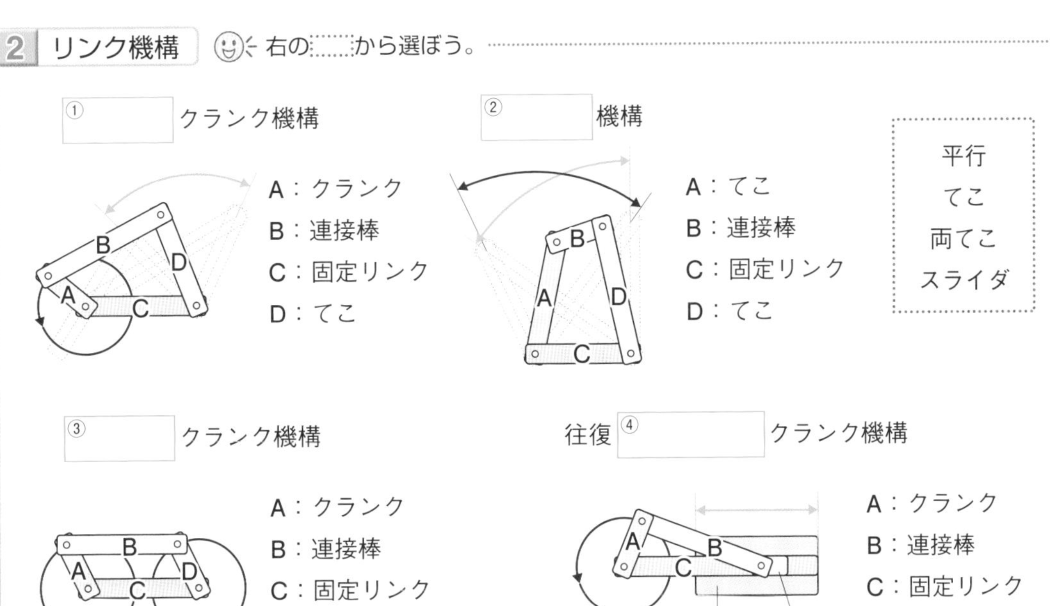

□チェーン　□プーリとベルト　□摩擦車　□リンク機構　□カム機構　□熱機関

定着のワーク ステージ2

2 製作品の設計・製作
3 エネルギー変換の技術のあり方

1 機械の部品 機械に使われている共通部品について，あとの問いに答えなさい。

4点×5（20点）

図1

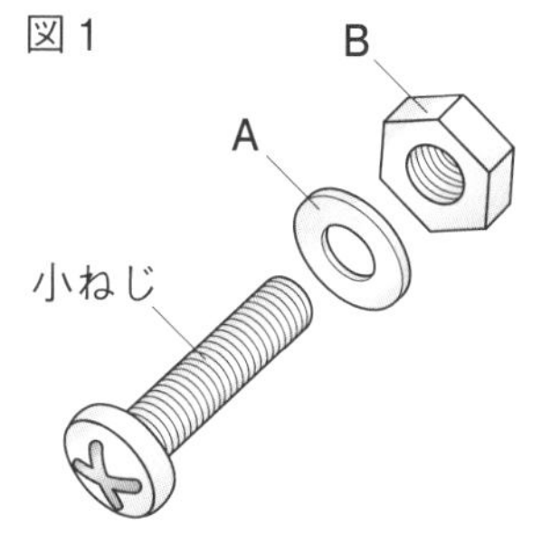

図2

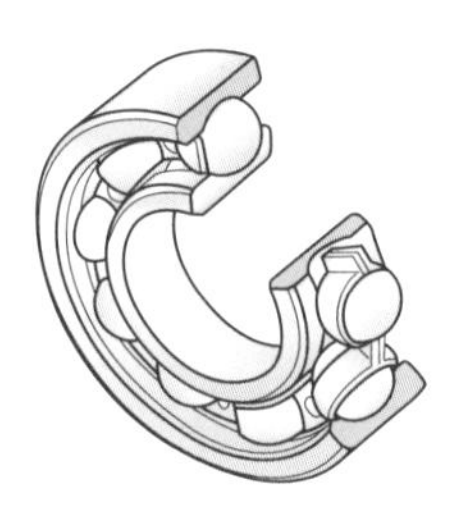

座金
軸受
ナット
ボルト

規格を統一することで，生産効率が向上するなどの利点があるよ。

(1) 共通部品には，規格が定められている。次の機関や規格をアルファベット3文字でそれぞれ何というか。

① 国際標準化機構 （　　　）

② 日本産業規格 （　　　）

(2) 図1で，ねじと組み合わせて使われるA，Bを何というか。上の□からそれぞれ選びなさい。

A（　　　） B（　　　）

(3) 図2のような，回転運動をする軸を支え，なめらかに回転させる部品を何というか。上の□から選びなさい。 （　　　）

2 速度伝達比 次の問いに答えなさい。

5点×4（20点）

(1) 駆動軸（原動車）と被動軸（従動車）の回転速度の比を何というか。

（　　　）

(2) 自転車のペダル側と後車輪側のスプロケットの歯数が次の図のようになっているとき，それぞれの(1)の値を求めなさい。

①

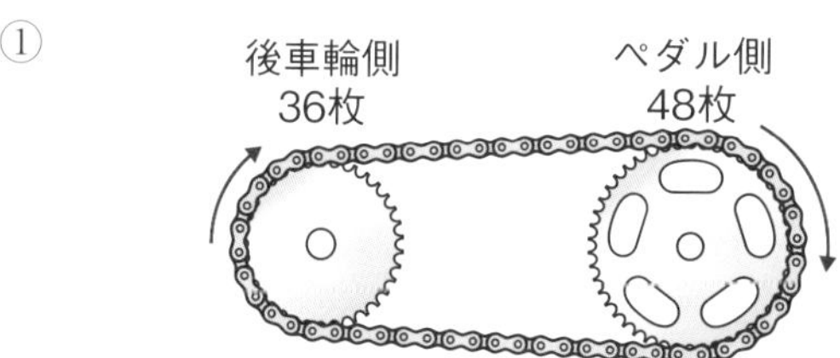

（　　　）

②

後車輪側
24枚
ペダル側
48枚

（　　　）

(3) より小さな力で坂道を上りたいとき，(2)の①，②のどちらの自転車を利用するとよいか。ただし，自転車のほかの部分は同じである。 （　　　）

1 (1)①International Organization for Standardization②Japanese Industrial Standards
2 (3)回転速度は遅くなっても回転力（駆動力）が大きいほうが坂道を上りやすい。

3 動力伝達のしくみ 次の図は，動力伝達のしくみを示したものである。これについて，あとの問いに答えなさい。

4点×15（60点）

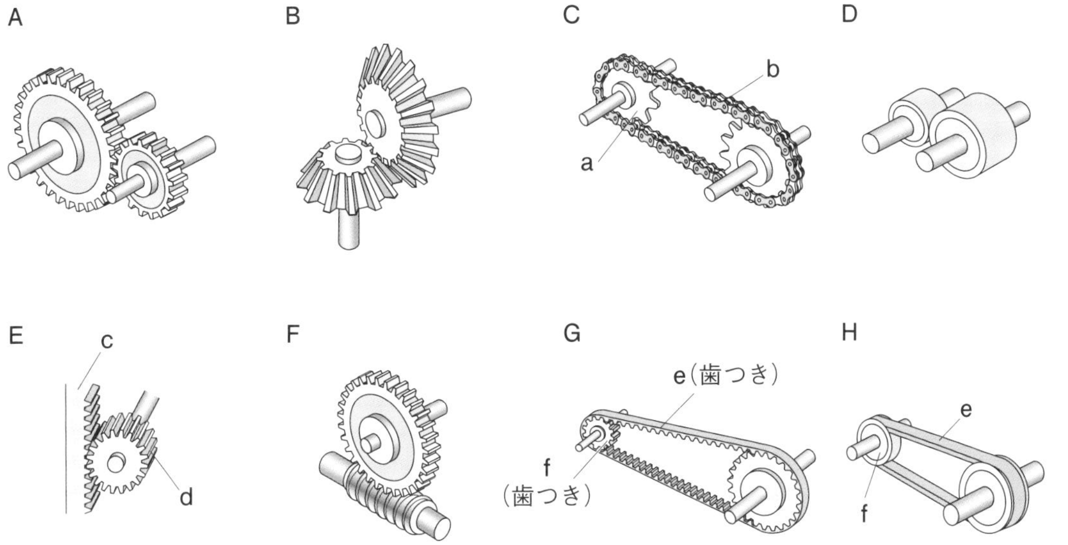

A　B　C　D

E　F　G　H

c　d　e（歯つき）　f（歯つき）　e　f　a　b

(1) A，B，D，Fの名前を，右の[ ]からそれぞれ選びなさい。

A（　　　）
B（　　　）
D（　　　）
F（　　　）

(2) a～fの名前を，右の[ ]からそれぞれ選びなさい。

a（　　　）
b（　　　）
c（　　　）
d（　　　）
e（　　　）
f（　　　）

ウォームギヤ
かさ歯車
スプロケット
平歯車
ピニオン
プーリ
ベルト
チェーン
摩擦車
ラック

よく出る (3) かみ合いで動力を伝達するしくみを，A～Hからすべて選びなさい。

（　　　）

(4) 回転する２軸が近いときに使われるしくみを，A～Hからすべて選びなさい。

（　　　）

よく出る (5) 回転運動を往復直線運動に，往復直線運動を回転運動に変えることができるしくみを，A～Hから選びなさい。（　　　）

(6) 大きな力が加わったときにすべりやすいしくみを，A～Hからすべて選びなさい。

（　　　）

(7) 回転する２軸が平行で，回転の向きが逆になるしくみを，A～Hからすべて選びなさい。

（　　　）

3 (3)かみ合いで伝達するしくみと，摩擦で伝達するしくみがある。(6)すべりが生じると正確な回転が伝わりにくいが，大きな力が加わっても破損を防ぐことができる。

定着のワーク ステージ2　2 製作品の設計・製作　3 エネルギー変換の技術のあり方

1 リンク機構とカム機構　あとの問いに答えなさい。
3点×11（33点）

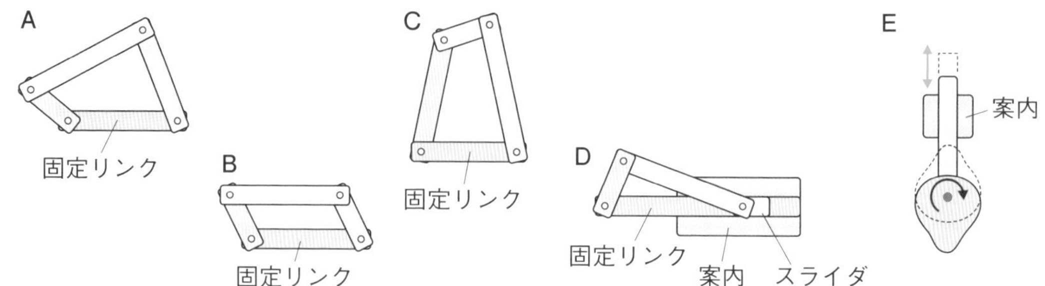

(1) 回転運動をするリンクを何というか。（　　　）

(2) 揺動運動をするリンクを何というか。（　　　）

(3) A～Dの機構を何というか。下の［　］からそれぞれ選びなさい。

A（　　　）
B（　　　）
C（　　　）
D（　　　）

往復スライダクランク機構　平行クランク機構
てこクランク機構　両てこ機構

(4) A～Dの機構はどのような働きをするか。次からそれぞれ選びなさい。

A（　）B（　）C（　）D（　）

ア 揺動運動を揺動運動に変える。　イ 回転運動を回転運動に変える。
ウ 回転運動を揺動運動に変える。　エ 回転運動を往復直線運動に変える。

(5) Eは，原動節が回転することで従動節が運動を行うしくみである。このしくみを何というか。（　　　）

2 熱機関　熱機関について，次の問いに答えなさい。
5点×4（20点）

(1) 次のア～エから，熱機関をすべて選びなさい。（　　　）

ア 4サイクルガソリン機関　イ モータ　ウ はんだごて　エ 蒸気タービン

(2) 燃料と空気の混合気の燃焼による膨張(ぼうちょう)を利用しているものを，(1)のア～エから選びなさい。（　）

(3) 火力発電，原子力発電，地熱発電における熱機関として利用されているものを，(1)のア～エから選びなさい。（　）

(4) 燃焼ガスでガスタービンを回し，その排熱から発生させた蒸気の力で蒸気タービンを回す発電のしかたを何発電というか。（　　　）

1 (1)(2)てこやクランクはリンクの一種。(3)平行クランク機構は2本のクランクの長さを等しくした両クランク機構。(5)Eは回転運動を往復直線運動に変えている。

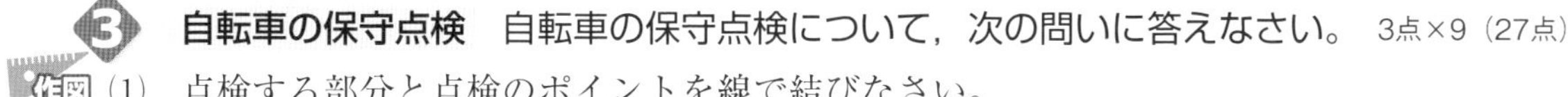

3 自転車の保守点検 自転車の保守点検について，次の問いに答えなさい。 3点×9（27点）

作図 (1) 点検する部分と点検のポイントを線で結びなさい。

① サドル	●	●	**ア** 高さが適切か。
② 前後のブレーキ	●	●	**イ** 確実に働くか。
③ チェーン	●	●	**ウ** 空気圧が適切か。
④ ライト	●	●	**エ** 照らせる距離が適切か。
⑤ タイヤ	●	●	**オ** たるみがないか。

(2) 次の文中の(　　)にあてはまる語句を，右の□からそれぞれ選びなさい。ただし，同じものを選んでもよい。

1	10
20	潤滑油（じゅんかつ）
レバー	ナット

①(　　　　) ②(　　　　)
③(　　　　) ④(　　　　)

- タイヤの空気圧は，人が乗ったときの接地面が約(①)cmになるようにする。
- ライトは，約(②)m先を照らせるようにする。
- ブレーキを調整するときは，ロック(③)をゆるめ，調整後に調整(③)を締（し）める。
- チェーンの動きが悪くなった部分には，(④)を注ぐ。

4 製作品の製作 製作で用いる工具やはんだづけのしかたについて，次の問いに答えなさい。 5点×4（20点）

(1) 次のA～Cの工具を何というか。あとの□からそれぞれ選びなさい。

A(　　　　) B(　　　　) C(　　　　)

A

B

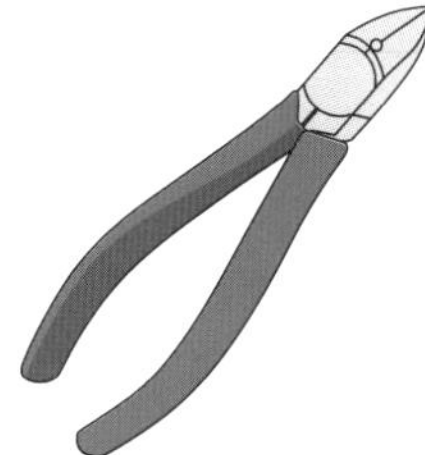

C

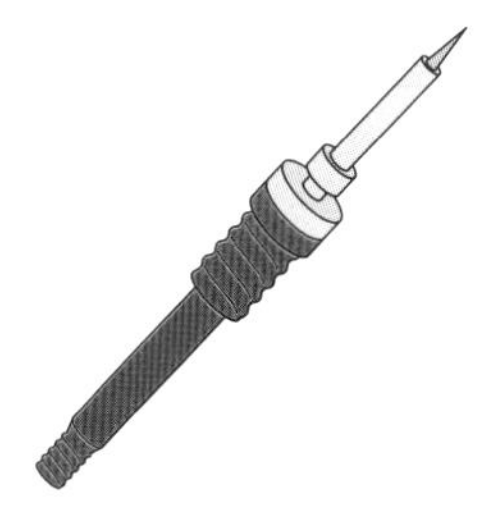

穴あきニッパ	スパナ	はんだごて

よく出る (2) はんだづけのしかたについて，次のア～オを正しい作業の順に並べなさい。

(　　→　　→　　→　　→　　)

ア はんだを当て，適量溶（と）かし込む。

イ はんだを離す。

ウ こて先を離す。

エ 接合部にこて先を当て，加熱する。

オ 余分なリード線をニッパで切る。

ヒントの森
3 自転車だけでなく，機械は，安全に使用するためにも保守点検が必要である。
4 (2)はんだごての金属の部分はとても熱くなるので，扱いに注意する。

定着のワーク ステージ2
2 製作品の設計・製作
3 エネルギー変換の技術のあり方

記述 **1** **社会の発展と技術** 社会の発展とエネルギー変換の技術について，次の問いに答えなさい。 10点×4（40点）

(1) 近年，温室効果ガスの排出による地球温暖化への影響(えいきょう)が問題になっている。温室効果ガスの排出がなく，資源の枯渇の心配もない発電方法にはどのようなものがあるか。

（　　　　　　　　）

(2) 現在の日本では，(1)の方法による発電の割合がとても少ない。その理由としてどのようなことが考えられるか。

（　　　　　　　　）

(3) 次の図は，１日の発電する電力の変動を表したものである。また，資料はそれぞれの発電方法の特徴をまとめたものである。１日の中で使用される電力は変化するが，電気は蓄えることが非常に難しい。このことから，電気を安定的に供給するために，どのような工夫(くふう)がされているか。図と資料を見て答えなさい。

（　　　　　　　　）

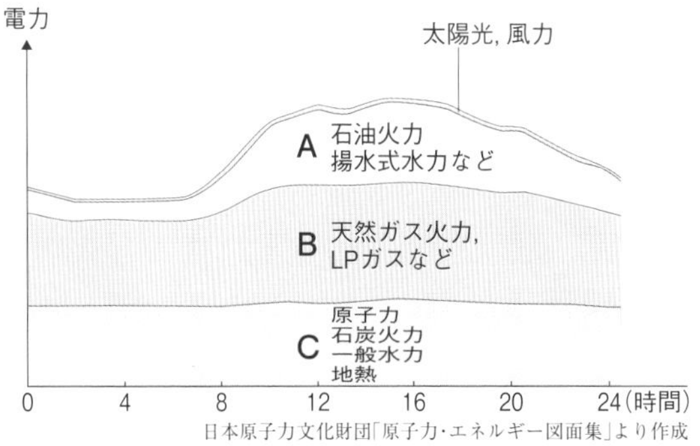

日本原子力文化財団「原子力・エネルギー図面集」より作成

A：発電コストが高い。
　　出力調整が容易。
B：発電コストが中程度。
　　出力調整が可能。
C：発電コストが低い。
　　出力量は一定。

(4) これからの社会や生活の中で，エネルギー変換の技術は，どのような点に気をつけて開発される必要があるか。重要だと考える点を２点あげて，簡単に答えなさい。

（　　　　　　　　）

火力発電の課題は何だろう?

太陽光発電のよさは何だろう?

1 (4)エネルギー変換技術の役割や課題について，いろいろな側面から考える必要がある。

② 単元総合問題　エネルギー変換の技術について，次の問いに答えなさい。5点×12（60点）

よく出る (1) 次にあてはまる発電方法を，下のア～オからすべて選び，記号で答えなさい。

① 蒸気を利用してタービンを回している。（　　）

② 再生可能エネルギーを利用している。（　　）

③ 化石燃料をエネルギー資源にしている。（　　）

ア 原子力発電　**イ** 水力発電　**ウ** 風力発電　**エ** 地熱発電　**オ** 火力発電

記述 (2) コンバインドサイクル発電では，どのようにして変換効率を高めているか。

（　　）

(3) 発電のときに出る熱を温水や暖房として利用し，変換効率を高めるシステムを何というか。（　　）

(4) 次の図は，4サイクルガソリン機関の工程を表したものである。あとの説明文の（　　）にあてはまる語句を，それぞれ右の▭から選びなさい。

①（　　）②（　　）③（　　）

④（　　）⑤（　　）⑥（　　）

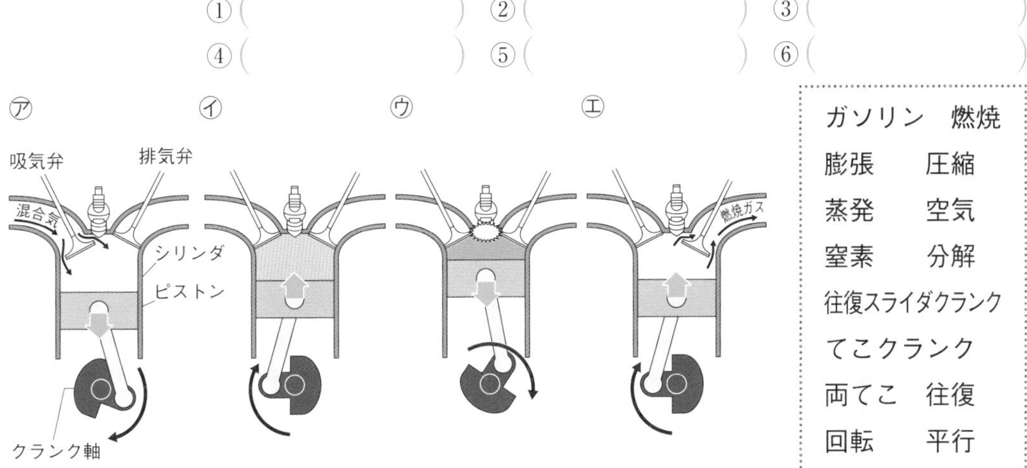

ガソリン　燃焼
膨張　圧縮
蒸発　空気
窒素　分解
往復スライダクランク
てこクランク
両てこ　往復
回転　平行

㋐吸気行程…ピストンが下がり，（ ① ）と（ ② ）を混ぜた混合気がシリンダに吸い込まれる。

㋑圧縮行程…ピストンが上がり，混合気が圧縮される。

㋒膨張(ぼうちょう)行程…混合気が（ ③ ）して（ ④ ）し，ピストンが押し下げられる。このピストンの運動が（ ⑤ ）機構によってクランク軸の（ ⑥ ）運動に変えられる。

㋓排気行程…ピストンが上がり，燃焼ガスが排出される。

(5) 右の図のような2段歯車の組み合わせがある。モータを駆動軸，軸Aを被動軸としたときの速度伝達比を求めなさい。ただし，（　　）の中は歯車の歯数を表している。

（　　）

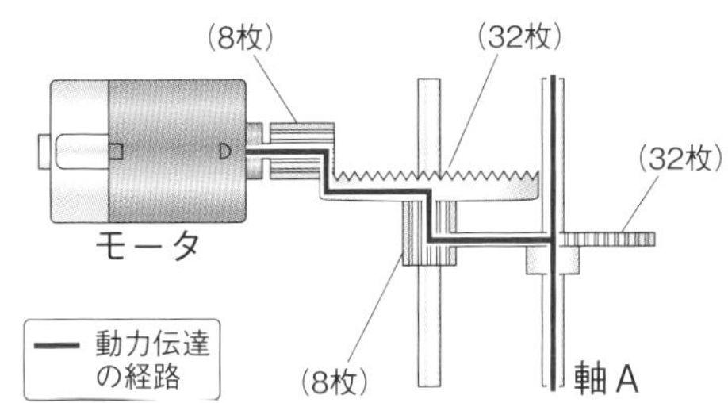

②(4)㋐～㋓の間に，ピストンが上下に2回往復運動をし，クランク軸が2回回転運動をする。
(5)モータ(駆動軸)が何回転すれば，軸A(被動軸)が何回転するかを考える。

技術C

解答 p.14

確認のワーク ステージ1　1　情報の技術(1)

教科書の要点　(　　)にあてはまる語句を答えよう。

1 コンピュータのしくみ

●ハードウェア➡コンピュータ本体や接続された機器。

◆(①　　　　　　)機能をもつ装置には，キーボード，マウス，デジタルカメラなどがある。 ─入力装置という

◆(②　　　　　　)機能をもつ装置には，ディスプレイ，プリンタなどがある。 ─出力装置という

●ソフトウェア➡コンピュータを動作させるためのプログラムなどのこと。

◆(③　　　　　　)(OS)は基本的な土台として働き，アプリケーションソフトウェアは目的に応じて機能する。

●中央処理装置(CPU)➡情報を処理するための**演算機能**と命令を実行するための**制御機能**をもつ。

2 デジタル化

●アナログとデジタル

◆(①　　　　　　)情報➡連続的に変化する情報。

◆(②　　　　　　)情報➡切れ目のある段階的な値の情報。

◆アナログ情報を，0と1の組み合わせであるデジタル情報に変換することを(③　　　　　　)という。 ─細かく区切るとデータ量が増える

3 情報通信ネットワーク

●情報通信ネットワーク

◆ハブやWiFiルータなどで接続した限られた範囲のネットワークをLANという。

◆(①　　　　　　)➡世界中のネットワークをルータで接続した情報通信ネットワーク。

◆インターネットへの接続サービスを提供する会社を**プロバイダ**(ISP)という。

◆サーバ➡ほかのコンピュータにデータを提供するなど，情報をやりとりするためのサービスを提供するコンピュータ。

◆情報機器は(②　　　　　　)によって識別されている。

◆Webページは，ブラウザソフトウェアに(③　　　　　　)を入力することで閲覧できる。 ─Webページの住所にあたる

◆インターネット上での情報のやりとりは，TCP/IPなどの**通信プロトコル**に従って行われる。 ─情報通信のときの約束事

●アナログとデジタル

アナログ

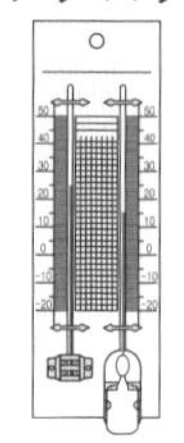

デジタル

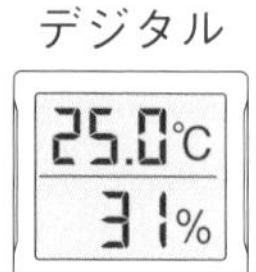

●データ量

単位	関係
bit(ビット)	基本単位
B(バイト)	1B=8bit
KB(キロバイト)	1KB=1024B
MB(メガバイト)	1MB=1024KB
GB(ギガバイト)	1GB=1024MB
TB(テラバイト)	1TB=1024GB

ことばメモ

ハブ
複数の機器をネットワークにつなげる機器。

ルータ
ネットワークどうしをつなげる機器。

□ハードウェア　□ソフトウェア　□中央処理装置　□アナログ　□デジタル

教科書の資料　□にあてはまる語句を答えよう。

1 情報通信ネットワーク

①には世界規模のネットワークの名前を書こう。

2 URLの構成

3 情報のやりとり

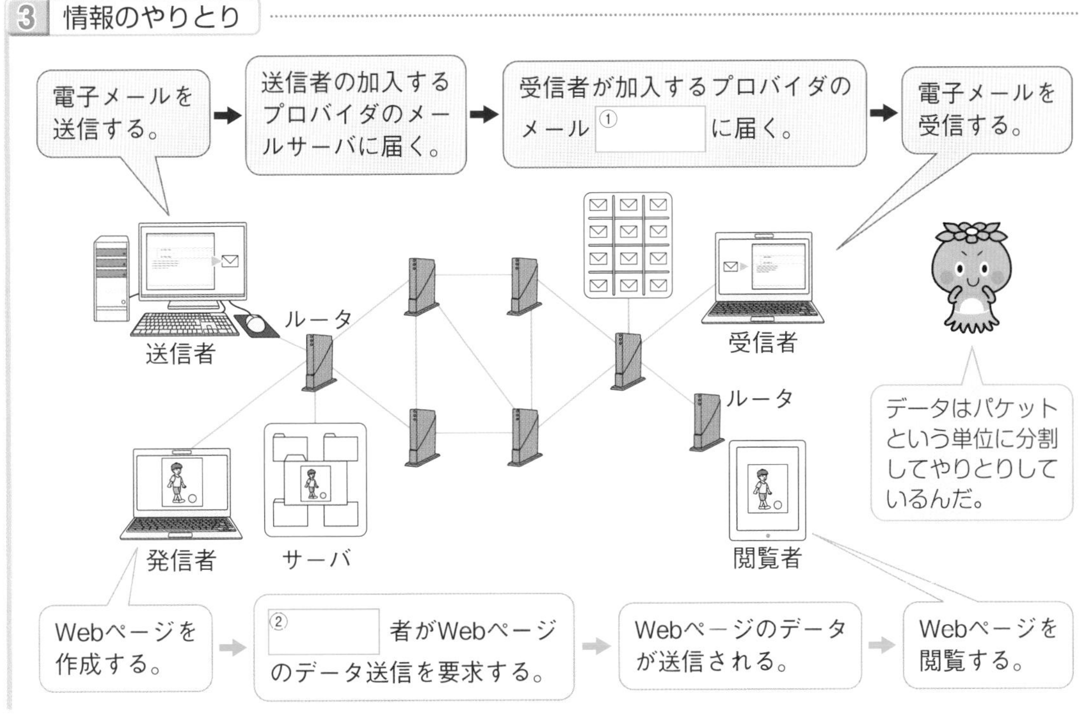

□LAN　□インターネット　□プロバイダ　□サーバ　□IPアドレス　□URL

定着のワーク ステージ2 1 情報の技術(1)

1 コンピュータのしくみ　コンピュータのしくみについて，あとの問いに答えなさい。

4点×10（40点）

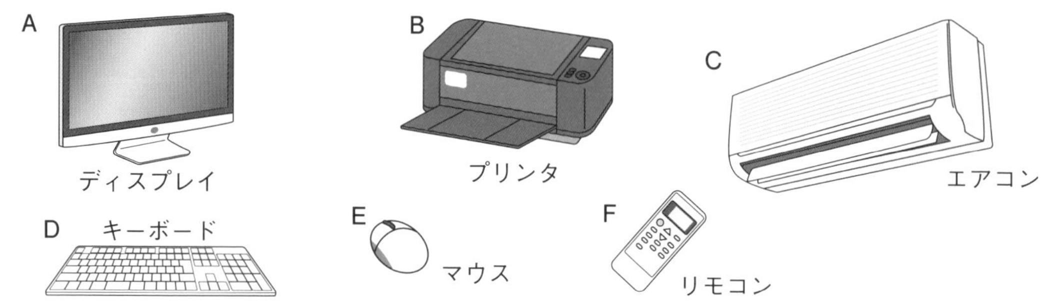

(1)　図のような，コンピュータ本体や接続された機器のことを何というか。（　　　　）

(2)　図のA～Fのうち，主に入力機能をもつものを3つ選びなさい。（　　）（　　）（　　）

(3)　図のA～Fのうち，主に出力機能をもつものを3つ選びなさい。（　　）（　　）（　　）

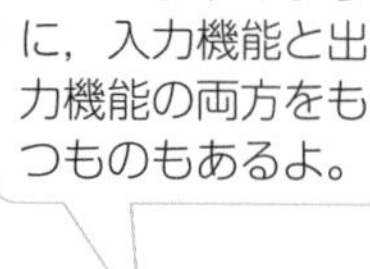

よく出る (4)　次の文中の(　　)にあてはまる語句をそれぞれ書きなさい。

①（　　　　）
②（　　　　）
③（　　　　）

コンピュータは，(1)の機器と(　①　)で構成されている。
(　①　)には，コンピュータを起動すると最初に動く(　②　)と，目的に応じて使用する(　③　)がある。

2 コンピュータの機能　コンピュータの機能について，次の問いに答えなさい。

4点×4（16点）

(1)　メインメモリやハードディスクは，どのような機能をもった装置か。右の［　］から選びなさい。

（　　　　）

(2)　CPUはどのような機能をもった装置か。右の［　］から2つ選びなさい。

（　　　　）
（　　　　）

入力機能
出力機能
記憶機能
演算機能
制御機能

(3)　CPUを漢字で表すと，何装置というか。

（　　　　）

1 (4)OSはオペレーティングシステムの略。アプリはアプリケーションソフトウェアの略。
2 (3)CPUはCentral Processing Unitの略。

3 アナログとデジタル　次の文を読んで，あとの問いに答えなさい。

4点×7（28点）

情報のうち，切れ目なく連続的に変化するものを，①{デジタル・アナログ} 情報という。右の図で①の方式で表現されているのは（ a ）の温度計と（ b ）の時計である。

一方で，切れ目のある段階的な値の情報を，②{デジタル・アナログ} 情報という。右の図で②の方式で表現されているのは（ c ）の温度計と（ d ）の時計である。

A

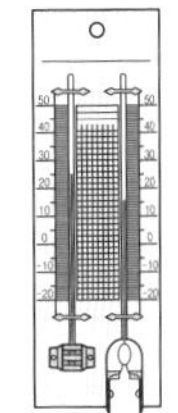

B

25.0℃
31%

C

D

(1)　文中の{　　}にあてはまる語句をそれぞれ選びなさい。

①（　　　　　）
②（　　　　　）

(2)　文中の（　　）にあてはまるものを，右の図のA～Dからそれぞれ選びなさい。

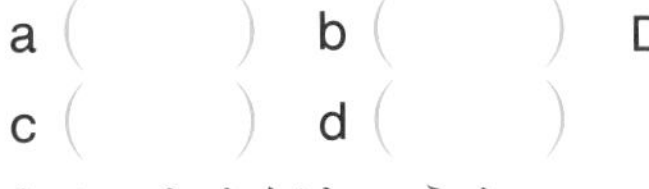

a（　　）　b（　　）
c（　　）　d（　　）

(3)　アナログ情報をデジタル情報に変換することを何というか。

（　　　　　）

4 情報のデジタル化　情報のデジタル化について，次の問いに答えなさい。

4点×4（16点）

作図 (1)　例を参考にして，次の画像をデジタル化しなさい。ただし，空白のます目は0，線の書かれたます目は1とする。

例

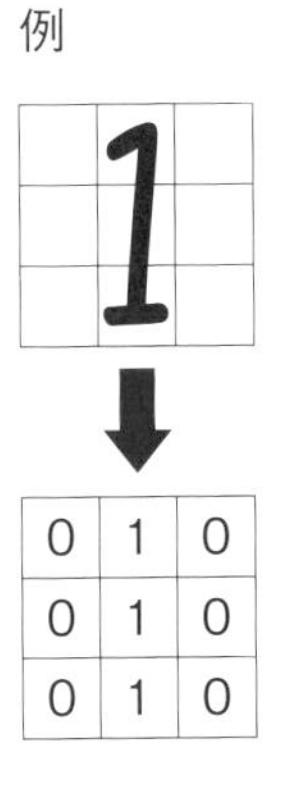

0	1	0
0	1	0
0	1	0

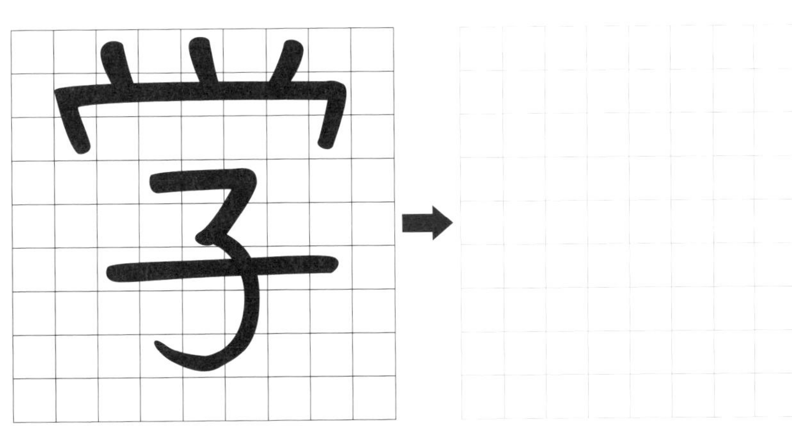

(2)　画像情報は，何と呼ばれる点の集まりで表されるか。　（　　　　　）

(3)　(2)の点の集まりの度合い（画像のきめの細かさ）のことを何というか。

（　　　　　）

記述 (4)　デジタル化した情報にはどのような特徴（とくちょう）があるか。1つ書きなさい。

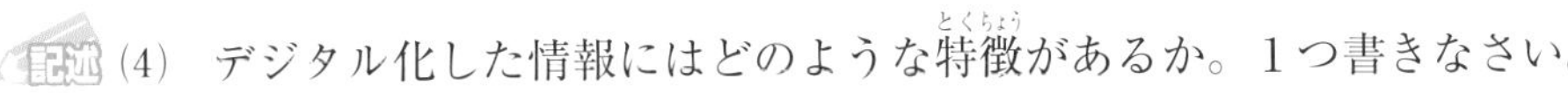

ヒントの森　4 (3)1インチあたりの画素数で表され，単位にはdpiが用いられる。(4)アナログ情報はコンピュータで扱えないが，デジタル情報に変換するとコンピュータで扱えるようになる。

技術D

定着のワーク ステージ2

1 情報の技術(1)

1 デジタル化とデータ量

下の表は，デジタル情報のデータ量の単位について示したものである。これについて，あとの問いに答えなさい。 4点×8（32点）

単位の記号	関係
（ ① ）	基本単位
B	1B ＝〔 ④ 〕bit
（ ② ）	1（ ② ）＝1024B
MB	1MB ＝〔 ⑤ 〕KB
（ ③ ）	1（ ③ ）＝1024MB

(1) データ量の単位について，上の表の①～③にあてはまる単位を書きなさい。

①（　　　）②（　　　）③（　　　）

(2) データ量の単位MBは何と読むか。カタカナで書きなさい。（　　　）

よく出る (3) データ量の単位の関係について，上の表の④，⑤にあてはまる数値を書きなさい。

④（　　　）⑤（　　　）

(4) 2bitでは，何通りの情報を区別できるか。（　　　）

(5) 画像データの解像度を高くしたとき，データ量はどうなるか。（　　　）

ア 多くなる。 イ 少なくなる。 ウ 変わらない。

2 情報通信ネットワーク

情報通信ネットワークに関連した用語について，次の問いに下の□から選んで答えなさい。 4点×5（20点）

(1) 建物の中などの限られた範囲にあるコンピュータを，ハブやWiFiルータなどで接続したネットワークを何というか。（　　　）

(2) 世界中のネットワークをルータで接続した情報通信ネットワークを何というか。（　　　）

(3) ほかのコンピュータにデータを提供するなど，情報をやりとりするためのサービスを提供するコンピュータを何というか。（　　　）

(4) 異なるネットワークどうしを接続する，情報の交通整理の役割をする機器を何というか。（　　　）

(5) 複数の機器をネットワークにつなげる機器を何というか。（　　　）

インターネット　サーバ　ハブ　ルータ　LAN

1 (4)デジタル化した情報は0と1の組み合わせで表される。(5)解像度を高くすると，よりきめ細かな画像になる。 2 (3)メールサーバ，ファイルサーバなど。

③ 情報通信ネットワーク　情報通信ネットワークのしくみについて，あとの問いに答えなさい。

6点×3（18点）

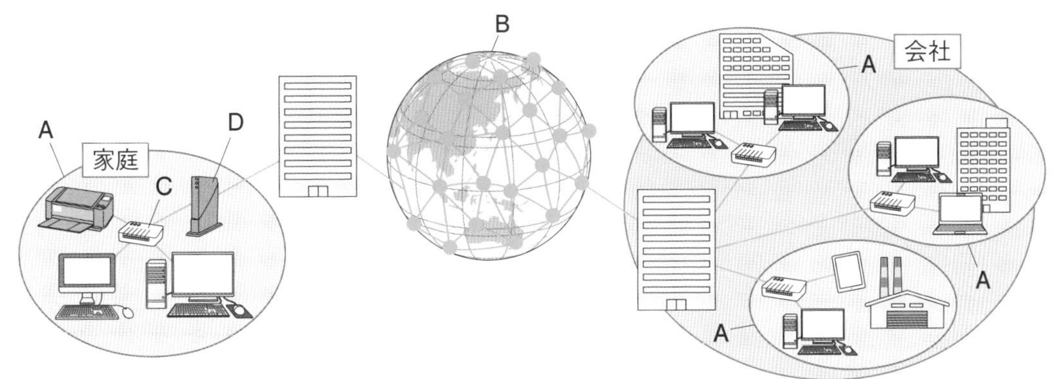

(1) LANを示しているのは，A，Bのどちらか。（　　）

(2) ルータを示しているのは，C，Dのどちらか。（　　）

(3) インターネットへの接続サービスを家庭などに提供する会社を何というか。

（　　　　）

④ 情報を伝えるしくみ　情報を伝えるしくみについて，次の問いに答えなさい。

(2)完答，5点×6（30点）

(1) 情報機器を識別するために割り当てられた番号を何というか。下の［　］から選びなさい。

（　　　　）

作図 (2) 次のURLについて，下線部とそれぞれが示す内容を，下線部アにならって線で結びなさい。

(3) (2)のURLで，下線部イ～オの部分を何というか。下の［　］から選びなさい。

（　　　　）

よく出る (4) 次の文中の(　　)にあてはまる語句を，下の［　］からそれぞれ選びなさい。

①（　　　　）②（　　　　）③（　　　　）

インターネット上での情報のやりとりは，(①)などの通信(②)に従って行われている。そのとき，データは(③)と呼ばれる小さなまとまりに分けられて送受信されている。

ドメイン名　　パケット　　プロトコル　　IP アドレス　　TCP/IP

③(1)A，BはLANとインターネットを示している。(2)CとDはハブとルータを示している。
④IPアドレスとドメイン名を対応させることで，目的のコンピュータにたどりつける。

技術D

解答 p.15

確認のワーク ステージ1

1　情報の技術(2)

教科書の要点　(　　)にあてはまる語句を答えよう。

1 情報セキュリティ

●情報セキュリティ

◆認証(にんしょう)システム(個人認証)➡ユーザIDと(①　　　　　)を利用し，不正侵入(しんにゅう)を防ぐ。指紋(しもん)や静脈(じょうみゃく)，顔などを使った生体認証システムも開発されている。

◆(②　　　　　)➡一定の条件で外部との通信を制限し，ネットワーク外部からの**不正侵入**を防ぐ。（防火壁という意味）

◆**セキュリティ対策ソフトウェア**➡コンピュータにインストールすることで，コンピュータ(③　　　　　)などのマルウェアに感染(かんせん)することを防ぐ。ウイルス定義ファイルを常に更新(こうしん)し，定期的に点検することが必要。

◆(④　　　　　)➡問題のあるWebページやプログラムなどを制限し，有害な情報を遮断(しゃだん)する。

◆**暗号化**➡情報を暗号化して送受信することで，他人に知られないようにする。

◆(⑤　　　　　)➡コピーしたデータを別の補助記憶装置に保存することで，ネットワークの故障などによる被害(ひがい)を最小限に抑える。

2 情報モラルと知的財産権

●(①　　　　　)➡情報社会において，適正に活動するための基となる考え方や態度のこと。

◆**個人情報**や**プライバシー**を守っているか，ほかの人に迷惑をかけていないか，知的財産権を侵害していないかなど，十分な注意が必要。（情報機器を利用したときの影響を的確に判断し，利用する）

◆情報の正確性や信ぴょう性をよく確かめ，必要な情報を適切に選択・活用することが大切。

●**知的財産権**➡人間の創作活動によってできた(②　　　　　)を保護する権利。

◆(③　　　　　)➡**著作物**を無断で使用されない権利。

●他人の著作物を利用するときは，著作者の許諾(きょだく)を得るなど，ルールに従う。（文章，写真，イラスト，曲，製作品などが含まれる）

◆(④　　　　　)➡発明などに関わる権利。**特許権**，**商標権**，**実用新案権**，**意匠(いしょう)権**。

危険性や情報モラル，ネット依存の問題なども理解し，適切に利用しよう。

ここがポイント

産業財産権
- 特許権…新しい発明の保護
- 商標権…商品に使用するマークの保護
- 実用新案権…物品の構造の考案の保護
- 意匠権…物品のデザインの保護

身近な商品について，どのような知的財産権があるのか，調べてみよう。

絶対確認! □情報セキュリティ　□認証システム　□ファイアウォール　□フィルタリング

教科書の資料 　にあてはまる語句を答えよう。

1 情報セキュリティ

なぞろう! トラブルとそれを防ぐ技術を結びつけよう。

トラブルの例	情報セキュリティ技術
インターネットで有害な情報を公開したWebページにつながった。	①　システム ユーザIDとパスワードなどを利用。
コンピュータを他人に無断利用され，情報がもれた。	ファイアウォール ネットワーク外部との通信を制限。
ネットワーク外部から不正侵入され，情報が盗まれた。	セキュリティ対策② コンピュータウイルスの侵入防止と駆除。
コンピュータが壊れ，保存していた重要なデータがなくなった。	フィルタリング 違法な情報や有害な情報の閲覧を制限。
コンピュータがコンピュータウイルスに感染した。	③ 通信中に情報が読み取られることを防止。
データをやりとりしているときに情報が盗まれた。	バックアップ コピーしたデータやシステムの保存。

2 情報モラルと知的財産権

〔プライバシー，著作権，他人〕から選ぼう。

情報機器の利用場所　　　注意点

撮影した写真をインターネット上のサイトに載せる。

肖像権，個人情報，①　　が守られているか。

さまざまな場所で利用できる。

②　　に迷惑をかけていないか。
事故が起こる危険はないか。

簡単にコピーや修正ができる。

③　　を侵害していないか。
情報は正しいか。

□暗号化　□バックアップ　□情報モラル　□知的財産権　□著作権　□産業財産権

技術D

定着のワーク ステージ2 1 情報の技術(2)

解答 p.15

/100

1 情報セキュリティ 情報セキュリティ技術について，次の問いに答えなさい。

5点×6（30点）

(1) 認証システムで用いるパスワードについて，次から正しいものをすべて選びなさい。（　　　）

ア ほかの人に見破られにくいパスワードにする。
イ 定期的にパスワードを変更（へんこう）する。
ウ 忘れないように紙に書いて見やすいところに貼（は）る。
エ 同じパスワードを使い回す。

情報通信ネットワークを安全に利用できるようにしよう。

(2) コンピュータウイルスやその対策について，次から正しいものをすべて選びなさい。（　　　）

ア 感染しても，ファイルが勝手に削除（さくじょ）されることはない。
イ 感染すると，保存されている個人情報が盗み取られることがある。
ウ セキュリティ対策ソフトウェアを常に最新のものにする。
エ 不審（ふしん）な添付（てんぷ）ファイルは，開いて内容を確認してから削除する。

(3) 次の情報セキュリティ対策を何というか。右の［　　］からそれぞれ選びなさい。

① 一定の条件で外部との通信を制限し，ネットワーク外部からの不正侵入を防ぐ。（　　　）
② 問題のあるWebページやプログラムなどを制限し，有害な情報を遮断する。（　　　）
③ 情報を送受信するときに，ほかの人に盗み見られたり，情報が流出したりすることを防ぐ。（　　　）

暗号化
ファイアウォール
フィルタリング

記述 (4) バックアップは何のために行うか。情報セキュリティの観点から簡単（かんたん）に書きなさい。

（　　　　　　　　　　　　　　　　）

2 情報モラル 次の図は，情報通信ネットワークを使う場面を示したものである。それぞれの場面で気をつける必要があることを，下のア～ウから選びなさい。

6点×3（18点）

①（　　）　②（　　）　③（　　）

撮影した写真をインターネット上に載せる。

さまざまな人とコミュニケーションを行う。

さまざまな情報を検索し，入手する。

ア 個人情報や肖像権の保護　イ 情報の信ぴょう性　ウ 表現が適切か

1(4)重要なデータやシステムをバックアップしておくと，なくなったり壊れたりしたときの被害を最小限に抑えられる。 2ルールを守り，適切に利用する必要がある。

知的財産権　次の文を読んで，あとの問いに答えなさい。

4点×13（52点）

人間の創作活動によってできた成果を保護する権利を（ A ）という。（ A ）には，発明などに関わる（ B ）と著作物を保護する（ C ）がある。

意匠権
産業財産権
実用新案権
商標権
特許権
知的財産権
著作権

(1) 文中の（　　）にあてはまる語句を，右の［　］からそれぞれ選びなさい。
A（　　　　） B（　　　　）
C（　　　　）

レベルUP! (2) 文中のBの権利には次の4つがある。それぞれ何というか。右の［　］から選びなさい。

① 新しい発明を保護するための権利（　　　　）
② 商品に使用するマークを保護するための権利（　　　　）
③ 物品の構造の考案を保護するための権利（　　　　）
④ 物品のデザインを保護するための権利（　　　　）

(3) 文中のCの権利について，次のうち正しいものをすべて選びなさい。（　　　　）

ア 小中学生がかいた絵には，Cの権利が発生しない。
イ 自分で購入した映画DVDであっても，コピーして友達にあげてはいけない。
ウ 好きなアニメのキャラクター画像を自分のWebページに載せてもよい。
エ Cの権利をもっている人の許諾があれば，利用してもよい。

(4) 次の図は，著作物に示されていることがあるマークである。それぞれ何を表しているか。あとの［　］から選びなさい。
a（　　　　） b（　　　　）
c（　　　　） d（　　　　）

a

b

c

d

非営利　継承　改変禁止　表示

(5) 情報通信機器の利用について，正しい行動を次からすべて選びなさい。（　　　　）

ア 長時間情報通信ネットワークを利用しているとネット依存になってしまうことがあるので，時間を決めて利用した。
イ 友達の住所を無断で自分のブログに載せた。
ウ ブログで情報を発信するとき，誹謗中傷（ひぼうちゅうしょう）をしないように注意した。
エ 道を歩きながら携帯（けいたい）情報端末（たんまつ）でゲームを楽しんだ。

③(3)著作物は法律に従って適切に利用する。(4)クリエイティブコモンズ（ライセンス）という。(5)インターネットやメールなどをやめようとしてもやめられない状況をネット依存という。

技術D

解答 p.16

確認のワーク ステージ1

2 コンピュータによる処理

教科書の要点 （　）にあてはまる語句を答えよう。

1 プログラムとプログラミング言語

●（①　　　）➡コンピュータが手順通りに情報を処理し，判断・命令できるように，決められた処理の方法や手順を命令の形で記述したもの。

◆プログラムをつくることを（②　　　）という。

◆プログラムは（③　　　）で記述されている。

プログラミング言語には，テキストを入力するものや，ブロックを組み合わせるものなどがある。

CやJavaScriptなど

2 情報処理の手順

●情報処理の手順を表現する図

◆（①　　　）➡統一モデリング言語（UML,Unified Modeling Language）の1つ。複数の情報処理の手順を統合し，全体の情報処理の手順を確認できる。

◆フローチャート➡1つの情報処理の流れを確認できる。

●基本的な処理

◆アルゴリズム➡プログラムをつくるための処理の手順や構造。

◆（②　　　）処理➡1つずつ順番に処理をする。

◆（③　　　）処理➡1つの処理を，条件を満たすまで繰り返し行う。

◆（④　　　）処理➡条件によって処理を選択する。

◆機械語➡コンピュータが直接理解できる数字や記号などの組み合わせ。アルゴリズムを整理してつくられたプログラムは，機械語に変換されて実行される。

3 メディアによる表現

●メディア

◆（①　　　）➡情報が正確に伝わりやすいが，まだ文章が読めない子どもなどには伝わりにくい。

◆音声➡感情を伝えやすく，視覚に障がいがある人にも伝わるが，聞き漏（も）らすと内容がわからなくなりやすい。

◆静止画➡文字で説明しなくても様子を視覚的に伝えられるが，動きを伝えにくい。

◆（②　　　）➡動きや変化を伝えやすいが，データ量が大きくなりやすい。

➡アクティビティ図で用いる記号

始め ●　終わり ◉

1つの処理（仕事）

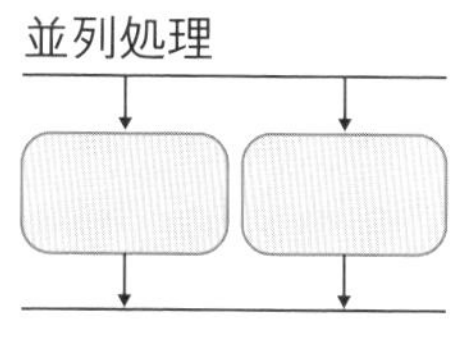
並列処理

条件分岐や合流 ◇

➡フローチャートで用いる記号

始めと終わり

1つの処理（仕事）

繰り返し始め

繰り返し終わり

条件分岐

絶対確認！ □プログラム □プログラミング言語 □アクティビティ図 □フローチャート

教科書の資料 　にあてはまる語句を答えよう。

1 アクティビティ図 〔反復，分岐，順次〕から選ぼう。

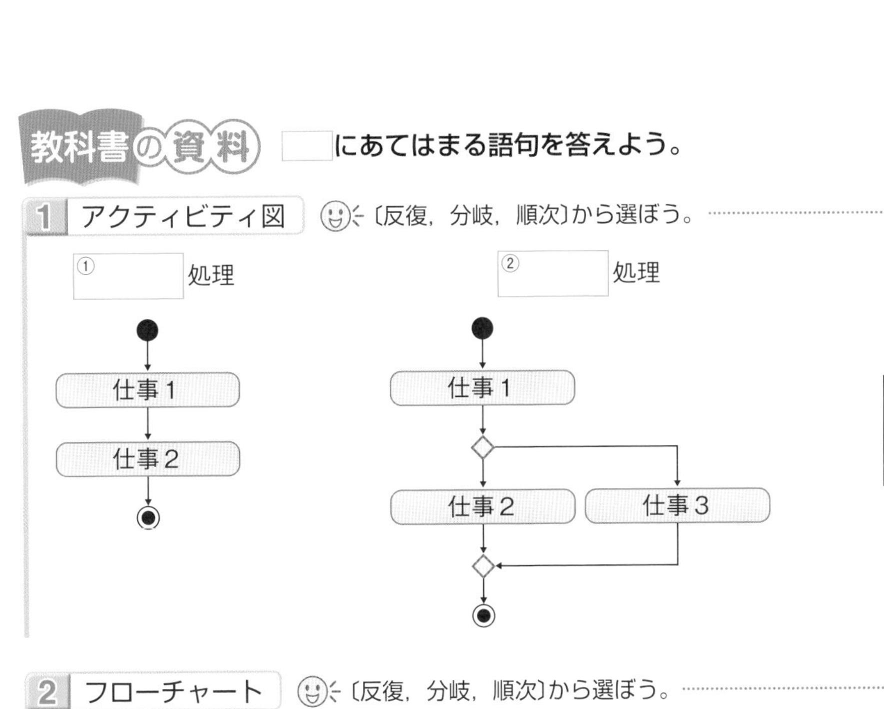

2 フローチャート 〔反復，分岐，順次〕から選ぼう。

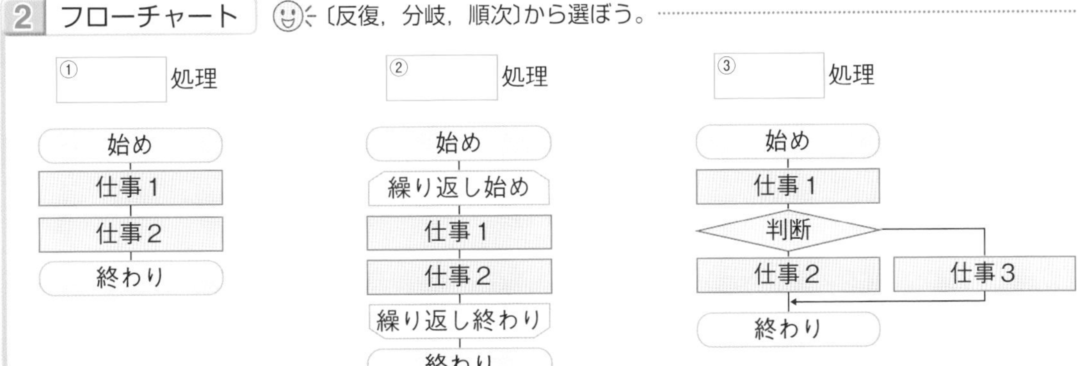

3 フローチャートの例

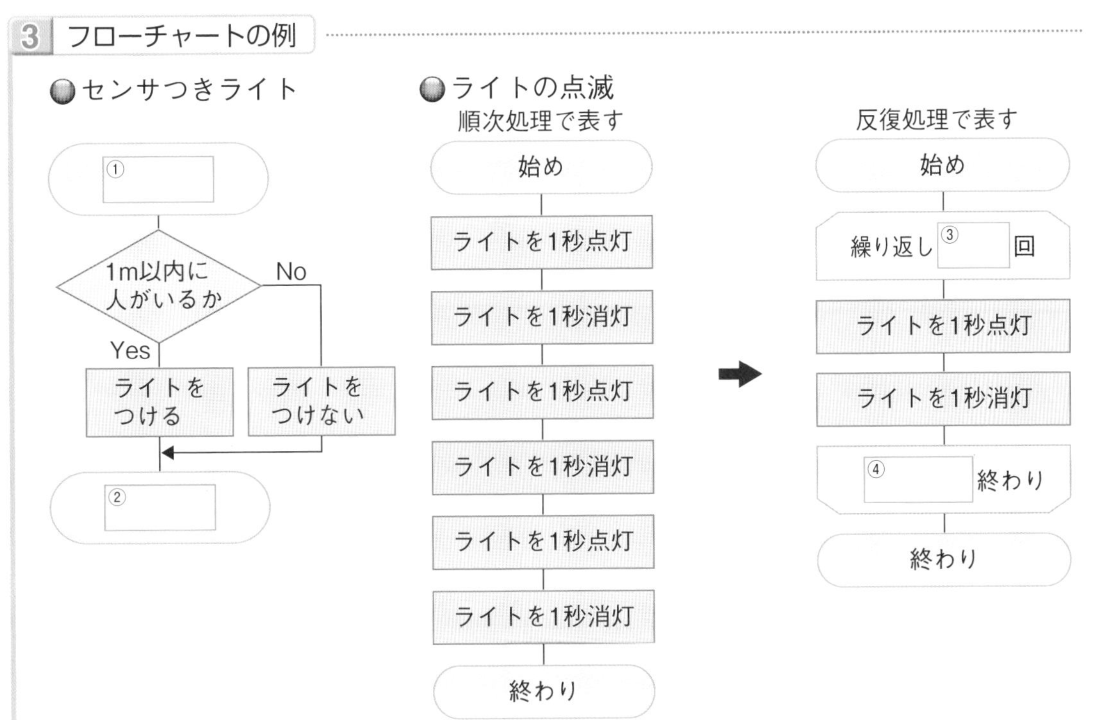

□順次処理　□反復処理　□分岐処理

2 コンピュータによる処理

1 プログラム プログラムについて，あとの問いに答えなさい。

5点×12（60点）

図1

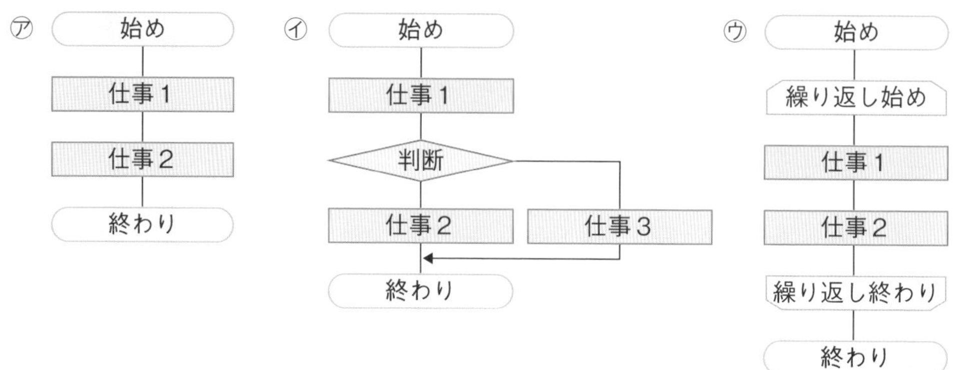

図2

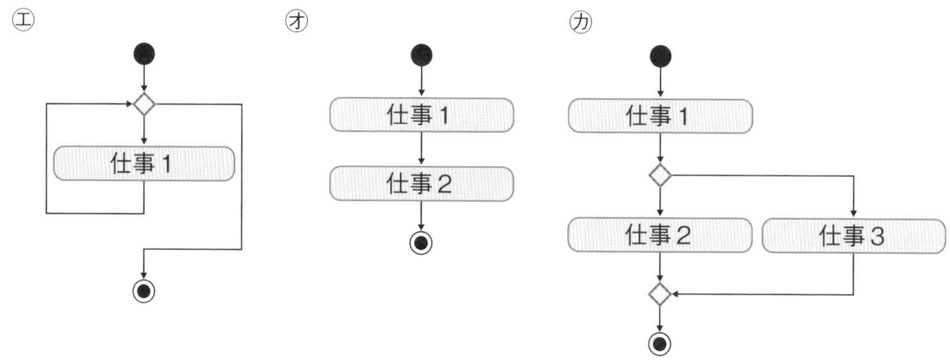

(1) プログラムを記述するときに用いる，JavaScript（ジャバスクリプト）やScratch（スクラッチ）などのことを何というか。

（　　　　）

(2) 情報処理の手順を一定のルールに従って表現したもののうち，図1，図2のようなものをそれぞれ何というか。

図1（　　　　）

図2（　　　　）

(3) 情報処理の手順で，一つひとつ順に処理していくことを何というか。

（　　　　）

(4) (3)の処理を表現しているものを，図の㋐～㋕から2つ選びなさい。（　　）（　　）

(5) 情報処理の手順で，条件を満たすまで繰り返し処理することを何というか。

（　　　　）

(6) (5)の処理を表現しているものを，図の㋐～㋕から2つ選びなさい。（　　）（　　）

(7) 情報処理の手順で，条件の判断によって異なる処理をすることを何というか。

（　　　　）

(8) (7)の処理を表現しているものを，図の㋐～㋕から2つ選びなさい。（　　）（　　）

ヒントの森

1 (1)コンピュータが認識できる言語を用いる必要がある。(2)図1は1つの情報処理の流れを確認でき，図2は複数の情報処理の手順を統合し，全体の情報処理の手順を確認できる。

作図 **2** **情報処理の手順を表現する図** 情報処理の手順を表現する図について，次の問いに答えなさい。

8点×3（24点）

(1)「仕事①」と「仕事②」と「仕事③」を順に処理するアクティビティ図を，下の□にかきなさい。

(2)「仕事①」と「仕事②」と「仕事③」を２回繰り返し処理するフローチャートを，下の□にかきなさい。

(1)

(2)

(3) 始めに「判断」を行い，「Yes」のときには「仕事①」を，「No」のときには「仕事②」を行うフローチャートを，下の□にかきなさい。

技術D

作図 **3** **メディアによる表現** いろいろなメディアとその特徴を，それぞれ線で結びなさい。

4点×4（16点）

① 静止画 ・　　　・㋐情報を正確に伝えることができる。

② 文字 ・　　　・㋑感情やニュアンスを伝えやすく，視覚に障がいがある人にも伝えられる。

③ 音声 ・　　　・㋒雰囲気や様子，状況を視覚的に伝えられる。

④ 動画 ・　　　・㋓動きや変化を視覚的に伝えられる。

ヒントの森 **2** 始まりや終わりを示すマーク，仕事を示すマーク，繰り返しを示すマーク，条件分岐を示すマークを使って表す。

解答 p.17

確認のワーク ステージ1

3 プログラミングによる問題解決

教科書の要点 （　）にあてはまる語句を答えよう。

1 双方向性のあるコンテンツ

◆コンテンツ➡文字，画像，動画などの（①　　　　）を使用し，意味のある情報として表現した内容。

◆双方向性のあるコンテンツ➡使用者による（②　　　　）（入力）に応じて（③　　　　）（出力）するコンテンツ。地図アプリ，ゲーム，SNSなど。

◆ネットワークを利用した双方向性を実現するためには**プログラム**が必要。

プログラム制作の手順

◆問題の発見→（④　　　　）の設定→コンテンツの**構想**→設計・制作→（⑤　　　　）→**改善**

2 計測・制御システム

計測・制御システム

◆（①　　　　）➡周囲の状況を測り，必要な情報を得ること。

◆（②　　　　）➡目的に合うように機器を動作させること。

◆センサで計測した情報は（③　　　　）で**デジタル信号**に変えられ，コンピュータに伝えられる。

◆コンピュータはセンサからの情報を判断し，**インタフェース**を通して（④　　　　）などの仕事を行う部分に適切な動作を命令する。

モータなど，エネルギーを機械的な動きに変換するもの

プログラム制作の手順

◆問題の発見→課題の設定→コンテンツの構想→設計・制作→評価→改善

3 社会の発展と技術

情報の技術の最適化

◆社会からの要求，使用時の（①　　　　），経済的な負担，環境に与える影響などの折り合いをつけ，**最適化**を図る。

情報の技術の未来

◆（②　　　　）➡**人工知能**。プログラムによってさまざまな情報の特性を学び，自ら情報を処理・判断する技術。

◆（③　　　　）➡狩猟（しゅりょう）社会，農耕社会，工業社会，情報社会に続く新しい社会。

ことばメモ

バグ
プログラムの不具合。

デバッグ
バグを発見して修正する作業。

プログラムが意図したとおりに動かないときは，デバッグをしよう。

身近にある双方向性のあるコンテンツや計測・制御プログラムを，アクティビティ図やフローチャートに表してみよう。

AIはどのようなところで使われているか，調べてみよう。

□コンテンツ　□双方向性のあるコンテンツ　□計測　□制御　□センサ

□にあてはまる語句を答えよう。

1 双方向性のあるコンテンツの例

●スペースキーが押されたら，「こんにちは」と言うプログラム

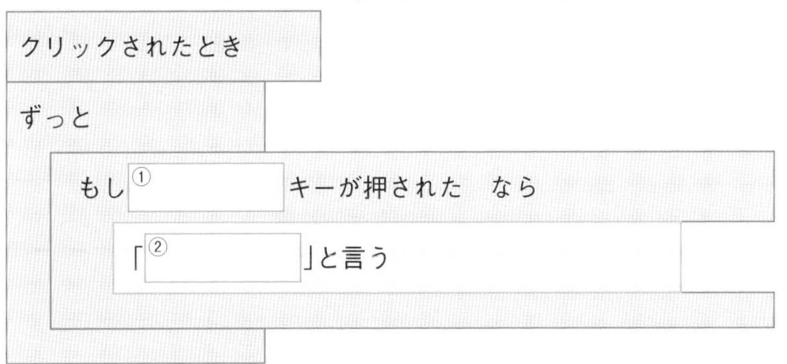

2 計測・制御の情報の流れ

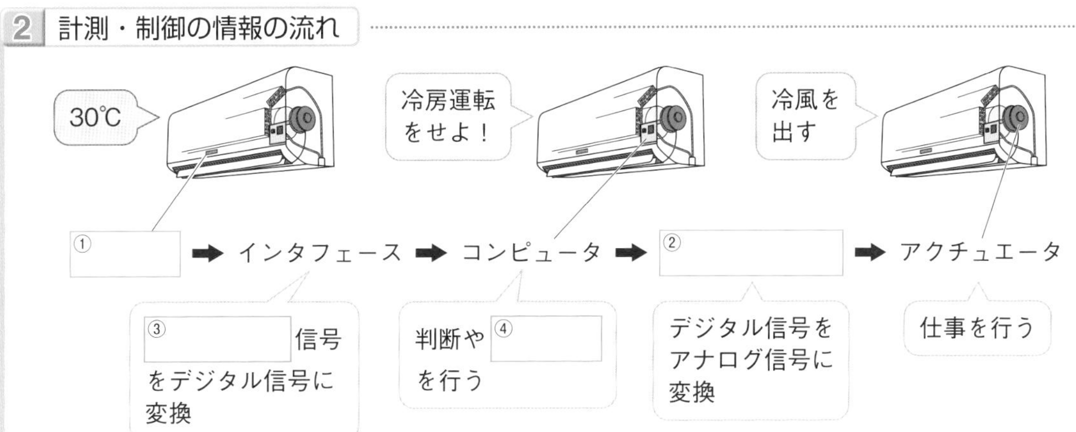

3 計測・制御プログラムの例

●センサの値が50未満になるまでモータが動くプログラム

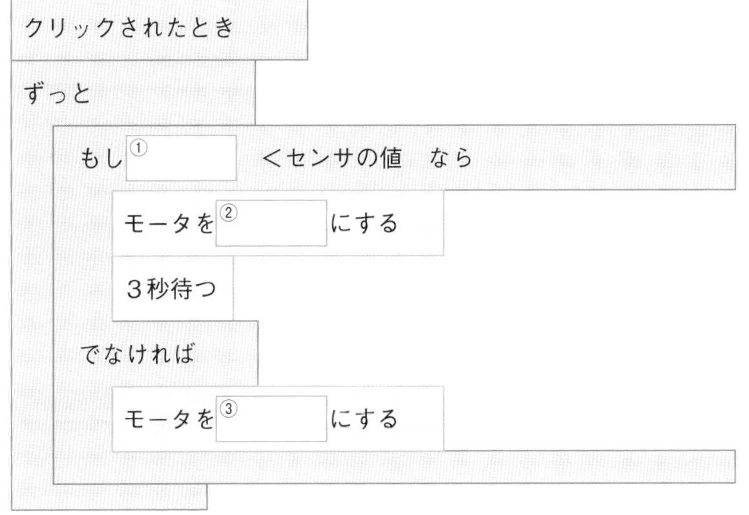

□インタフェース　□アクチュエータ　□AI(人工知能)

技術D

定着のワーク ステージ2 3 プログラミングによる問題解決

解答 p.17 /100

1 双方向性のあるコンテンツ 次の図は先生のメッセージを生徒に送信するプログラムを表したものである。(　　)にあてはまる語句を，右の[　　]からそれぞれ選んで答えなさい。

4点×5（20点）

①(　　　　) ②(　　　　) ③(　　　　)
④(　　　　) ⑤(　　　　)

<先生側のプログラム>

- クリックされたとき
- ずっと
  - 「(①)です」と聞いて待つ
  - メッセージを(②)にする
  - 先生からのメッセージを(③)

<生徒側のプログラム>

- (①)を(④)とき
- メッセージを(⑤)

先生からのメッセージ
送る　表示する
受け取った　答え

2 計測・制御システム 計測・制御システムについて，次のことを行う部分を何というか。下の[　　]からそれぞれ選んで答えなさい。

4点×4（16点）

① 状況を計測する部分 (　　　　)
② 状況を判断し，命令を出す部分 (　　　　)
③ 命令の信号を受け，動作を行う部分 (　　　　)
④ アナログ情報をデジタル情報に，デジタル情報をアナログ情報に変換する部分 (　　　　)

アクチュエータ　インタフェース　コンピュータ　センサ

3 プログラムの制作 問題解決のためのプログラムの制作について，次の問いに答えなさい。

4点×2（8点）

(1) 制作の手順について，次のア～キを正しい順に並べなさい。

(　　→　　→　　→　　→　　→　　→　　)

ア 評価　**イ** 設計　**ウ** 改善　**エ** 制作
オ コンテンツの構想　**カ** 問題の発見　**キ** 課題の設定

(2) プログラムの不具合が見つかったときには，何と呼ばれる作業を行うか。

(　　　　)

3 双方向性のあるコンテンツのプログラムでも，計測・制御システムのプログラムでも，制作の手順は同じ。

4 社会の発展と技術　社会の発展と情報の技術について，次の問いに答えなさい。

7点×4（28点）

(1) これからの社会や生活の中で，情報通信ネットワークを利用した技術は，どのような点に気をつけて活用される必要があるか。個人情報に着目して答えなさい。

（　　　　　　　　　　　　　　）

(2) AI(人工知能)を使うと，どのような問題を解決できるか。また，AIを使ってその問題を解決するときの課題も簡単に答えなさい。

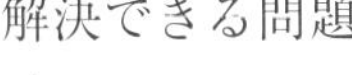

解決できる問題

（　　　　　　　　　　　　　　）

課題

（　　　　　　　　　　　　　　）

(3) 情報の技術の発達によって，生活が便利になったり，社会や経済に影響を与えたりしている事例をあげなさい。

（　　　　　　　　　　　　　　）

5 単元総合問題　情報の技術について，次の問いに答えなさい。

7点×4（28点）

(1) 情報社会においては，適切に活動するための基となる考え方や態度を身につけることで，安心して情報を活用することができる。この考え方や態度のことを何というか。

（　　　　）

(2) コンテンツに利用されているメディアの中で，データ量が最も大きくなりやすいものはどれか。次から選びなさい。（　　）

ア　文字　　イ　音声　　ウ　静止画　　エ　動画

記述 (3) 双方向性のあるコンテンツとは，どのような機能のあるコンテンツのことをいうか。簡単に答えなさい。

（　　　　　　　　　　　　　　）

(4) Society 5.0について，次から正しいものを選びなさい。（　　）

ア　狩猟社会，農耕社会に続く新しい社会。

イ　IoTですべての人とものがつながり，今までにない価値を生み出す社会。

ウ　AIの活用が進み，ロボットがあまり活用されなくなる社会。

ヒントの森

4(2)社会からの要求，安全性，環境への負荷，経済性などに着目して考える。

5(1)情報の技術を安心・安全に利用するために，情報セキュリティとともに重要である。

技術D

解答 p.18

確認のワーク ステージ1

資料 コンピュータの使い方

教科書の要点 (　　)にあてはまる語句を答えよう。

1 コンピュータの使い方

キーボードの使い方

- エスケープキー→実行中の作業を取り消す。
- ファンクションキー→ソフトウェアで共通の機能を操作する。
- スペースキー→(①　　　　)の入力や文字の変換を行う。
- バックスペースキー→カーソルの(②　　　　)の文字を削除する。
  文字の入力は文字キーで行う
- (③　　　　)キー→カーソルの直後の文字を削除する。
- エンターキー→操作の決定や文章の改行を行う。
- (④　　　　)キー→数字を入力する。
- シフトキー→シフトキーを押(お)しながら英字キーを押すと，大文字と小文字を切り替えられる。
- (⑤　　　　)キー→カーソルの位置を移動させる。
- ほかに，タブキー，挿入(そうにゅう)キー(インサートキー)などがある。

ファイルとフォルダ

- 作成したファイルはフォルダで管理する。

ことばメモ

クリック
マウスボタンを1回押す。

ダブルクリック
マウスボタンを2回連続して押す。

ドラッグ
マウスボタンを押したままマウスを動かす。

マウスポインタ

普通　文書入力

図形入力　処理中

2 いろいろなソフトウェア

文書処理(ワードプロセッサ)ソフトウェア

- 文字や図，画像などを含めた**文書を作成**する。
- 画面は，リボンのタブや文書を入力する領域などからなる。

表計算ソフトウェア

- 表の作成，データの集計，グラフの作成などを行う。
  目的に合ったグラフの種類を選ぶ
- 計算式の入力方法
  - (A2の値)＋(D2の値)→A2+D2
  - (A2の値)－(D2の値)→A2-D2
  - (A2の値)×(D2の値)→A2*D2
  - (A2の値)÷(D2の値)→A2/D2
  - A2～D2のセルの(①　　　　)→SUM(A2:D2)
  - A2～D2のセルの(②　　　　)→AVERAGE(A2:D2)
    英語で平均という意味

そのほかのソフトウェア

- プレゼンテーション用ソフトウェア，図形処理ソフトウェア，サウンド処理ソフトウェア，Webページ作成ソフトウェアなど，さまざまなソフトウェアがある。

グラフの種類

棒グラフ

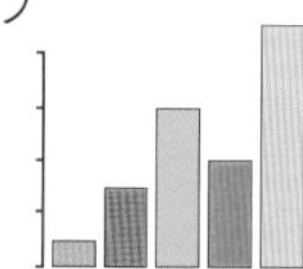

折れ線グラフ

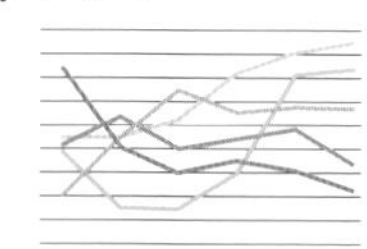

円グラフ

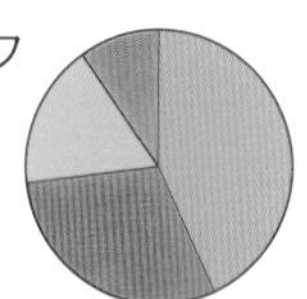

□エスケープキー　□ファンクションキー　□スペースキー　□バックスペースキー

□にあてはまる語句を答えよう。

1 キーボード(機種によってキーの配列は異なる)

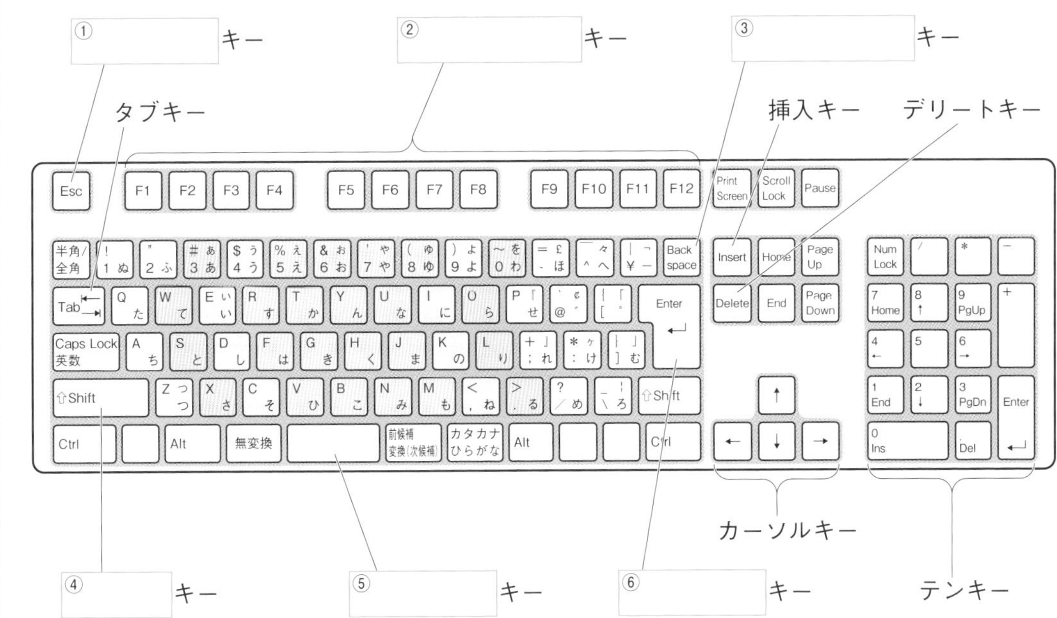

2 いろいろなソフトウェア

なぞろう! マークと設定できる内容を結びつけよう。

文書処理ソフトウェア

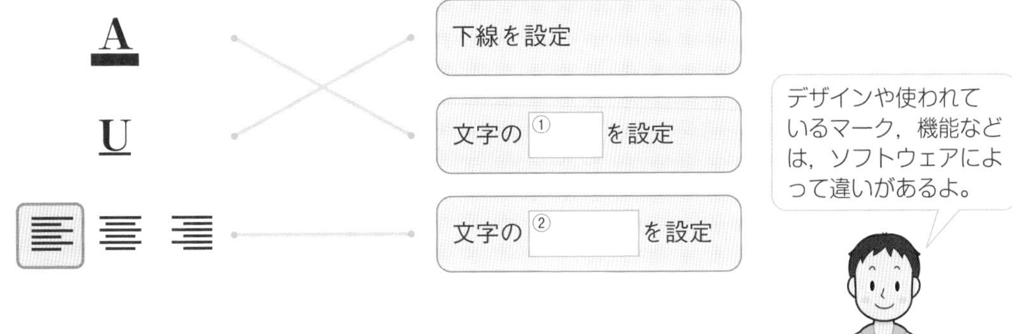

表計算ソフトウェア

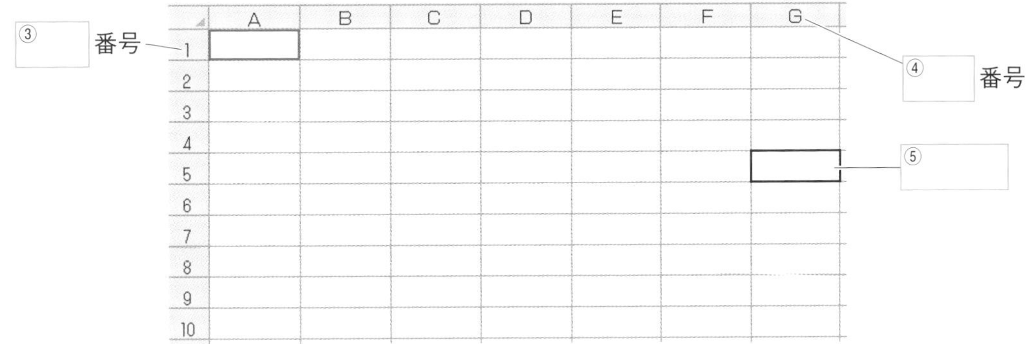

□デリートキー　□エンターキー　□テンキー　□シフトキー　□カーソルキー

定着のワーク ステージ2

資料 コンピュータの使い方

1 コンピュータの使い方 図のキーボードの使い方について，あとの問いに答えなさい。

3点×16（48点）

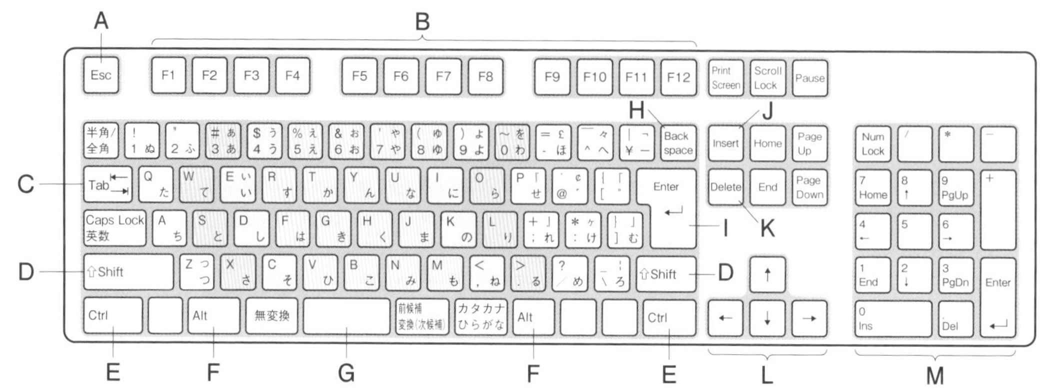

(1) 次の名前のキーを図のA～Mからそれぞれ選びなさい。

① エスケープキー（　　）　② エンターキー（　　）

③ シフトキー（　　）　④ テンキー（　　）

⑤ デリートキー（　　）　⑥ コントロールキー（　　）

⑦ スペースキー（　　）　⑧ ファンクションキー（　　）

(2) 次の使い方をするキーを，図のA～Mからそれぞれ選びなさい。

① カーソルの直前の文字を削除する。（　　）

② カーソルの直後の文字を削除する。（　　）

③ 文字を入力するとき，挿入か上書きかを切り替える。（　　）

(3) 次のマウスの操作を何というか。下の［　］からそれぞれ選びなさい。

①（　　　　）　②（　　　　）

③（　　　　）　④（　　　　）

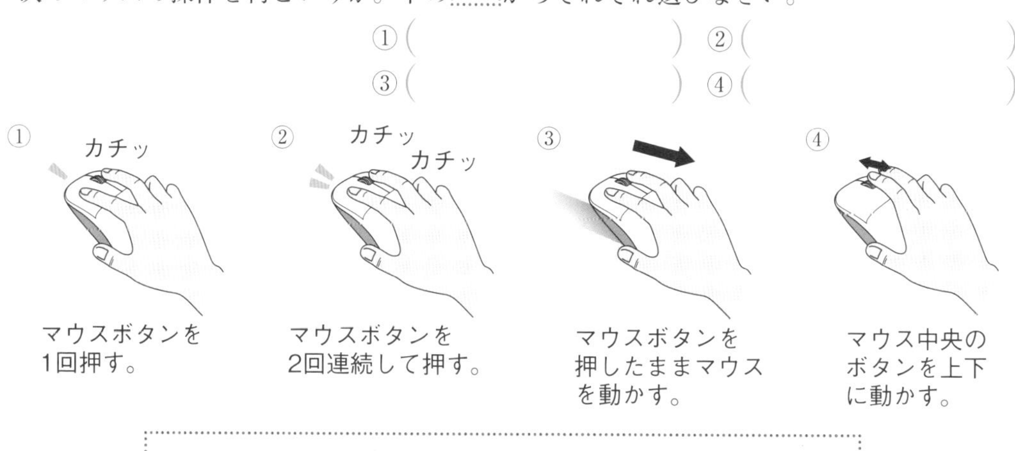

① マウスボタンを1回押す。

② マウスボタンを2回連続して押す。

③ マウスボタンを押したままマウスを動かす。

④ マウス中央のボタンを上下に動かす。

クリック　スクロール　ダブルクリック　ドラッグ

(4) 「ちゅうがっこう」とローマ字入力するとき，どのようにキー操作すればよいか。

（　　　　　　　　）

1 それぞれのキーの名前と機能を理解しておく。「Y」「H」「N」から右のキーは右手で，「T」「G」「B」から左のキーは左手で入力するとよい。

2 タブレット端末 タブレット端末の次の操作を何というか。下の[　　]からそれぞれ選んで答えなさい。

6点×4（24点）

①（　　　　）②（　　　　）
③（　　　　）④（　　　　）

① 画面を1回押す。

② 画面を押したまま指をスライドさせる。

③ 画面の2か所を指で押し，画面をはさむ。

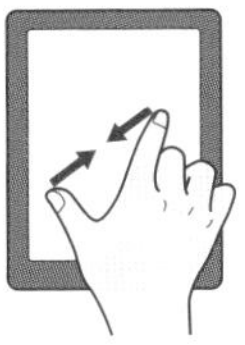

④ 画面の2か所を指で押し，画面を広げる。

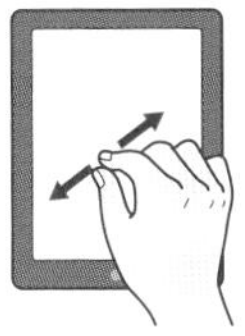

スワイプ　　タップ　　ピンチアウト　　ピンチイン

3 いろいろなソフトウェア いろいろなソフトウェアについて，次の問いに答えなさい。

4点×7（28点）

(1) 右の図1は，文書処理ソフトウェアで使われているマークを示したものである。次の内容を設定することができるマークはどれか。図1のア～エからそれぞれ選びなさい。

① 文字の色（　　）　② 文字の位置（　　）
③ 太字（　　）　④ 斜体（　　）

図1

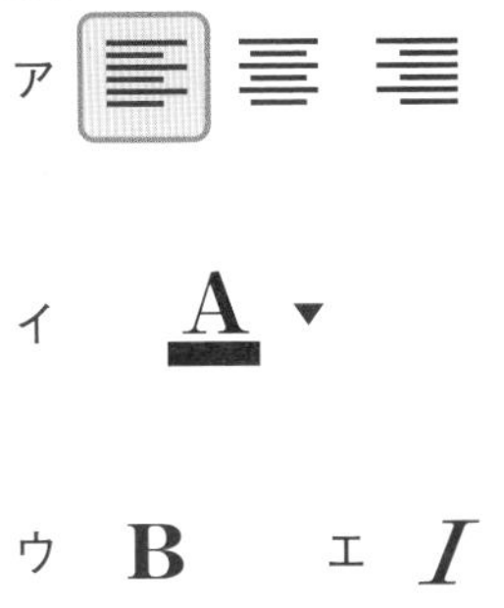

ア　イ A▼　ウ **B**　エ *I*

レベルUP! (2) 次の図2は，表計算ソフトウェアを使ってテストの結果表を作成しているところである。あとの問いに答えなさい。

図2

	A	B	C	D	E	F	G	H
1	テスト結果							
2		国語	数学	英語	社会	理科	5教科合計	5教科平均
3	Aさん	82	65	90	73	55	a	73
4	Bさん	54	83	59	64	80	340	b
5	Cさん	91	75	79	41	59	345	69
6	Dさん	33	57	63	82	90	325	65
7	平均	65	70	c	65	71		

① aにあてはまる関数を利用した計算式をかきなさい。
（　　　　　　　　）

② bにあてはまる関数を利用した計算式をかきなさい。
（　　　　　　　　）

③ cにあてはまる関数を利用した計算式をかきなさい。
（　　　　　　　　）

2 タブレット端末はタッチペンや指を使って操作する。　3 (1)ソフトウェアによって違いがある。(2)関数のアルファベット，列番号，行番号を使って表す。平均は英語でAVERAGE。

技術D

解答 p.19

確認のワーク ステージ1

ガイダンス
1　家族・家庭と地域

教科書の要点　(　　)にあてはまる語句を答えよう。

1 ガイダンス

家庭分野の目標

◆(①　　　　)と共生を目指して学習する。　他者の指示を受けずに一人立ちし，支え合って生きる

- 生活的自立➡衣食住や家族・環境の知識や技術を身につけ，生活の中で実践する。
- 精神的自立➡自分の意見をもち，判断する。
- 経済的自立➡生活にかかる費用を自分で働いて得る。
- (②　　　　)➡社会の一員として，家庭・学校・地域の人と関わりをもって生活する。

中学生は心身が大きく成長する時期。自分でできることを実践して自立へ踏み出そう！

2 家族・家庭の働き

家族・家庭の機能

◆(①　　　　)➡家族の生活の場。　食事・睡眠・交流などの生活の営みが行われる

- (②　　　　)などの生活を営む。
- 子どもを育てる。　・看護・介護する。
- 心の(③　　　　)を得る(休養・休息)。
- 暮らしのための(④　　　　)を得る。
- 生活(⑤　　　　)や価値観を伝える。
- 地域の人と交流し，その活動を支える。

家庭の機能や仕事について，具体例もおさえよう。

家庭の仕事

◆家庭内の仕事➡調理，洗濯，金銭の管理，介護など。
家族で分担したり家庭外のサービスを利用したりする。　自治体・地域・企業

- (⑥　　　　)生活➡クリーニング，衣装のレンタル。
- (⑦　　　　)生活➡レストランでの外食，調理済み食品。
- (⑧　　　　)生活➡ハウスクリーニング，住まいの修理。
- 家族に関わる仕事➡幼稚園・保育所，介護施設。

3 中学生とこれからの家族

中学生➡生活面・精神面で(①　　　　)に向かう。

◆家族とぶつかる➡相手の(②　　　　)に立って考えてみる。

- 日頃から家族とよく話し合う。
- 家族以外の人に相談する。　友人，教師，地域の人，自治体・NPOなど

これからの家族

◆中学生も家族や地域を支える一員として行動。

ここがポイント

男女共同参画社会

- 男女が互いの人権を尊重し，性別に関わりなく個性・能力を発揮できる社会。
- 育児・介護休業法…労働者の性別に関わらず，育児や介護のために休業できる。
- ワーク・ライフ・バランス…仕事と家庭生活をバランスよく行う。

□自立　□共生　□家族　□家庭　□家庭の機能　□家庭の仕事

教科書の資料　［　　］にあてはまる語句を答えよう。

1 家庭の機能　〔収入・生活・文化・子育て・心〕から選ぼう。

①［　　　　］を営む

②［　　　　］をする

③［　　　　］の安らぎを得る

④［　　　　］を得る

地域の生活を築く

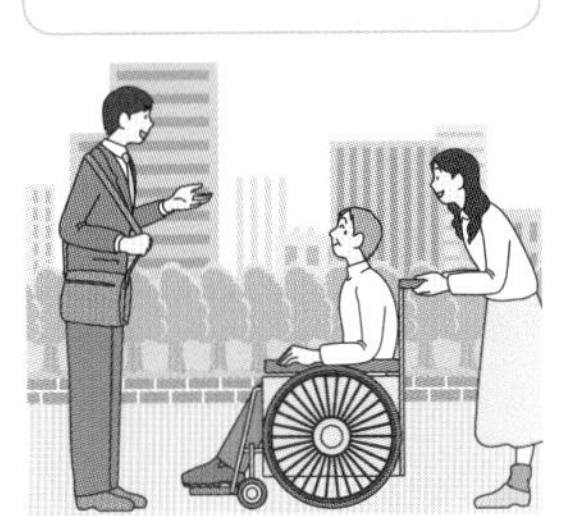

⑤［　　　　］を伝える

2 家庭生活を支える仕事　なぞろう!　――をなぞって，仕事と関係する家庭生活を結ぼう。

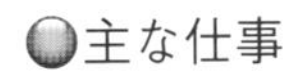

●主な仕事

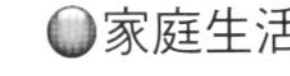

●家庭生活

- ①［　　　　］
- 衣装のレンタル（貸衣装）
- 服の直し

- 外食
- ②［　　　　］
- 調理済み食品（総菜（そうざい）など）

- ハウスクリーニング
- 修理

- 訪問介護
- 高齢者施設

- 幼稚園
- ③［　　　　］所
- 学校

家庭生活
住生活
介護
子育て
衣生活
食生活

□地域の活動

定着のワーク ステージ2

ガイダンス
1 家族・家庭と地域

解答 p.19

/100

1 ガイダンス 家庭分野の目標について，次の文中の(　　)にあてはまる語句をそれぞれ書きなさい。

4点×3（12点）

①(　　　　) ②(　　　　) ③(　　　　)

家庭分野では，生活の中の問題と向き合い，自立と共生を目指すことが目標である。自立には，衣食住や家族に関わる仕事ができる「(①)的自立」，自分の意見をもつ「(②)的自立」，自分の生活費用を働いて得る「(③)的自立」がある。

2 家庭の機能 家庭の機能について，次の資料の(　　)にあてはまる語句を，右の［　　］からそれぞれ選びなさい。

3点×6（18点）

①(　　　　) ②(　　　　) ③(　　　　)
④(　　　　) ⑤(　　　　) ⑥(　　　　)

資料　家庭の機能

子どもを(①)

心の(②)を得る

(③)や価値観を伝える

暮らしのための(④)を得る

(⑤)の人と交流し，その活動を支える

(⑥)を守る

健康	育てる	収入
文化	地域	安らぎ

3 家庭の仕事 次の文を読んで，あとの問いに答えなさい。

5点×2（10点）

家庭生活はさまざまな仕事に支えられている。我が国では，長い間「家庭の外の仕事は(①), 家庭の中の仕事は(②)」といった性別で役割を固定的に捉(とら)える考え方によって，家庭の仕事は(③)が中心となって行われてきた。しかし，a <u>現在では性別に関わりなく，家族の一人ひとりが関わるように変わってきている</u>。

(1) 文中の(　　)にあてはまる語句の組み合わせとして正しいものを，次のア～エから選びなさい。(　　)

ア ①男性 ②女性 ③男性　　イ ①女性 ②男性 ③女性
ウ ①男性 ②女性 ③女性　　エ ①女性 ②男性 ③男性

(2) 下線部aのように，性別に関わりなく個性や能力を発揮できる社会を何というか。

(　　　　)

ヒントの森
1 日常生活の行動もふり返って，自立した生活を送るための例も考えておく。

4 家庭の仕事 次の文を読んで，あとの問いに答えなさい。 4点×7（28点）

家庭生活は，衣食住や介護・子育てなどの家族にまつわるさまざまな仕事によって成り立つ。このような仕事は，家族で分担して行われるほか，自治体や企業など家庭外のサービスによっても支えられている。

(1) 次の場面に関わる家庭内の仕事にはどのようなものがあるか。例を１つずつ書きなさい。

① 食生活　② 衣生活　③ 住生活

①（　　　　）②（　　　　）③（　　　　）

(2) 次の場面の仕事に関係する家庭外の施設やサービスを，下からそれぞれ選びなさい。

① 食生活　② 衣生活　③ 介護　④ 子育て

①（　　）②（　　）③（　　）④（　　）

ア 幼稚園　イ クリーニング店　ウ 食事の宅配　エ 高齢者福祉（ふくし）施設

5 男女が協力して支える社会 男女が互いを尊重し，責任を分かち合う社会を目指す制度について，次のカードにまとめた。あてはまる法律や考え方の名前を，下の□からそれぞれ選びなさい。 4点×3（12点）

① 男女に関わりなく互いを尊重し，その個性と能力を十分に発揮することができる社会を目指して制定された。

② 1歳（さい）未満の子どもの養育や，家族の介護のために，労働者がその性別に関わりなく休業できることが定められた。

③「仕事」と，育児や介護，趣味や学習など「仕事以外の生活」との調和をとり，両方を充実させる生き方・働き方。

①（　　　　）②（　　　　）③（　　　　）

ワーク・ライフ・バランス　育児・介護休業法　男女共同参画社会基本法

よく出る **6 中学生と家族** 次の文の（　　）にあてはまる語句を□から選びなさい。 4点×5（20点）

中学生の時期は（ ① ）といい，まだ（ ② ）心がある反面（ ③ ）したい気持ちが高まり，養育者に反発することもある。よりよい家族関係のためには，相手の（ ④ ）に立ち，互いに尊重し合うようにしたい。家族の問題を家庭内で解決できないときは，家族外に（ ⑤ ）を求めるとよい。

思春期
児童期
立場
自立
依存
援助

①（　　　　）②（　　　　）③（　　　　）
④（　　　　）⑤（　　　　）

5 仕事と生活の調和をワーク・ライフ・バランスという。
6 ①～③家族に甘える部分がある一方，自分で決めたいことも増えてくる。

解答 p.19

確認 ステージ1 のワーク

2 幼児の生活と家族(1)

教科書の要点 （　　）にあてはまる語句を答えよう。

1 幼児の発達

自分の成長をふり返る

◆（①　　　　　　）期➡生まれてから１歳になるまで。

◆（②　　　　　　）期➡１歳から小学校入学まで。

◆（③　　　　　　）期➡小学校入学から卒業まで。

幼児の体の発達

生まれてから死ぬまでの心身の変化

◆発達は**個人差**が大きい➡個性を見て，育つ力を支える。

◆発達には一定の**方向性**・（④　　　　　　）**性**がある。

中心から末端へ

● 移動➡立つ→歩く→走る→跳(と)ぶ。

● 器用さ➡腕(うで)全体を動かす→手先を使う細かな動き。

◆身長に対して（⑤　　　　　　）が大きく転びやすい。

◆呼吸数・脈拍(みゃくはく)数が多い。　◆体温が高い。

◆汗(あせ)をかきやすい。　◆睡眠(すいみん)時間が長い。　◆視野が狭(せま)い。

こまめな水分補給が必要

幼児の心の発達

◆情緒(じょうちょ)が著(いちじる)しく発達し，（⑥　　　　　　）で自分の思いを表現して，人に伝えるようになる→（⑦　　　　　　）性も発達。

◆**自我**が芽生(めば)え，**自立心**・**自律心**が身につく。

自分の感情・行動をコントロール

2 生活習慣の習得

基本的生活習慣と社会的生活習慣

◆（①　　　　　　）➡食事，排せつ，睡眠，着脱衣(ちゃくだつい)，清潔。

● 幼児期に身につけること→生活の自立と健康の基礎(きそ)。

◆（②　　　　　　）➡挨拶(あいさつ)，言葉遣(づか)い，安全の習慣，公共のマナーなど，社会の一員として身につけるべき習慣。

◆幼児の心身の発達に配慮(はいりょ)して身につけられるようにする。

3 幼児の発達における家族と地域の役割

家族の役割

◆生活習慣を身につけられ，安心して生活できる環境を整えること。

◆幼児との（①　　　　　　）関係が成長の大切な基礎となる。

子育て支援の場

◆子どもの成長を，家族だけでなく地域も支えている。

（②　　　　　　）	（③　　　　　　）	認定こども園
０歳～就学(しゅうがく)前の乳幼児を保育。	３歳～就学前の幼児。基本は９時～14時。	保育所と幼稚園の機能を併(あわ)せもつ。

幼児と中学生の体型

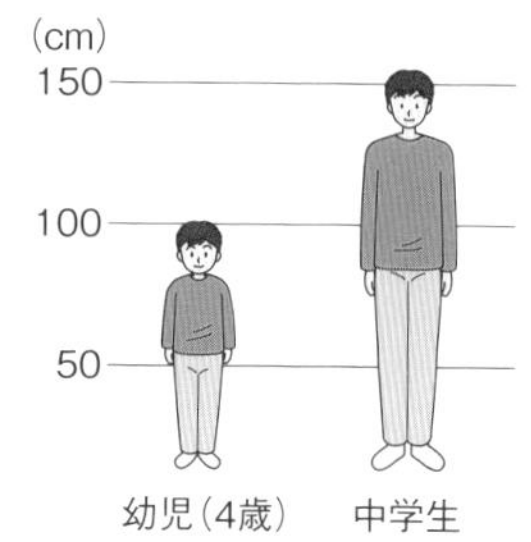

幼児の身長と体重

時期	身長	体重
出生時	約 50cm	約３kg
１歳	約 75cm	約９kg
４歳	約100cm	約15kg

１歳で身長は約1.5倍，体重は約３倍になるんだ！

ことばメモ

情緒
喜び・悲しみ・恐れ・怒りなどの心の動き。

認知
まわりの世界の捉え方。

社会性
人に対して反応や働きかけを行い，関係をもつこと。

□乳児期　□幼児期　□個人差　□順序性　□情緒　□言葉(言語)

教科書の資料　□にあてはまる語句を答えよう。

1 運動機能の発達

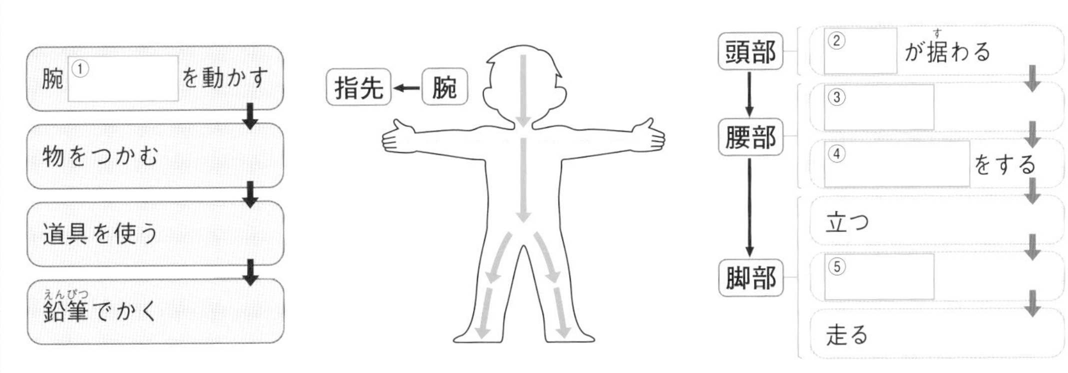

2 心の発達

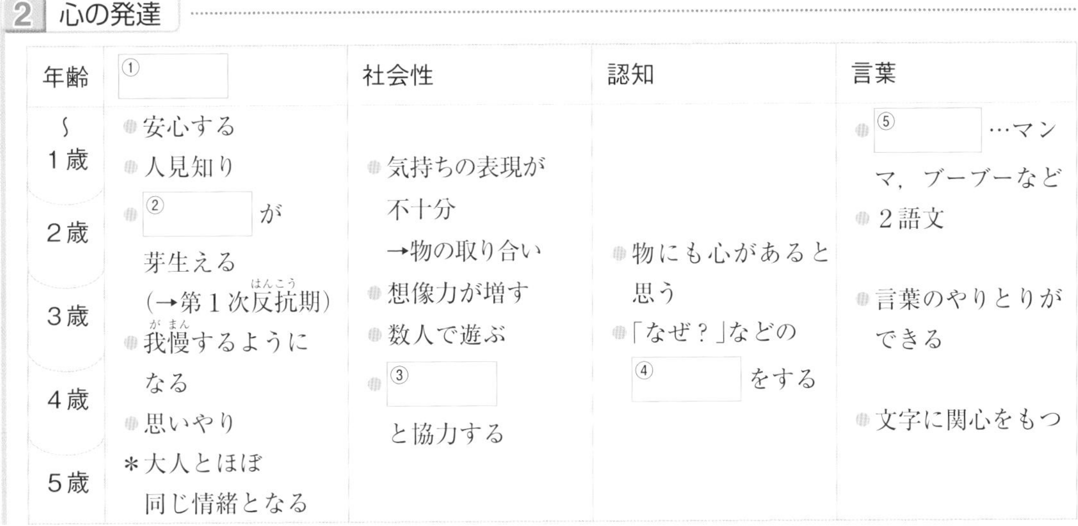

年齢	①	社会性	認知	言葉
～1歳 2歳 3歳 4歳 5歳	・安心する ・人見知り ・② が芽生える（→第1次反抗期） ・我慢するようになる ・思いやり ＊大人とほぼ同じ情緒となる	・気持ちの表現が不十分 →物の取り合い ・想像力が増す ・数人で遊ぶ ・③ と協力する	・物にも心があると思う ・「なぜ？」などの ④ をする	・⑤ …マンマ，ブーブーなど ・2語文 ・言葉のやりとりができる ・文字に関心をもつ

3 生活習慣の習得

基本的生活習慣	①	②	③	④	⑤
	箸を使って食べる（4～5歳ごろ）	1人でトイレに行き，しまつをする（4～5歳ごろ）	1人で決まった時間に寝起きする（5歳ごろ）	1人で衣服の脱ぎ着をする（4歳ごろ）	自分で歯磨き・手洗いをする（3歳ごろ）

社会的生活習慣	安全のルール	社会生活のきまり	対人関係
	交通ルールを守る（道路に飛び出さない）など	ごみはごみ箱に捨てる，公共の場で騒がないなど	人に ⑥ をして，気持ちのよい関係を築くなど

□社会性　□基本的生活習慣　□社会的生活習慣

定着のワーク ステージ2 解答 p.20 /100

2 幼児の生活と家族(1)

1 幼いころのふり返り 幼いころについて，次の問いに答えなさい。 (2)完答，4点×2（8点）

(1) 乳児期とは，生まれてから何歳になるまでの期間か。 （　　）歳まで

(2) 幼児期とは，何歳から就学前の何歳までの期間か。 （　　）歳から（　　）歳まで

2 体の発達 次の文を読んで，あとの問いに答えなさい。 (3)完答4点×2，ほか3点×8（32点）

幼児期の発達は ①{個人差・男女差} が大きいので，それぞれの個性を尊重して見守るとよい。発達には a 方向性・順序性があり，②{中心・末端(まったん)} から ③{中心・末端} へと発達する。骨格や内臓機能が急速に発達するなど，b その成長は著しいものがある。生理的には，呼吸数・脈拍数が ④{多く・少なく}，体温が ⑤{高い・低い}。また，体温調整機能が未熟なため c 大人より汗をかきやすいので注意したい。

よく出る (1) {　　}にあてはまる語句をそれぞれ書きなさい。

①（　　）②（　　）③（　　）

④（　　）⑤（　　）

(2) 下線部aについて，次の動作を発達の順に並べなさい。

① ア スキップ　イ けんけん(片足立ち)　ウ はいはい　エ 歩く

② ア 積み木をつかむ　イ 箸を使う　ウ クレヨンを使う　エ はさみを使う

①（　→　→　→　）②（　→　→　→　）

レベルUP! (3) 下線部bについて，①1歳，②4歳の身長・体重は，出生時に比べてそれぞれ何倍になるか。次から選びなさい。 ①身長（　）体重（　）②身長（　）体重（　）

ア 約1.5倍　イ 約2倍　ウ 約3倍　エ 約4倍　オ 約5倍

記述 (4) 下線部cについて，どのようなことに気をつければよいか。簡単(かんたん)に書きなさい。

（　　）

3 心の発達 右の表を見て，次の問いに答えなさい。 3点×5（15点）

(1) 右の表は幼児期の情緒の発達についてまとめたものである。次の問いに答えなさい。

① aのころから，見慣れない人を嫌(いや)がったり泣いたりするようになることを何というか。（　　）

② bによって現れる，自己主張が強くなる時期を何というか。（　　）

ア	0歳	「恐れ」が生まれる
イ	1歳	……………………a
ウ	2歳	自我の芽生え……b
エ	3歳	我慢する
オ	4歳	思いやり
	5歳	大人とほぼ同じ

レベルUP! (2) 社会性や言葉の発達について，次のものは何歳ごろに現れるか。表中のア～オから選びなさい。 ①（　）②（　）③（　）

① 2語文　② 役割分担をして5～6人で遊ぶ　③ 会話ができる

ヒントの森
2(2)②少しずつ器用さが増す。(3)新生児の身長は約50cm，体重は約3000gである。
3(1)②情緒の発達が不十分で，感情のコントロールが難しい時期。

 **生活習慣の習得** 次の図を見て，あとの問いに答えなさい。 3点×11（33点）

A  B  C 

D  E 

 (1) 図は，私たちが健康に生きていくために毎日行う習慣である。次の問いに答えなさい。

① このような習慣をまとめて何というか。 （　　　　）

② A～Eの習慣をそれぞれ何というか。 A（　　　　）

B（　　　　） C（　　　　） D（　　　　） E（　　　　）

(2) (1)のほかに，幼児期に身につける周囲の人との関係をよりよくするための習慣をまとめて何というか。 （　　　　）

記述 (3) (2)のうち，次の習慣の例をそれぞれ具体的に書きなさい。

① 安全のルール(習慣) （　　　　）

② 社会生活のきまりを守る （　　　　）

③ 対人関係に関する習慣 （　　　　）

(4) (1)，(2)を幼児期に身につけるための働きかけについて，誤っているものを次から選びなさい。 （　　）

ア 幼児はまねをして身につけるので，家族や周囲が模範(もはん)を示すようにする。

イ 幼児が自信をもてるように，心身の発達に合わせて教えるようにする。

ウ 幼児の気持ちに関わらず，いつも厳しい態度で教えるようにする。

エ 幼児が行動しやすい環境を整え，繰(く)り返し丁寧(ていねい)に教えるようにする。

5 **子どもの成長と家族・地域** 子どもの成長と家族や地域について，次の問いに答えなさい。 4点×3（12点）

(1) 子育ての支援施設・機関について，次の役割をもつものを何というか。右の[　　]から選びなさい。

保育所
認定こども園
児童館
幼稚園

① 保護者が就労などのため，家庭で保育できない乳幼児を対象にした保育施設。 （　　　　）

② 3歳から就学前の幼児を対象にし，おおむね9時から14時まで子どもを預かって教育する施設。 （　　　　）

③ ①，②の機能を併せもつ，乳幼児すべてを対象にした施設。 （　　　　）

(2) 次の文の(　　)にあてはまる語句を書きなさい。 （　　　　）

子どもは，愛情をもって接する人がいると気持ちが安定する。家族や身近な人との間につくられる(　　)関係は，子どもの成長・発達の大切な基礎となる。

4 (3)①事故や怪我のないようにする。②③ほかの人が気持ちよく生活できる習慣。
5 (1)保育所，認定こども園，幼稚園のいずれかが就学前の子どもの保育を担う。

解答 p.20

確認のワーク ステージ1
2 幼児の生活と家族(2)
3 これからの私たちと家族

教科書の要点 （　　）にあてはまる語句を答えよう。

1 幼児の生活と遊び

幼児の生活

◆生活の中心は（①　　　　）。

◆３回の食事のほかに（②　　　　）で栄養素を補う。
胃が小さいため

◆生活のリズムを整える。➡生活習慣習得の基盤に。

遊びで育つ

◆さまざまな遊びを通して，身体や（③　　　　）機能，情緒・社会性・言葉(言語)などが発達。
生きていく力を育む

◆遊び方の変化➡発達に伴(ともな)って変化していく。

大人と遊ぶ・1人で遊ぶ ▶ 友達のそばで遊ぶ ▶ 少数の友達と協力して遊ぶ ▶ 大勢の友達と協力して遊ぶ

遊びを支える道具と環境

◆（④　　　　）➡イメージを広げ，遊びを豊かにする。
自然物（石・木など）　絵本　紙芝居(しばい)　人形劇　音楽

◆テレビ・スマートフォンなどの映像メディアは視聴(しちょう)時間に注意。

◆幼児が（⑤　　　　）に遊べる環境を整える。場所・時間

◆おにごっこなどの（⑥　　　　）➡年上に憧(あこが)れ，まねることで，遊びのルールや楽しさを学ぶ。

◆おもちゃ選び，おもちゃづくり➡幼児の（⑦　　　　）に合わせて，安全に楽しめるものにする。

2 幼児との触れ合いと家族

幼児との触(ふ)れ合い体験

◆事前に具体的な計画を立て，体験中の課題を明確にする。また，幼児との関わり方を工夫(くふう)する。
- 元気に（①　　　　）をする。
- 幼児と同じ（②　　　　）の高さに合わせる。
- 自分の言葉遣いや態度に気をつける。
- 勝手な判断をせず，保育者に相談し，指示に従う。
- 優しい気持ちで，明るく笑顔で接する。
- 安全面・（③　　　　）に気をつける。爪を切る　髪を結ぶ

◆ふり返り➡気づいたことなどをまとめる。お礼をする。

遊びの種類と発達の例

ごっこ遊び	・情緒 ・社会性 ・言語
ボール遊び	・運動機能 ・社会性

ことばメモ

伝承遊び
おにごっこなど，古くから受け継(つ)がれてきた遊び

得点UP
実際につくったおもちゃや実習の内容もよく出題される。

幼児との関わりで気がついたことをまとめよう。

ここがポイント

子どもを守る条約・法律
- 子どもの権利条約…国際連合総会で1989年に採択。1994年に日本も批准。子ども(18歳未満)の人権に関する条約。
- 児童憲章…子どものもつ権利を定める。
- 児童福祉法…子どもの権利を守る総合的な法律。

絶対確認! □遊び □おやつ □遊び方の変化 □おもちゃ □遊びの環境

教科書の資料　□にあてはまる語句を答えよう。

1 遊びの変化

〔社会・そば・大人・ルール・身体〕から選ぼう。

- ①□と遊ぶ
- 1人で遊ぶ
- 友達の②□で遊ぶ
- 友達と遊ぶ
- 大勢で③□を決めて遊ぶ

ブロック・積み木遊び

ままごと・ごっこ遊び

おにごっこ

サッカー・ドッジボール

④□の発達・知的能力の発達

⑤□性・言葉の発達

2 おもちゃの安全

①□マーク
安全の基準に合格したおもちゃにつけられる

目や耳が不自由な子どもも安全にいっしょに遊ぶことができる

マークがついたおもちゃを選ぼう！

- ②□マーク

目の不自由な子どもも遊べる

- うさぎマーク

耳の不自由な子どもと遊べる

3 子どもを守る条約・法律

①□条約

- 生きる権利…病気などで命を奪（うば）われない。適切な治療を受けられる。
- 育つ権利…教育を受け，自由に自分らしく育つ。
- 守られる権利…虐待（ぎゃくたい）・搾取（さくしゅ）などから守られる。
- 参加する権利…自由に意見を表明し，活動できる。

（「日本ユニセフ協会抄訳」参考）

②□

前文（抜粋）
…日本国憲法の精神に従い，…すべての児童の幸福をはかるために，この憲章を定める。
- 児童は，人として尊ばれる。
- 児童は，社会の一員として重んぜられる。
- 児童は，よい環境の中で育てられる。

（1951年5月5日制定）

③□法

- 第一条（要旨）

すべて児童は，…適切に養育されること，その生活を保障されること，愛され，保護されること，その心身の健やかな成長及び発達並びにその自立が図られることその他の福祉を等しく保障される権利を有する。

（1947年公布）

□触れ合い体験　□子どもの権利条約

定着のワーク ステージ2

2 幼児の生活と家族(2)
3 これからの私たちと家族

1 幼児の生活と遊び 次の文を読んで，あとの問いに答えなさい。 3点×11（33点）

幼児の（ A ）の中心は遊びであり，幼児は好奇心（こうきしん）・探究心を原動力に自ら遊び，aさまざまな力を発達させる。b遊び方は心身の発達に伴い変化し，最初は（ B ）とあるいは（ C ）で遊び，次第に（ D ）と遊ぶ。c近年は都市化など遊びの環境も大きく変化しているが，幼児の発達に適した（ E ）遊び場所を確保するようにしたい。

(1) （　）にあてはまる語句を，右の□からそれぞれ選びなさい。 A（　） B（　） C（　） D（　） E（　）

大人　友達　1人
安全な　生活　屋内の

(2) 下線部aについて，次の遊びは幼児のどのような力を発達させると考えられるか。最も適切なものを下から選びなさい。 ①（　） ②（　） ③（　）

① 積み木遊び　② ごっこ遊び　③ ボール遊び

ア 運動能力の発達　イ 社会性の発達　ウ 身体的発達

よく出る (3) 下線部bについて，次の遊びを発達の順に並べなさい。（　→　→　→　）

ア 少人数でままごとをする。　イ 友達のそばで1人遊びまたは同じことをする。

ウ 大人数でサッカーをする。　エ 大人といっしょに積み木遊びをする。

(4) 下線部cについて，次から正しいものを選びなさい。（　）

ア テレビやコンピュータは便利なので，無制限に利用するとよい。

イ 幼児の発達のためには，同年齢の幼児とだけ遊ぶとよい。

ウ 心身の健康のためには，体を動かし，自然と触れ合うとよい。

エ 新しい遊びや環境が生まれているので，昔からの遊びはしないほうがよい。

(5) おにごっこなど古くから受け継がれる遊びを何というか。（　）

2 おもちゃ 次の問いに答えなさい。 (1)9点，(2)4点（13点）

よく出る (1) おもちゃの選び方について，正しいものに○を書きなさい。

①（　） 幼児が集中できるよう，1人だけで遊べるものをなるべく選ぶ。

②（　） 幼児の心身の発達に合い，楽しく遊べるものを選ぶ。

③（　） 幼児が混乱するので，できるだけ使い方が限定されたものを選ぶ。

④（　） 怪我をしないよう，安全で丈夫なものを選ぶ。

⑤（　） 色や形がきれいで，扱いやすい大きさのものを選ぶ。

(2) 右のマークについて，次から正しいものを選びなさい。（　）

ST

ア 日本玩具協会が定める安全基準に合格したおもちゃに表示される。

イ 経済産業省が定める安全基準に合格したおもちゃに表示される。

ウ 耳や目が不自由な子どもと遊べる共遊玩具（きょうゆうがんぐ）に表示される。

1 (3)社会性が発達していくことを踏まえて考える。

2 (1)幼児が積極的に楽しく遊べることが大切。(2)STマーク。

3 幼児との触れ合い　幼児との触れ合い体験について，次の問いに答えなさい。

3点×10（30点）

(1) 体験の注意点について，次の文中の(　　)にあてはまる語句をそれぞれ書きなさい。

①(　　　　)　②(　　　　)　③(　　　　)　④(　　　　)
⑤(　　　　)　⑥(　　　　)　⑦(　　　　)　⑧(　　　　)

- 事前に受け入れ先との約束事を確認し，必ず守る。
- 元気に(①)をする。
- (②)を短く切り，長い(③)はまとめてヘアピンなどは外しておく。
- 健康管理に注意し，体調が悪い場合は報告をする。
- 関わり方に迷ったときは，勝手な判断をせずに保育者に(④)する。
- 幼児が(⑤)をしないよう，言葉遣いや身だしなみに気をつける。
- 幼児を驚かせる，腕より高く持ち上げるなど，(⑥)なことをしない。
- 体験後には受け入れ先に(⑦)を書き，経験をレポートに(⑧)。

(2) 幼児との触れ合い方について，正しいものに○を書きなさい。

①(　　) わかりやすいように，目線を同じ高さにする。
②(　　) 幼児が乱暴なことをしたときは，大声で厳しくしかる。
③(　　) 幼児の話は丁寧に聞き，ゆっくりとわかりやすく話す。
④(　　) 幼児を強く揺さぶるなど，普段では体験できないような遊びを取り入れる。

記述 (3) 体験中，右の図のようなけんかが起こった。どのような声かけをするとよいか。簡単に書きなさい。

(　　　　　　　　　　　　　　　　)

4 子どもを守る　資料1は日本初の子どもの権利宣言，資料2は世界初の子どもの人権に関する条約の要旨(ようし)のそれぞれ一部である。次の問いに答えなさい。

3点×8（24点）

(1) ①資料1，②資料2をそれぞれ何というか。

①(　　　　　　)
②(　　　　　　)

(2) (　　)にあてはまる語句をそれぞれ書きなさい。　A(　　　　)　B(　　　　)
C(　　　　)　D(　　　　)

レベルUP! (3) 資料2のa，bはどのような権利を説明したものか。次からそれぞれ選びなさい。　a(　　)　b(　　)

ア　守られる権利　　イ　生きる権利
ウ　育つ権利　　エ　参加する権利

資料1

- 児童は，(A)として尊ばれる。
- 児童は，(B)の一員として重んぜられる。
- 児童は，よい(C)の中で育てられる。

資料2

a　すべての子どもは防げる病気で命を奪われない。
b　(D)を受け，自由に休んだり遊んだりでき，自分らしく育つことができる。

ヒントの森　3 (3)かごいっぱいの積み木を２人で取り合っている。　4 (1)資料１，２とも法律ではない。

解答 p.22

確認のワーク ステージ1

4 家族・家庭と地域の関わり

教科書の要点 （　）にあてはまる語句を答えよう。

1 家族との関わり

家族の互いの役割

◆家族にはそれぞれの（①　　　　）や役割がある。

➡意見や考えが合わないこともあるが，**理解**と**協力**が必要。

家族関係を理解し，よりよくする

◆日頃から（②　　　　）をするなど，触れ合う機会をもつ。

◆（③　　　　）で相手の**立場**や**役割**を自分と置き換えてみる。

2 地域の高齢者との関わり

地域に暮らす高齢者

◆地域にはさまざまな高齢者がいる。

- 日本の全人口の約３割が65歳以上➡（①　　　　）**社会**
- 豊かな知識や経験，技術が地域に役立っている。
- 一方で加齢によるさまざまな衰えも現れてきている。

➡手助けが必要な高齢者や，（②　　　　）で見守りが必要な高齢者もいる。

高齢者との地域での交流

◆経験を受け継ぐ➡伝統文化に関わる指導を受ける。

◆高齢者を支える➡高齢者施設の訪問，消費者被害防止・交通安全活動など。

- 高齢者の体の特徴や（③　　　　）・声かけの際のマナーを知る。

SDGs 3 地域の人との協働

家庭と地域のつながり

◆地域…子ども，高齢者，障がいのある人，外国籍の人，性的少数者の人など，さまざまな世代や背景をもつ人びとが住み，つながっている。

➡周囲のさまざまな人と生活をつくっていくことを（①　　　　）という。

SDGs
- 環境美化・防災訓練　　● 伝統的な（②　　　　）
- 自治会(町内会)，子ども会，NPOなどの活動
- 子ども食堂など，地域の子ども支援

◆中学生も地域の一員として支援活動を担うことが期待されている。

- （③　　　　）活動，清掃など，できることを行う。

ことばメモ

ロールプレイング
立場の違う人の役割を即興で演じること。相手の気持ちを理解し，人間関係の解決方法を考えることができる。

ことばメモ

性的少数者
女性の同性愛者，男性の同性愛者，両性愛者，身体の性と自分が思う心の性とが一致せず身体の性に違和感をもつ人など。LGBT と呼ぶこともある。

子ども食堂
さまざまな事情で十分な食事がとれない子どもに，無料か安価で食事を提供する食堂。

□家族関係　□高齢者　□少子高齢社会　□共生　□協力　□協働

教科書の資料　□にあてはまる語句を答えよう。

1 高齢者の体の特徴

・耳が ①□ にくい。
・皮膚（ひふ）の感覚が鈍（にぶ）くなり，指先も動かしにくい。
・肺活量が低下し，②□ しやすい。
・トイレが近くなる。

・視力が ③□ する。
・動悸（どうき）が起こりやすい。
・骨が ④□ やすい。
・関節がかたく，動かしにくくなる。
・足腰（あしこし）が弱くなる。

2 高齢者との関わり方

立ち上がりの介助（かいじょ）

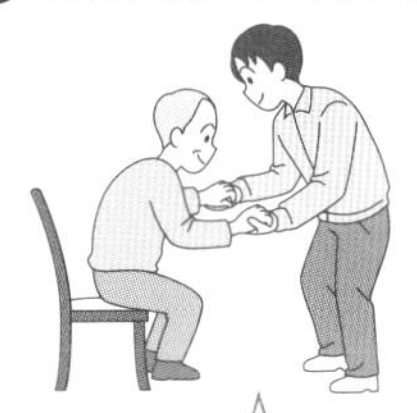

手を握（にぎ）り合い ①□ をするようにお尻（しり）を浮（う）かせてもらう。

ひざを伸（の）ばして上体を起こしてもらう。
力任せに ②□ 上げない。

歩行の介助

隣に立ち ③□ の下から支え，相手のペースに合わせる。

3 SDGs

2015年に国際連合で採択された「持続可能な開発目標」＝ ①□

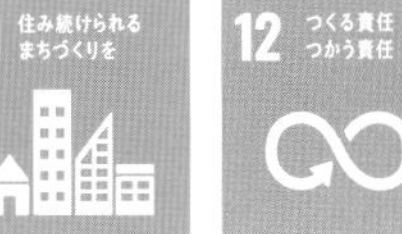

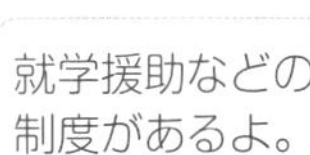

家庭や地域に関わる問題としては，特に１番の  ②□ が重要な課題

定着のワーク ステージ2

4　家族・家庭と地域の関わり

1 家族との関わり　家族との関わりについて，次の文を読んで，あとの問いに答えなさい。

4点×5（20点）

家族の間では，何も言わなくても気持ちが通じることもあるが，年齢や（ ① ），役割の違い，そのときの状況で，感情がぶつかり合うこともある。特に（ ② ）しつつある中学生は，自分で決めたいと思うことも多くなり，家族との関係に摩擦（まさつ）や葛藤（かっとう）が生じる場合もある。（ ③ ）ことで，互いの（ ① ）や気持ちを受け止め合いながら，相手を理解し，よりよい家族関係をつくり出せるようになる。

よく出る (1)　文中の（　　）にあてはまる語句をそれぞれ書きなさい。

①（　　　　）②（　　　　）③（　　　　）

記述 (2)　家族や友達とのコミュニケーションをよりよくする工夫として，自分の気持ちを「私は～したい」「私は～してもらえると嬉しい／悲しい」のように，「私」を主語にして伝える「I（アイ）メッセージ」に変えるものがある。次の状況のとき，「Iメッセージ」で伝えるにはどのような言い方にしたらよいか。

①　宿題をしようとリビングに来たところ，姉が大音量でゲームをしていた。

（　　　　）

②　運動会の参観を父母が楽しみにしているが，私は見に来られることに抵抗（ていこう）がある。

（　　　　）

2 高齢者の特徴　次の文を読んで，あとの問いに答えなさい。

4点×6（24点）

私たちは，乳児期，幼児期を経て児童期，青年期，壮年期（そうねんき）を迎（むか）えた後，やがて高齢期となる。現在では a 地域に暮らす高齢者の数は増えている。

高齢期になると，視力が低下する，（ ① ）量が減少して足腰が弱くなる，転倒することで（ ② ）しやすくなるなどの心身の変化が目立ってくる。これらの変化の過程を（ ③ ）と呼ぶが，その現れ方には個人差があり，多様で複雑である。

(1)　文中の（　　）にあてはまる語句をそれぞれ書きなさい。

①（　　　　）②（　　　　）③（　　　　）

(2)　下線部aに関して，65歳以上の高齢者は日本の全人口の何％を占めているか。次から選びなさい。（　　）

ア　約10％　　イ　約20％　　ウ　約30％　　エ　約40％

(3)　上で述べられていること以外に，高齢期になると目立つ心身の変化としてどのようなものがあるか。2つ書きなさい。

（　　　　）
（　　　　）

1 ロールプレイングをすることで，相手の立場を理解できることもある。互いを尊重したコミュニケーションを心がける。　2 (2)少子高齢社会といわれている。

③ 高齢者との交流　次の文を読んで，あとの問いに答えなさい。

4点×3（12点）

歩行を介助するとき，介助する人は，介助される人に寄り添（そ）う形で，（ ① ）の下を支えるように手を添え，相手の（ ② ）に合わせて歩く。

(1) 文中の（　　）にあてはまる語句をそれぞれ書きなさい。

①（　　　　　　）②（　　　　　　）

(2) 高齢者への声のかけ方について，正しいものに○を書きなさい。

①（　　）失礼になるので，目線を同じ高さにしない。

②（　　）明るい言葉で，ゆっくりと，聞こえやすい大きさで話しかける。

③（　　）聞こえないといけないので，耳に接近して話しかける。

④（　　）適度な距離で，親しみを込めてみる。

④ 家庭生活と地域　中学生と地域の関わりについて，正しいものに○，誤っているものに×を書きなさい。

4点×5（20点）

①（　　）地域の人との交流のため，普段から挨拶をする。

②（　　）防災訓練は大人が行うので，中学生は参加しないほうがよい。

③（　　）迷惑になるので，高齢者には話しかけないようにする。

④（　　）伝統的な行事に参加して，次世代に継承（けいしょう）していくようにする。

⑤（　　）家庭内だけでなく地域の清掃活動に参加して環境美化に努める。

⑤ SDGsと家族・地域　SDGsについて，次の問いに答えなさい。

4点×6（24点）

(1) 次の図は，SDGsの17の目標（ゴール）の中から，家族や地域の生活と関わりの深いものを，5つ取り上げたものである。この5つのゴールと特に関連の高い用語を下の［　　］から選び，記号で答えなさい。

①（　　）②（　　）⑤（　　）⑧（　　）⑯（　　）

ア　児童相談所　　イ　子ども食堂　　ウ　就学援助

エ　男女共用デザインの制服　　オ　障がいのある人の雇用促進

記述 (2) SDGsのゴールに「11　住み続けられるまちづくりを」がある。これに関して，中学生が地域の人と協働できることを1つ答えなさい。

（　　　　　　　　　　　　　　　　　　　　　　　　　　　　）

④中学生も支える立場の一員として地域の人との関わりをもち，地域社会をつくる役割を果たすことが期待されている。

解答 p.23

確認のワーク ステージ1

1 食生活
① 食生活と栄養

教科書の要点 （　）にあてはまる語句を答えよう。

1 食事の役割と食習慣

食事の役割

◆生命や健康の維持。　◆活動の（①　　　　）。
◆成長（体をつくる）。　◆生活のリズムをつくる。
◆人と人との触れ合いの場をつくる。
◆楽しみとなる。　◆（②　　　　）を伝える。

生活習慣と食事

◆健康的な生活・体づくりのためには３つの習慣が大切。
- 栄養バランスのとれた（③　　　　）をする。
- 適度な（④　　　　）をする。
- 十分な**休養**をとる。

◆繰り返して行われる食事の習慣を**食習慣**という。
- 食習慣が乱れる➡（⑤　　　　）の原因になる。

◆「こしょく」が増えている。
- 孤食➡一人で食事をとる。
- 個食➡個人の食べたいものをとる。

→ 共食が大切

健康を支える体づくり

食事（栄養）
健康
休養
運動

ここがポイント

朝食の役割
- 睡眠中に下がった体温を上昇させる。
- 休んでいた体を活動状態に切り替え，生活のリズムを整える。
- 午前中の活動のエネルギーを補給する。

2 中学生に必要な栄養素

栄養素の種類と働き

◆（①　　　　）➡体の調子を整え，体をつくる働きをする。

◆五大栄養素

たんぱく質	（②　　　　）	ビタミン	炭水化物	（③　　　　）
体の組織をつくる。また，エネルギーにもなる。	体の組織をつくり，調子を整える。カルシウム，鉄など。	体の調子を整える。ビタミンA，ビタミンCなど。	**糖質**と**食物繊維**。糖質はエネルギーとなる。	エネルギーとなる。また，体の組織にもなる。

◆（④　　　　）➡消化・吸収はされない。腸の調子を整え，便通をよくする。

◆**水（水分）**➡栄養素の運搬，（⑤　　　　）の排出，体温調節。

中学生に必要な栄養素

◆（⑥　　　　）**基準**➡**身体活動レベル**に応じて，１日に摂取することが望ましいエネルギーや栄養素の量を示す。
（身体活動レベル：年齢・性別・日常生活の活動の内容の違い）

◆中学生➡たんぱく質・エネルギー・カルシウム・鉄などが多く必要。
（中学生：成長期，活動も活発）

体の成分（%）

炭水化物 1以下
無機質 4〜6
脂質 13〜24
水分 55〜68
14〜18
たんぱく質

中学生の時期は特に栄養素をエネルギーに変えるビタミンB_1，B_2も大切だよ。

□食事・運動・休養　□生活習慣病　□五大栄養素　□水　□食物繊維

教科書の資料　□にあてはまる語句を答えよう。

1 食事の役割

生命と ①□ の維持

生活のリズムをつくる

楽しみとなる

②□ の場

成長（③□ をつくる）

運動のエネルギーとなる

食文化を伝える

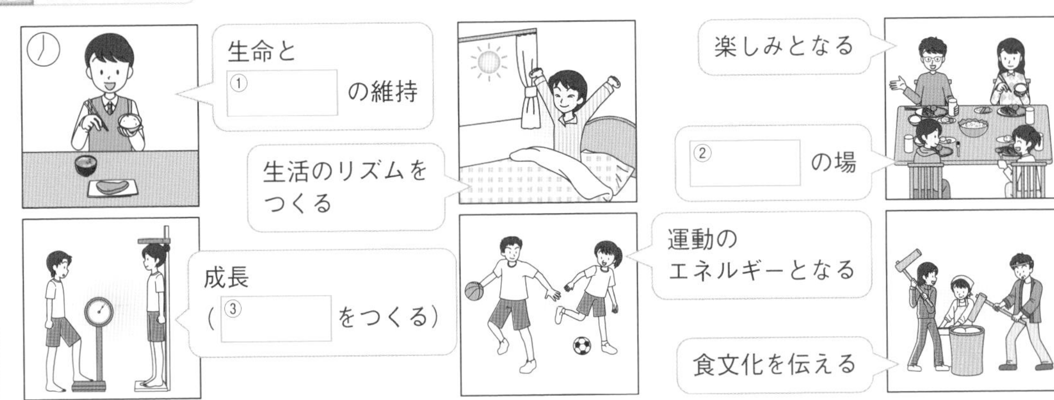

2 主な栄養素と働き

なぞろう！ ---- と ---- をなぞって栄養素と役割を結びつけよう。

栄養素	働き
①□	●消化され，アミノ酸として吸収・利用される。 ●筋肉・血液・内臓・皮膚など体の組織をつくる。 ●エネルギーにもなる。 1g→約4kcal ＊動物性たんぱく質には，成長に必要な必須（ひっす）アミノ酸が多い。
無機質	●体の組織をつくり，体の調子を整える。 ・②□，リン…主に骨や歯をつくる。 ・鉄…血液をつくるもととなる。不足すると貧血（ひんけつ）になりやすい。
ビタミン	●体の調子を整える。 ・③□…目の働きを助け，鼻やのどなど粘膜（ねんまく）を健康に保ち，細菌（さいきん）に対する抵抗（ていこう）力をつける。 ・ビタミンB_1・B_2…炭水化物や脂質（ししつ）がエネルギーになるときに必要となる。 ・ビタミンC…傷の回復を早め，抵抗力を高める。 ・④□…骨や歯を丈夫にする。
⑤□	●糖質と食物繊維 ・⑥□…消化されてぶどう糖になり，エネルギーとなる。 1g→約4kcal ・食物繊維…消化はされず，⑦□の調子を整える。
脂質	●ほぼ脂肪（しぼう）。エネルギーとなる。 1g→約9kcal ●細胞膜（さいぼうまく）などをつくる。

体の組織をつくる

体の調子を整える

エネルギーになる

□食事摂取基準

定着のワーク ステージ2

1 食生活
① 食生活と栄養

解答 p.23

/100

1 食事の役割 次の文中の(　　)にあてはまる語句を，右の[　　]からそれぞれ選びなさい。

2点×4（8点）

毎日の食事は，生命や健康を維持して，(①)のエネルギーとなり，私たちの体を(②)させる。規則正しい食事は，(③)のリズムをつくることもできる。また食事そのものが「(④)」にもなる。さらに，人と人との触れ合いの場をつくり，食文化を伝えるなどの社会的な役割ももっている。

①(　　　) ②(　　　)
③(　　　) ④(　　　)

楽しみ　生活　成長　活動

2 生活習慣と食事 次の文を読んで，あとの問いに答えなさい。

3点×8（24点）

健康な生活のために，生活習慣が大切である。特に，食べる回数や量など繰り返し行われる食事の習慣を(①)という。中学生の時期に朝食をとるなどのよい(①)を身につけると，(②)病を予防できる。

食事
健康

(1) 文中の(　　)にあてはまる語句をそれぞれ書きなさい。
①(　　　) ②(　　　)

(2) 右の図中の◯は，私たちの健康を支える生活習慣を示している。[　　]にあてはまる語句をすべて書きなさい。(　　　)(　　　)

(3) 下線部の原因となる食事の習慣を，次からすべて選びなさい。(　　　)
ア 好きなものだけ食べる。　イ 夜遅（おそ）くに食べる。
ウ 間食をとりすぎない。　エ いろいろな食品を組み合わせる。
オ できるだけたくさんの量を食べる。

記述 (4) 朝食の役割を簡単（かんたん）に書きなさい。
(　　　　　　　　　)

(5) 次の食事のとり方を何というか。あてはまる語句を[　　]からそれぞれ選びなさい。
① 一人だけで食事をする。(　　　)
② 家族や友達と食事をする。(　　　)

孤食　個食　共食

よく出る 3 栄養素の種類と働き① 次の栄養素の主な働きを，下から選びなさい。

4点×5（20点）

① 炭水化物　② たんぱく質　③ 脂質　④ 無機質　⑤ ビタミン
①(　) ②(　) ③(　) ④(　) ⑤(　)

ア 体の調子を整える。　イ エネルギーとなる。　ウ 体の組織をつくる。

ヒントの森
2 (1)②高血圧や糖尿病などの総称。①のほか，運動不足も原因になる。(5)残りの1つは，いっしょに食事をしてもそれぞれ食べたいものを食べること。

4 栄養素の種類と働き② 次の図は五大栄養素と関連する物質をカードにまとめたものである。あとの問いに答えなさい。

(1)完答，3点×12（36点）

たんぱく質	無機質	ビタミン	炭水化物	脂質
A ・鉄 ・カルシウム	B ・アミノ酸	・ビタミンA ・ビタミンC ・ビタミンB_1 ・ビタミンB_2 ・ビタミンD	C ・脂肪（植物性・動物性）	D ・糖質 ・食物繊維

作図 (1) A～Dと関連が深い栄養素を，ビタミンにならってそれぞれ線で結びなさい。

(2) 1gあたりのエネルギー量が次の値になる五大栄養素を図中からすべて選びなさい。

① 約4kcal　② 約9kcal

①（　　　）②（　　　）

よく出る (3) 次の働きをする栄養素（物質）を，上の□からそれぞれ選びなさい。

① 骨や歯を丈夫にする。（　　　）
② 血液の成分となる。（　　　）
③ 傷の回復を早める。（　　　）
④ 腸の調子を整え，便通をよくする。（　　　）
⑤ 細胞膜をつくる。（　　　）
⑥ 栄養素がエネルギーに変わるときに必要となる。（2つ）
（　　　）（　　　）

栄養素と，その働きをしっかり結びつけて覚えておこう！

(4) 水の働きについて，次の文中の（　）にあてはまる語句をそれぞれ書きなさい。

①（　　　）②（　　　）

・（ ① ）の運搬，老廃物（ろうはいぶつ）の排出，（ ② ）調節などの働き。

5 中学生に必要な栄養素 右の表を見て，次の問いに答えなさい。

3点×4（12点）

(1) 表は，私たちがとることが望ましい栄養素の基準を示している。この基準を何というか。（　　　）

(2) 中学生の時期に，特に多くとることが望ましいものを次から3つ選びなさい。（　，　，　）

ア エネルギー　イ カルシウム
ウ ビタミンA　エ ビタミンC
オ ビタミンD　カ 鉄

年齢・性別 ＼ エネルギー・栄養素		エネルギー	たんぱく質	無機質 カルシウム	無機質 鉄	ビタミン ビタミンA	ビタミン ビタミンB_1	ビタミン ビタミンB_2	ビタミン ビタミンC	ビタミン ビタミンD
		kcal	g	mg	mg		mg	mg	mg	
12～14歳	男	2,600	60	1,000	10.0	800	1.4	1.6	100	8.0
	女	2,400	55	800	12.0	700	1.3	1.4	100	9.5
15～17歳	男	2,800	65	800	10.0	900	1.5	1.7	100	9.0
	女	2,300	55	650	10.5	650	1.2	1.4	100	8.5
30～49歳	男	2,700	65	750	7.5	900	1.4	1.6	100	8.5
	女	2,050	50	650	10.5	700	1.1	1.2	100	8.5
50～69歳	男	2,600	65	750	7.5	900	1.3	1.5	100	8.5
	女	1,950	50	650	11.0	700	1.1	1.2	100	8.5

（2020年版，身体活動レベルⅡの場合）

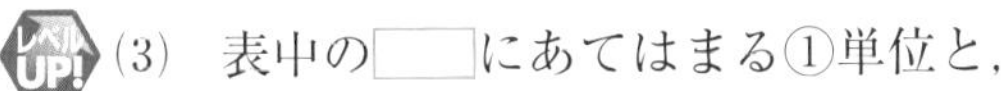
レベルUP! (3) 表中の□にあてはまる①単位と，②読み方をそれぞれ書きなさい。

①（　　　）②（　　　）

ヒントの森 4(3)①・③・⑥はビタミンである。④は炭水化物。(4)①血液などで運ばれている。

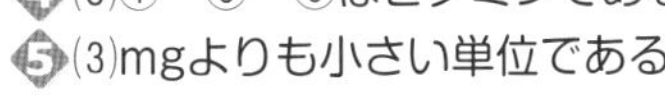
5(3)mgよりも小さい単位である。

解答 p.23

確認のワーク ステージ1

1 食生活 ② 献立づくりと食品の選択

教科書の要点 （　　）にあてはまる語句を答えよう。

1 食品と栄養素

食品に含まれる栄養素

◆**食品成分表**➡可食部（①　　　　）gあたりの栄養素の種類や量を示す。1回に食べやすい量には違い（ちが）がある。

◆**6つの**（②　　　　）➡栄養成分の特徴（とくちょう）で食品を分類。

◆**食品群別摂取量の目安**➡食事摂取基準を満たすために1日に食べるべき食品の量を示す。

● 実際に食べる食品のおよその量➡食品の概量（がいりょう）。

食事の計画

◆食事の計画➡（③　　　　）という。

● （④　　　　）➡主に5群　　食品群別摂取量の目安・食品の概量を参考にする

● 主菜➡主に（⑤　　　　）群　● 副菜➡主に2，3，4群

● 汁物（しる），飲み物　● 最後に栄養のバランスを確かめる。

◆**和食**➡（⑥　　　　）で栄養バランスのよい献立（こんだて）。　和食の基本的な組み合わせ

2 食品の選択と保存

生鮮食品と加工食品

◆（①　　　　）➡野菜・魚・肉など，加工前の食品。

● （②　　　　）・**出盛り期**➡栄養素が多く，味もよい。　価格も安い

◆（③　　　　）➡生鮮（せいせん）食品に手を加えた食品。

● 目的➡（④　　　　）性を高める，新しい食品をつくる，手間を省く，おいしくする，消化・吸収をよくする。

食品の選択と購入・保存

◆食品の購入➡生鮮食品の鮮度，加工食品の品質のほか，価格・表示を確かめ，環境（かんきょう）への配慮（はいりょ）も考えて購入する。

◆加工食品の表示➡販売されるすべての食品に表示。　食品表示法で定める

● **消費期限**➡安全に食べられる期限。弁当，総菜，食肉など。　5日以内

● **賞味期限**➡おいしさが保証される期限。缶詰（かんづめ），ハムなど。　期限は長め

● **食物アレルギー**の原因食品，**遺伝子組み換（か）え食品**も表示。

● （⑤　　　　）を加えることもある。　食品衛生法で定める

➡保存料，酸化防止剤，着色料など。

◆食品の保存➡品質を損（そこ）なわないように衛生的に保存する。

● 誤った保存方法は腐敗（ふはい）や（⑥　　　　）の原因になる。

● 食中毒予防の三原則➡つけない，増やさない，やっつける

食品群と主な栄養素

群	主な栄養素
1群	主にたんぱく質
2群	主にカルシウム
3群	主にビタミンA（カロテン）
4群	主にビタミンC
5群	主に炭水化物
6群	主に脂質

献立は，栄養バランスのほかに，予算，調理時間，季節，好みも考えて立てよう！

ここがポイント

旬（しゅん）の生鮮食品
- **春**…さわら，たけのこ
- **夏**…かつお，トマト
- **秋**…さんま，しいたけ
- **冬**…ぶり，はくさい

日本農林規格を満たす食品

特定の保健の目的が期待できる食品

有機農産物・有機農産物加工食品

細菌などの微生物が増殖する条件は，温度・水分・栄養だよ！

□食品成分表　□6つの（基礎）食品群　□食品群別摂取量の目安　□献立

教科書の資料　　にあてはまる語句を答えよう。

1 主な栄養素と働き

なぞろう! 役割と食品群を結びつけておこう。

役割		多く含む栄養素	食品群	食品の例	1日の摂取量の目安
体の組織をつくる	1群	①	魚・肉・卵・豆・豆製品	あじ，いわし，貝類，かまぼこ，牛肉，ぶた肉，卵，大豆など	女：300 g 男：330 g
	2群	②	牛乳・乳製品・小魚・海藻(かいそう)	牛乳，チーズ，ヨーグルト，煮干し，しらす，わかめ，昆布(こんぶ)など	男女：400 g
体の調子を整える	3群	③	緑黄色野菜（色の濃い野菜）	ほうれんそう，トマト，ピーマン，ブロッコリー，かぼちゃ，にんじんなど	男女：100 g
	4群	④	その他の野菜・果物・きのこ	だいこん，ねぎ，キャベツ，きゅうり，なす，いちご，みかん，しめじなど	男女：400 g
エネルギーになる	5群	⑤	穀類・いも類・砂糖	米，うどん，パン，じゃがいも，さつまいも，砂糖，ケーキなど	女：650 g 男：700 g
	6群	⑥	油脂（動物性油脂，植物性油脂）	バター，マーガリン，サラダ油，マヨネーズ，ごまなど	女：20 g 男：25 g

※1日の摂取量の目安は12～14歳の値

2 食品の表示

生鮮食品

本体価格 745 円

北海道産
牛モモ肉切り落し　保存方法4℃以下
消費期限　XX.12.10　100gあたり
加工年月日　XX.12.8　298円
個体識別番号　○○○○○○○○○○　正味料　250g
株式会社○○スーパー　東京都△区1-1

①
②
③
④
⑤

食物アレルギーの表示

表示が義務づけられているもの

えび，かに，乳，⑥　　，卵
らっかせい，そば

加工食品

加熱食肉製品（加熱後包装）

	ロースハム（スライス）
原材料名	豚ロース肉，糖類(乳糖,水あめ)，乳たん白，食塩，調味料(アミノ酸等)，カゼインNa，リン酸塩(Na)，増粘多糖類，くん液，酸化防止剤(ビタミンC)，香辛料，発色剤(亜硝酸Na)，着色料，(原材料の一部に乳を含む)
内容量	40g
保存方法	10℃以下で保存
	XX.6.21
	株式会社XX ○○県□□市△△11-1

食品添加物
食物アレルギーの表示

エネルギー…64kcal たんぱく質…11.4g 脂質…………1.6g 炭水化物……1.2g ナトリウム…850mg
食塩相当量…2.2g

□生鮮食品　□旬　□加工食品　□期限　□食品添加物　□食中毒

定着のワーク ステージ2

1 食生活
② 献立づくりと食品の選択

1 6つの食品群 次の表を見て，あとの問いに答えなさい。 4点×14（56点）

役割	体の組織をつくる		体の調子を整える		エネルギーとなる	
	① 1群	② 2群	③ 3群	④ 4群	⑤ 5群	⑥ 6群
1日の摂取量*（目安）	男：330 g 女：300 g	男女： ［A］g	男女： ［B］g	男女： ［A］g	男：700 g 女：650 g	男：25 g 女：20 g

＊1日の摂取量は，12～14歳の値

よく出る (1) 栄養的に表の①～⑥に分類される食品群を，右の［　］から選びなさい。

①（　　　）②（　　　）
③（　　　）④（　　　）
⑤（　　　）⑥（　　　）

緑黄色野菜	穀類	油脂
豆・豆製品	海藻	果物

よく出る (2) 次のア～カのカードは同じ栄養的特徴をもつ食品をまとめたものである。ほかと異なる栄養成分の特徴をもった食品はどれか。それぞれ1つ選びなさい。

ア	イ	ウ	エ	オ	カ
ほうれんそう	かまぼこ	もち	みそ	チーズ	りんご
ピーマン	牛乳	クッキー	ごま	ひじき	しいたけ
きゅうり	あさり	じゃがいも	バター	煮干し（にぼし）	さつまいも
トマト	ぶた肉	マーガリン	マヨネーズ	さんま	なす

ア（　　　）イ（　　　）ウ（　　　）
エ（　　　）オ（　　　）カ（　　　）

(3) 表中の［　］にあてはまる数字を，次からそれぞれ選びなさい。

A（　　　）B（　　　）

ア 100　イ 200　ウ 300　エ 400　オ 500

2 食品に含まれる栄養素 次の表を見て，あとの問いに答えなさい。 5点×2（10点）

	エネルギー	水分	たんぱく質	脂質	炭水化物	無機質		ビタミン					食塩相当量
						カルシウム	鉄	A*	B_1	B_2	C	D	
	kcal	g	g	g	g	mg	mg	µg	mg	mg	mg	µg	g
牛乳（普通牛乳）	67	87.4	3.3	3.8	4.8	110	0.02	38	0.04	0.15	1	0.3	0.1
プロセスチーズ	339	45.0	22.7	26.0	1.3	630	0.3	260	0.03	0.38	0	Tr	2.8
しらす干し（半乾燥）	206	46.0	40.5	3.5	0.5	520	0.8	240	0.22	0.06	Tr	61.0	6.6
カットわかめ	138	8.6	18.0	4.0	41.8	820	6.1	150	0.05	0.07	0	0	24.1

＊ビタミンAはレチノール活性当量 （文部科学省「日本食品標準成分表2015版（七訂）」より作成）

1回に食べやすい量	
牛乳	200 g
プロセスチーズ	20 g
しらす干し	20 g
カットわかめ	1.7 g

(1) 上の表は，食品（可食部）100gあたりの成分を示している。この表を何というか。

（　　　）

レベルUP! (2) 上の表中の食品のうち，1回に食べやすい量に含（ふく）まれるカルシウムの量が最も多いものはどれか。右上の表を参考にして書きなさい。（　　　）

1 (1)穀類は米など。①たんぱく質，②カルシウム，③カロテン，④ビタミンC，⑤炭水化物，⑥脂質を多く含む。 2 (2)1回に食べやすい量のカルシウムの量を表から計算しよう。

献立　献立について，次の図を見て，あとの問いに答えなさい。　4点×6（24点）

(①) 1群中心	(②) 5群中心	(③) 2・3・4群中心	汁物・飲み物	⇒ 栄養バランスを確認

副菜　主食　主菜　間食

(1) 図中の①～③にあてはまる語句を右上の□から選び，その例としてあてはまるメニューを次からそれぞれ選びなさい。
①(　　，　　)
②(　　，　　)　③(　　，　　)

ア　米飯　イ　さけのムニエル　ウ　ほうれんそうのごまあえ　エ　みそ汁

(2) 献立を立てるときに注意することについて，誤っているものを次から選びなさい。(　　)

ア　その季節に合わせて食品を選択するようにする。
イ　家族の好みや料理の色も考えて献立を立てる。
ウ　１日の食事で食品群の不足がある場合，翌日補うようにすればよい。
エ　食材の費用や，調理時間も考える。

(3) 右はＡさんのある日の献立である。不足している食品群は何か。
(　　　　)

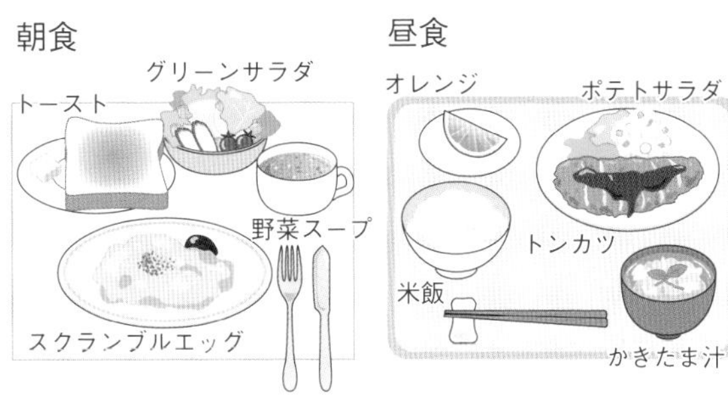

(4) 右の献立の日の夕食として，最もふさわしいメニューは何か。次から選びなさい。
(　　)

ア　米飯，さばのみそ煮，ひじきのいため煮，わかめのすまし汁
イ　米飯，しょうが焼き，きゅうりの酢(す)の物，豆腐(とうふ)のみそ汁
ウ　カレーライス，ほうれんそうとしめじのバターいため，コーンスープ，いちご

4　日本型食生活　次の文を読んで，あとの問いに答えなさい。　2点×5（10点）

2013年12月，日本の伝統的な食文化である「(①)」がユネスコの(②)に登録された。(①)では，a 主食である米飯と汁物に，おかずを複数組み合わせた食事が基本的な献立となる。食生活の欧米(おうべい)化が進むなか，b 栄養バランスのよい，このような日本型食生活のよさが見直されてきている。

(1) 文中の(　　)にあてはまる語句をそれぞれ書きなさい。
①(　　　　)　②(　　　　)

(2) 下線部ａについて，このような食事（献立）を何というか。(　　　　)

(3) 下線部ｂについて，欧米型の食生活に比べて日本型の食生活で多くとれる栄養素と比較(ひかく)的少ない栄養素を，右の□からそれぞれ書きなさい。

①　多くとれる(　　　　)
②　比較的少ない(　　　　)

脂質　食物繊維　たんぱく質

3 (4)栄養バランスのほかに，調理法や食材も踏まえて考えよう。
4 (1)②世界遺産ではない。(2)汁物と主菜・副菜を合わせたおかずの数を示している。

定着のワーク ステージ2　1 食生活　② 献立づくりと食品の選択

1 生鮮食品　右の図を見て，次の問いに答えなさい。　4点×6（24点）

よく出る (1) 図1のAのような時期のことを何というか。2つ書きなさい。
( )( )

(2) (1)の時期の食品の特徴について，図2を参考に，次の文中の( )にあてはまる語句を書きなさい。

①( ) ②( ) ③( )

●(①)がよく，(②)が多く，(③)が安い。

図1 ほうれんそうとたけのこの月別入荷量

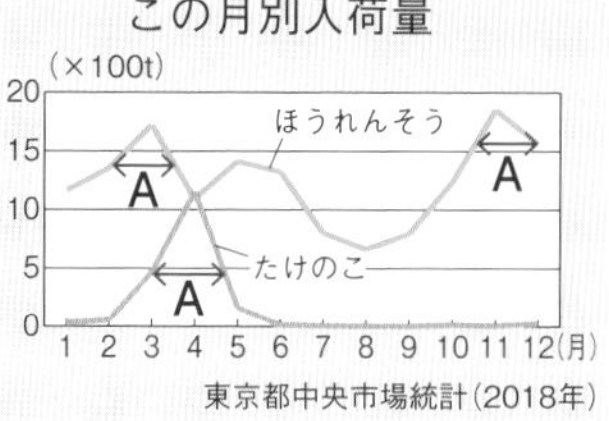

東京都中央市場統計（2018年）

図2 ほうれんそうのビタミンC含有量

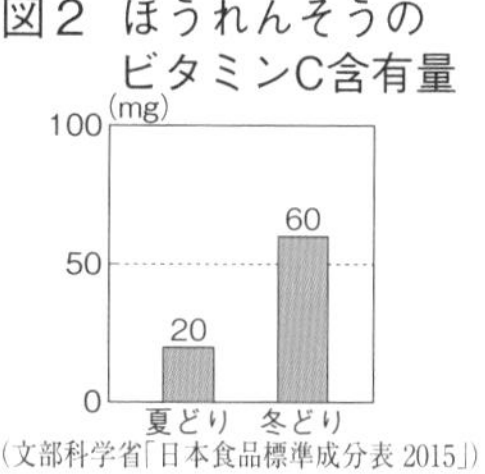

（文部科学省「日本食品標準成分表 2015」）

(3) 図3は，いろいろな生鮮食品の(1)の時期をまとめている。a～dの正しい組み合わせを次から選びなさい。( )

ア a春，b夏，c冬，d秋
イ a夏，b春，c秋，d冬
ウ a冬，b夏，c春，d秋

図3

a	b
たら，ぶり はくさい ねぎ	あゆ，すずき トマト なす
c	**d**
たい，さわら アスパラガス たけのこ	さんま，さけ さつまいも ごぼう

2 加工食品　右の表を見て，次の問いに答えなさい。　3点×5（15点）

(1) A～Cにあてはまる加工食品の工夫を，次からそれぞれ選びなさい。　A( )　B( )　C( )

ア 砂糖漬(づ)け・塩漬け
イ 乾燥(かんそう)
ウ 加熱・密封(みっぷう)する

(2) 表中の下線部の原料をそれぞれ書きなさい。
a( )　b( )

保存性向上の工夫	食品例
A	煮干し
B	梅干し，ジャム
微生物を利用	a チーズ，b みそ
温度を下げる	冷凍食品
C	缶詰(かんづめ)，瓶詰(びん)，レトルト食品
くん製	ハム，ソーセージ

3 食品表示①　食品表示について，次の問いに答えなさい。　3点×5（15点）

(1) 食品の期限について，次の食品に表示されるものをそれぞれ書きなさい。
① 比較的長く保存できる食品　② おおむね5日以内は安全に食べられる食品
①( )　②( )

(2) 次の文中の( )にあてはまる語句をそれぞれ書きなさい。
①( )　②( )　③( )

加工食品の原材料は，重量の(①)順に表示される。そのうち，(②)の原因となる食品や，大豆など，(③)食品を含む場合はこれも表示しなければならない。

2 aヨーグルトの原料。bしょうゆ，きなこ，豆腐の原料。　3 (1)①はおいしさの期限，②は安心して食べられる期限。(2)②えび・かに・卵・乳・小麦・そば・らっかせいは必ず表示。

食品表示② 次の資料を見て，あとの問いに答えなさい。 3点×10（30点）

A 

B 

C 

①	粘りけを与える
②	味をつける
③	脂質の酸化を防ぐ
④	色を鮮やかにする
⑤	微生物の繁殖を防ぐ
⑥	栄養素を強化する

JAS（ジャス）　有機 JAS　特定保健用食品
保存料　酸化防止剤　着色料　栄養強化剤
増粘剤　膨張剤（ぼうちょう）　発色剤　甘味料（かんみ）　調味料

(1) A～Cのマークの名前を上の▭から選びなさい。また，その意味を次のア～エから選びなさい。　A（　　　マーク，　）　B（　　　マーク，　）
C（　　　マーク，　）

ア　農薬や化学肥料を使用していない。　イ　特定の保健効果が期待できる。
ウ　認定基準に適合した工場でつくられた冷凍食品。　エ　日本農林規格を満たす。

(2) 食品に使用できる食品添加物の種類や量を定めた法律を何というか。
（　　　）

よく出る (3) 表中の①～⑥にあてはまる食品添加物を，上の▭からそれぞれ選びなさい。
①（　　）②（　　）③（　　）
④（　　）⑤（　　）⑥（　　）

5 食品の購入と保存 次の文を読んで，あとの問いに答えなさい。 2点×8（16点）

購入した食品はその食品に合わせた方法で，（ A ）的に保存する。適切に保存をしないと，（ B ）が低下したり，細菌（さいきん）が増えて（ C ）が進んだり，食中毒を起こしたりすることもある。また，冷蔵しても品質の低下が徐々（じょじょ）に起こるので注意したい。

(1) 文中の（　）にあてはまる語句を書きなさい。
A（　　）B（　　）C（　　）

(2) 次の食品の保存場所を，下からそれぞれ選びなさい。
① 魚　② さつまいも　③ ヨーグルト　①（　）②（　）③（　）
ア　パーシャル室　イ　冷暗所(室温)
ウ　冷凍室　エ　冷蔵室

(3) 下線部について，食中毒予防の三原則を書きなさい。
（　　　，　　　，　　　）

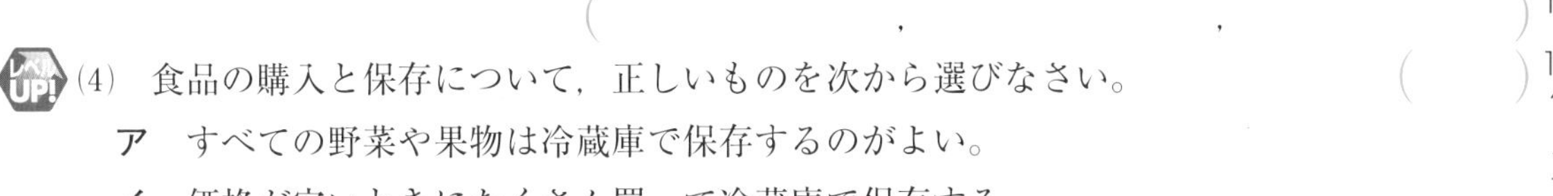

レベルUP! (4) 食品の購入と保存について，正しいものを次から選びなさい。（　）
ア　すべての野菜や果物は冷蔵庫で保存するのがよい。
イ　価格が安いときにたくさん買って冷蔵庫で保存する。
ウ　冷凍すると乾燥（かんそう）したり解凍時にドリップが出たりする。

4 (1)日本農林規格はJAS規格ともいう。(3)言葉の意味から役割を考えよう。
5 (3)食中毒の原因はウイルスやカビなどもある。(4)上の文章も読んで考えよう。

家庭B

食品の安全は106～109ページで学習できます。

解答 p.25

確認のワーク ステージ1

1 食生活
③ 食品の調理

教科書の要点 （　）にあてはまる語句を答えよう。

1 調理をしよう

調理の基本

（①　　）▶準備▶調理・盛りつけ▶試食▶（②　　）▶反省

◆食品の廃棄率▶食べられない部分の割合。

◆だし汁▶昆布，かつお節，煮干しなどでうま味を引き出す。

肉の調理

たんぱく質を多く含む，ひき肉は腐敗しやすい

◆肉の特徴▶種類や（③　　）で味が異なる。

●加熱→縮む。　●長く煮る→筋がやわらかくなる。

肉汁が出る

◆最初に強火～中火で加熱するとうま味の流出を防げる。

◆うま味を汁に出すには（④　　）から煮出す。

スープ，だし汁

◆鮮度のよい肉の選び方

●弾力があり，ドリップ（液汁）が出ておらず，異臭がしない。

●色▶牛肉→赤色，ぶた肉→淡紅色，とり肉→淡いピンク色。

魚の調理

たんぱく質中心。脂質は心臓病・脳卒中などを予防

◆魚の特徴▶旬の時期は脂肪含有量が多く，おいしい。

●（⑤　　）魚▶脂質が少なく，淡白。生はかため。

●（⑥　　）魚▶生はやわらかく，加熱でかたくなる。

◆鮮度のよい魚の選び方

●一尾▶弾力があり，腹部が裂けていない。目が澄んでいて張り出している。（⑦　　）が赤色。

●切り身（トレイ）▶（⑧　　）（液汁）が出ていない。

野菜の調理

旬の野菜は，味が濃い

◆野菜の特徴▶水分・（⑨　　）・無機質・食物繊維を多く含む。

●加熱で（⑩　　）が減り，やわらかくなる。

●青菜▶緑色の色素の（⑪　　）は熱に弱いので加熱時間に注意する。

●（⑫　　）▶ごぼうやれんこんなどは切り口を放置すると黒っぽくなる→切ったらすぐに水につける。

◆野菜の選び方

●花・葉▶色がよい，みずみずしい。　●実▶しまっている。

●根・茎▶肉質がかたい，芽が伸びていない。

食品の重量（単位g）

食品	小さじ(5mL)	大さじ(15mL)	カップ(200mL)
水・酢・酒	5	15	200
しょうゆ・みそ	6	18	230
食塩	6	18	240
砂糖	3	9	130
小麦粉	3	9	110
油	4	12	180

※砂糖は上白糖，小麦粉は薄力粉（女子栄養大学「七訂　食品成分表2016」）

食品の押さえ方

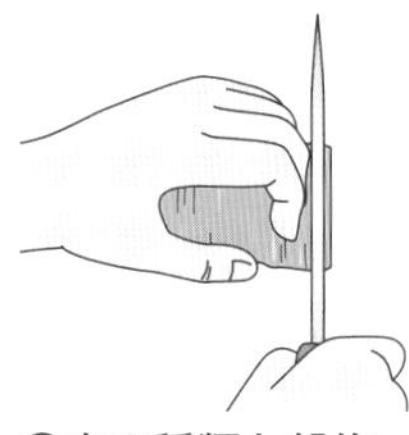

肉の種類と部位

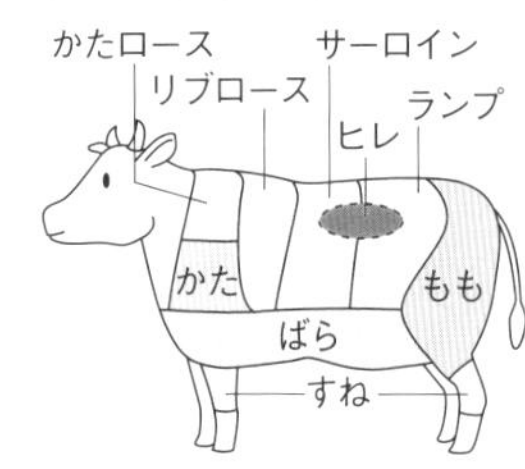

□調理　□安全・衛生　□肉　□魚　□野菜　□褐変

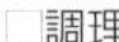

教科書の資料　□にあてはまる語句を答えよう。

1 計量と配膳

2 包丁と基本の切り方

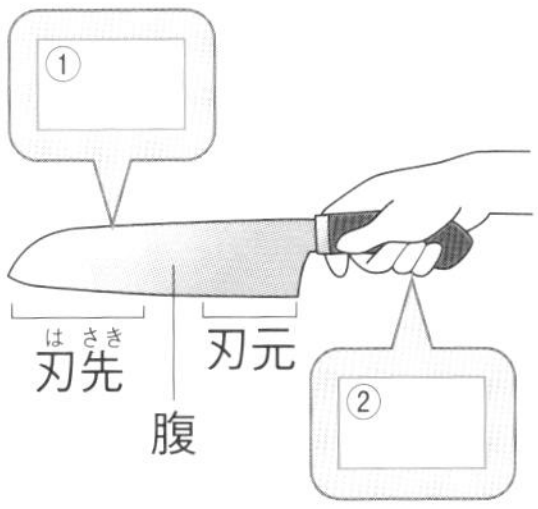

①
②
刃先（はさき）
刃元
腹

● ③ 切り

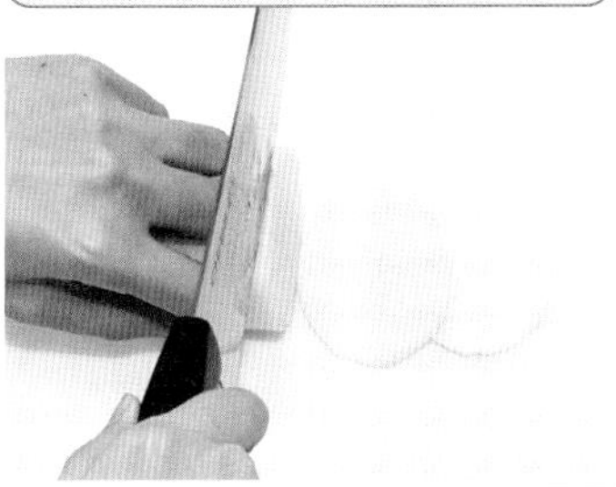

● ④ 切り

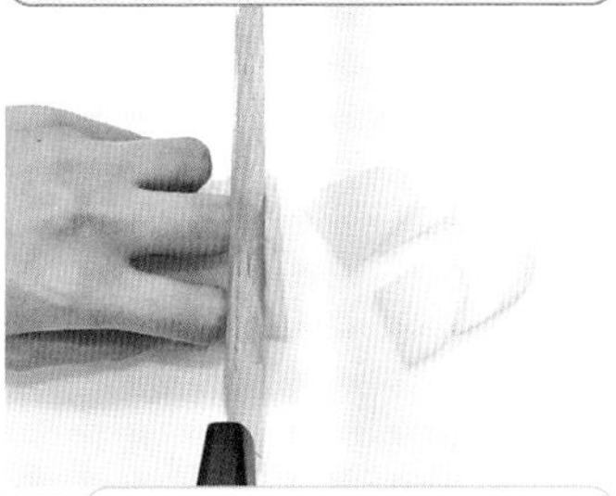

● 半月切り

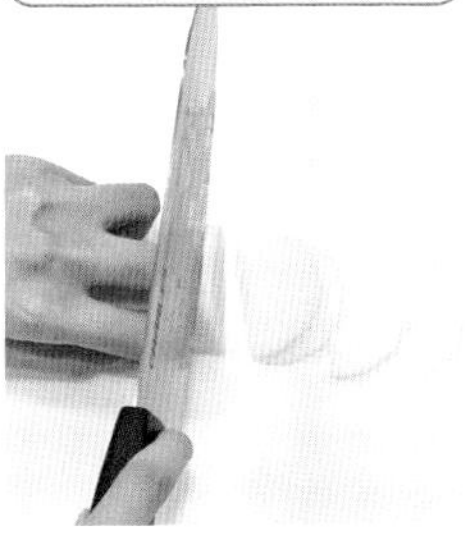

● ⑤ 切り

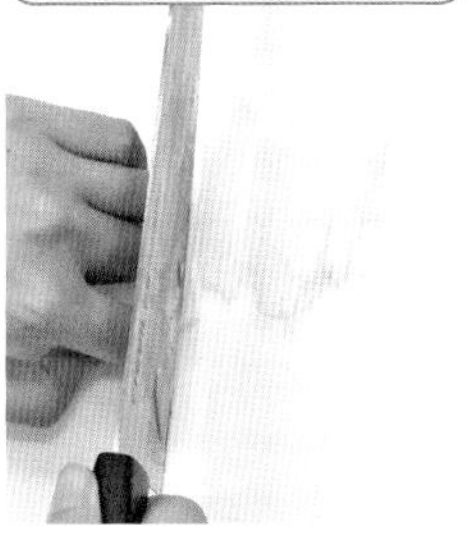

● ⑥ 切り

たまねぎは❶・❷の切り込みを入れてから切る。

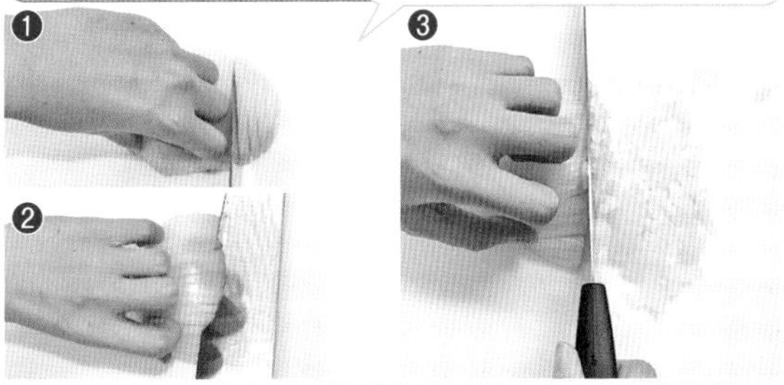

❶ ❷ ❸

● 乱切り

● ⑦ 切り

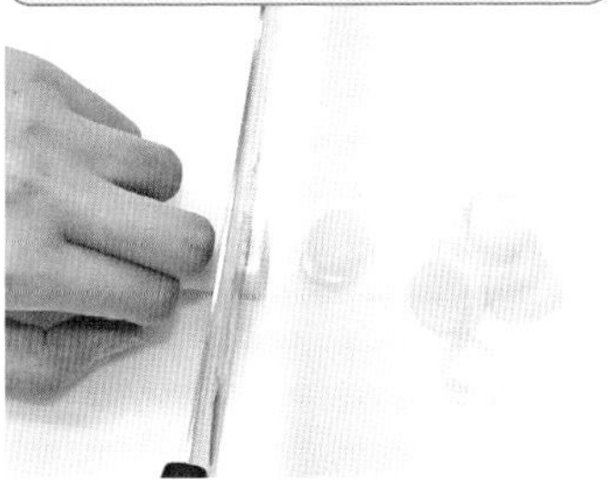

● ささがき

□計量スプーン　□計量カップ　□包丁の使い方

定着のワーク ステージ2

1 食生活 ③ 食品の調理

1 調理の基本 次の資料を見て，あとの問いに答えなさい。 ⑵③完答，3点×10（30点）

ア 食器や用具を洗い，ごみをしまつする。
イ 実習をふり返って，次の学習に役立てる。
ウ a計量，洗い，b切り，c加熱・d調味する。
エ 食事のマナーに気をつけて食べる。
オ 用具をそろえ，手を洗い，身支度をする。
カ 献立を決め，廃棄率を考え，分量を計算する。

図1
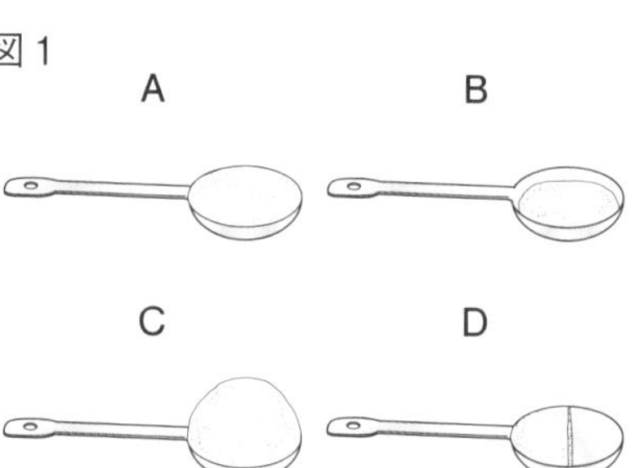

⑴ 調理実習の手順について，上のア～カを正しい順に並べなさい。
（ → → → → → ）

⑵ 下線部aについて，図1を見て，次の問いに答えなさい。
① 大さじ1杯の粉の計り方として正しいものは，A～Dのどれか。（ ）
② 大さじ2分の1杯の粉の計り方として正しいものは，A～Dのどれか。（ ）

③ しょうゆを25mL計りたい。あてはまる数字を次の（ ）に書きなさい。
大さじ（ ）杯と小さじ（ ）杯

⑶ 下線部bについて，図2の①，②の切り方をそれぞれ何というか。
①（ ） ②（ ）

図2
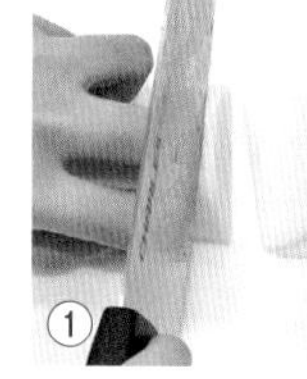

⑷ 下線部cについて，図3のX，Yの火加減をそれぞれ何というか。
X（ ） Y（ ）

⑸ 下線部dについて，調味料の「さしすせそ」のうち，①「せ」と②「そ」はそれぞれ何を示すか。
①（ ）
②（ ）

図3

2 食事のマナーと配膳 次の図を見て，あとの問いに答えなさい。 4点×3（12点）

図1 ①

②

図2
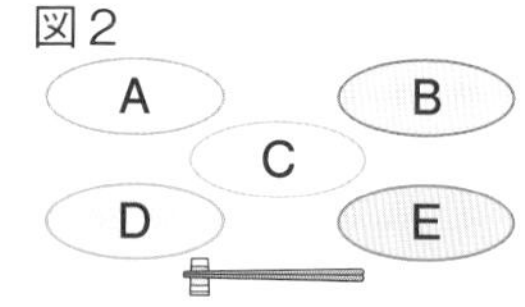

⑴ 図1はマナーが悪い箸（はし）の使い方の例である。①，②をそれぞれ何というか。
①（ ） ②（ ）

⑵ 副菜はどこに配膳（はいぜん）するか，図2のA～Eから2つ選びなさい。（ ， ）

ヒントの森
1 ⑵①②すり切りべらを使う。⑶②回しながら削る。⑸「さしすせそ」の順番に調味する。「そ」は頭文字ではない。 2 ⑴ほかに箸の先をなめるのもよくない。

3 肉の調理　次の文を読んで，あとの問いに答えなさい。

3点×10（30点）

肉は ①{炭水化物・たんぱく質}，脂質，ビタミンが多い。加熱すると肉汁が出て縮み ②{かたく・やわらかく} なる。長く煮込むと筋が ③{かたく・やわらかく} なる。ひき肉は ④{腐敗・長持ち} しやすい。肉の内部まで加熱すると食中毒を防げる。

(1) 文中の{　　}にあてはまる語句をそれぞれ選びなさい。　①(　　　)
②(　　　)　③(　　　)　④(　　　)

(2) 肉のうま味を逃（のが）さないためにはどのように調理をすればよいか。次から選びなさい。(　　　)

ア　水からじっくり煮る。　イ　最初に強火で加熱する。　ウ　筋を切る。

(3) 肉の選び方について，次の文中の(　　)にあてはまる語句を，[　　]から選びなさい。
①(　　　)　②(　　　)　③(　　　)　④(　　　)

- 組織がしっかりして(①)があるものを選ぶ。
- トレイに(②)が出ておらず，嫌（いや）な臭（にお）いがない。
- 牛肉は赤色，ぶた肉は(③)，とり肉は(④)がよい。

[淡いピンク色　弾力　ドリップ　淡紅色]

記述 (4) 下線部の理由を書きなさい。(　　　　　)

4 ぶた肉のしょうが焼き　次の問いに答えなさい。

5点×2（10点）

(1) しょうが焼きに利用するぶた肉はどこの部位がよいか。右の図から2つ選びなさい。
(　　　　,　　　　)

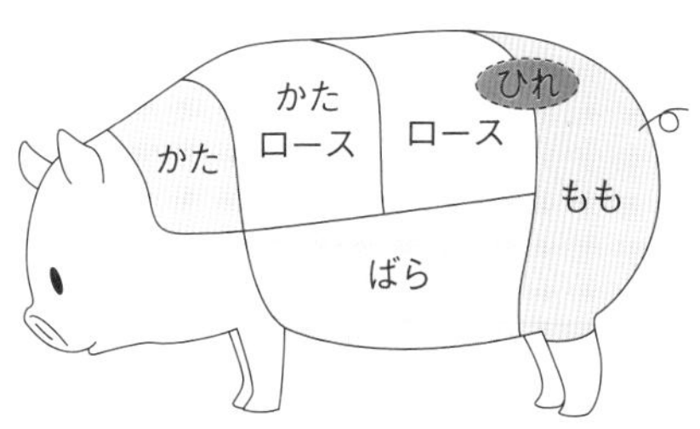

記述 (2) しょうがは調味や風味づけのほかにどのような働きがあるか。簡単に書きなさい。
(　　　　　)

5 ハンバーグ　次の問いに答えなさい。

3点×6（18点）

(1) ハンバーグに使うあいびき肉は，何と何の肉を混ぜたものか。(　　　と　　　)

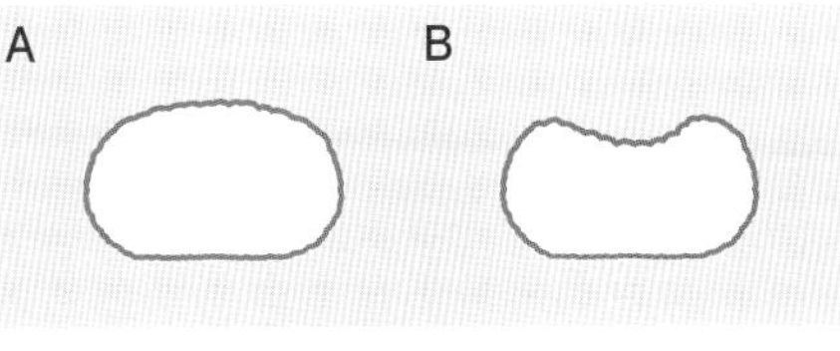

(2) ハンバーグに入れるたまねぎの切り方を何というか。(　　　)

(3) ハンバーグの材料について，次の食品の働きは何か。下から選びなさい。

①　卵　②　こしょう　③　塩　　①(　　)　②(　　)　③(　　)

ア　肉の臭いを消す。　イ　肉に粘りけを出す。
ウ　肉の縮みを防ぎやわらかくする。　エ　肉のつなぎ力を助ける。

よく出る (4) ハンバーグは手のひらに打ちつけて楕円（だえん）(小判（こばん）)型に形を整える。このとき，断面は上の図のA，Bのどちらの形にすればよいか。(　　　)

3 (2)始めに表面のたんぱく質を固めるとよい。(4)食中毒の原因を考える。
4 (1)薄切りにする。　5 (4)加熱したときにきれいな形になるようにする。

定着のワーク ステージ2　1 食生活 ③ 食品の調理

1 魚の調理　次の文を読んで，あとの問いに答えなさい。　4点×9（36点）

魚は，たんぱく質や脂質，ビタミンを多く含む。特に産卵期にあたる（ A ）の時期は，脂質含有量が多く，おいしい。魚の脂質は血液中のコレステロール値を下げ，a 病気の予防に役立つ。肉質によって b 赤身魚と白身魚に分けられる。（ B ）をふると，水分が出て身がしまり，（ C ）を消せる。生で食べることも多い魚は寄生虫にも気をつける。

(1) 文中の（　）にあてはまる語句をそれぞれ書きなさい。
A（　　）　B（　　）　C（　　）

(2) 下線部aについて，予防できる病気を1つ書きなさい。（　　）

よく出る (3) 下線部bについて，次の魚を①赤身魚，②白身魚にそれぞれ分けなさい。
①（　　）　②（　　）

ア かれい　イ まぐろ　ウ あじ　エ さけ　オ たら　カ さば

(4) 魚の選び方について，次の文中の（　）にあてはまる語句を，右の□から選びなさい。
①（　　）　②（　　）　③（　　）

- 弾力があり，（ ① ）が裂けていない。
- （ ② ）が澄んでいて，盛り上がっている。
- 色がはっきりしていて，（ ③ ）がはがれていない。

うろこ　口
腹部　背　尾
えら　目　ひれ

2 さけのムニエル　次の問いに答えなさい。　3点×2（6点）

(1) ムニエルは，魚に何をまぶして焼く料理か。（　　）

(2) さけのムニエルについて，正しいものを次から選びなさい。（　　）

ア 皮のついた面から焼き，この面を裏にして盛りつける。
イ 最初から弱火でじっくり時間をかけて焼く。
ウ 最初は植物性の油で焼き，最後にバターを絡（から）める。

3 さばのみそ煮　次の問いに答えなさい。　3点×3（9点）

(1) さばのみそ煮について，正しいものを次から選びなさい。（　　）

ア 皮に切れ目を入れる。
イ 皮のついているほうを下にする。
ウ じっくり水から魚を煮込む。

(2) 右のAの道具を何というか。（　　）

記述 (3) しょうがやみそはどのような働きをするか。簡単に書きなさい。
（　　）

A

ヒントの森　1 (4)ドリップが出ていないかも大事なポイント。　2 (1)加熱でうすい膜となり（糊化），うま味を閉じ込める。　3 (2)アルミホイルやクッキングペーパーでも代用できる。

4 野菜の調理　次の文を読んで，あとの問いに答えなさい。　4点×5（20点）

野菜は，水分・ビタミン・無機質のほか（ ① ）を供給する。ごぼうなどは切ったまま置いておくと__褐変（かっぺん）を起こす__。野菜の生食では，（ ② ）の損失が少なくてすみ，（ ③ ）をふると水分が出てしんなりする。（ ④ ）の強い野菜は加熱するとよい。加熱するとかさが減り，量を多くとれるが，緑色の色素（クロロフィル）の変色に注意する。

(1) 文中の（　　）にあてはまる語句を［　　］からそれぞれ選びなさい。　①（　　　）②（　　　）③（　　　）④（　　　）

塩　あく　食物繊維
ビタミンC　ビタミンA

記述 (2) 下線部を防ぐには，どのようにすればよいか。簡単に書きなさい。
（　　　　　　　　　　）

5 肉じゃが　右の材料で肉じゃがをつくった。次の問いに答えなさい。　4点×2（8点）

牛肉のうす切り	たまねぎ
じゃがいも	調味料
にんじん	油，水

(1) にんじんはどのような野菜に分類されるか。次から選びなさい。（　　）

ア 果菜類（かさい）　イ 茎菜類（けいさい）　ウ 根菜類（こんさい）　エ 葉菜類（ようさい）

(2) 肉じゃがの調理について，誤っているものを次から選びなさい。（　　）

ア じゃがいもの芽の毒素はしっかり加熱すれば取り除かれる。

イ にんじんは肉質がしまり，茎（くき）の切り口が黒ずんでいないものを選ぶ。

ウ 煮崩れ（にくず）を防ぐには，食材の大きさをそろえて切るとよい。

エ 水を加え煮立ったら，こまめにあくをとるとおいしくなる。

6 青菜の卵とじ　ほうれんそうの卵とじについて，次の問いに答えなさい。　3点×5（15点）

よく出る (1) ほうれんそうの調理について，次の文中の｛　　｝にあてはまる語句を選びなさい。
①（　　　）②（　　　）③（　　　）④（　　　）

ほうれんそうは，①｛根元から・葉先だけ｝よく洗い，②｛たっぷり・少量｝の沸騰（ふっとう）した湯で ③｛短時間・長時間｝ゆでる。このとき ④｛根元・葉先｝から鍋（なべ）に入れる。

レベルUP! (2) 卵とじは，卵のどのような性質を利用した調理か。次から選びなさい。（　　）

ア 乳化性（にゅうか）　イ 熱凝固性（ねつぎょうこ）　ウ 起泡性（きほう）

7 とん汁　右の材料で，とん汁をつくった。次の問いに答えなさい。　3点×2（6点）

ぶた肉のうす切り	にんじん
ごぼう	みそ
さといも	しょうゆ
ねぎ	ごま油，水

記述 (1) ごぼうは何を使ってどのように洗えばよいか。簡単に書きなさい。（　　　　）

(2) みそはいつ溶かすとよいか。次から選びなさい。（　　）

ア だし汁を加えた直後　イ 具材が煮えた後，火を止める少し前

ヒントの森
4 (2)褐変は茶色く変色すること。　5 (2)アじゃがいもの芽にはソラニンという毒素がある。
6 (1)青菜をゆでるポイント。ゆで上がったら短時間水にさらす。

家庭B

解答 p.27

確認のワーク ステージ1

1 食生活 ④ 地域の食文化と環境

教科書の要点 （　　）にあてはまる語句を答えよう。

1 地域の食材と食文化

SDGs ●地域の食材と郷土料理

◆環境負荷を減らす（①　　　　）の取り組み。
- 生産過程がわかる。
- 新鮮な食材を入手できる。
- 地域の**食文化**の継承につながる。

◆（②　　　　）➡その地方独自の食材・調理方法でつくられ，受け継がれてきた料理。

●行事食

◆（③　　　　）➡生活や人生の節目に用意する食事。
- 人生の節目➡お食い初め，七五三など。
- 生活の節目➡正月の（④　　　　）料理や雑煮，ひな祭りのちらしずし，端午の節句のかしわもち，月見のだんご，大みそかの年越しそばなど。

2 よりよい食生活を目指して

●食品の安全

◆（①　　　　）（2003年施行）
- **食品安全委員会**を設置➡食品のリスク評価を行う。

◆（②　　　　）の責任➡食品の安全に関心をもち，制度を知って情報に惑わされない。

SDGs ●食生活と環境

◆日本は主要先進国でも突出して食料の輸入が多い。
- （③　　　　）が年々低下➡2017年は38％。

◆環境負荷を減らすために，エネルギーの消費を抑える。
- （④　　　　）➡食品の輸送が環境に与える影響を示す指標。
  輸送量（t）×輸送距離（km）。日本は高い
- **バーチャル・ウォーター**➡輸入した食料をもし自国で生産するとしたときに必要な水の総量。

◆**食品ロス**を減らす➡食べられるのに捨ててしまう食品。日本の食品ロスは世界全体の食料援助量よりも多い。
- （⑤　　　　）**クッキング**をする➡環境のことを考えて，買い物・調理・後かたづけを行う。

◆過剰な容器や包装を断り，（⑥　　　　）を削減。

ことばメモ

地産地消
地域で生産された食材をその地域で消費すること。

郷土料理と行事食は，住んでいる地域のものが出題される。

関東と関西で，雑煮のもちの形が違うよ！

●食品の安全を守る取り組み

- リスク評価
  - ・食品安全委員会
- リスクコミュニケーション
  - ・消費者
  - ・事業者など
- リスク管理
  - ・厚生労働省
  - ・農林水産省
  - ・消費者庁

食品を選ぶときは，地産地消や食品ロスのことを意識したいな。

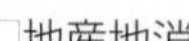
□地産地消 □食文化 □郷土料理 □行事食 □食品安全委員会

教科書の資料　□にあてはまる語句を答えよう。

1 主な郷土料理　□に住んでいる地域の郷土料理を書いておこう。

2 日本の主な行事食　〔おはぎ・雑煮・ちらしずし・ちまき〕から選ぼう。

	月	行事	行事食		月	行事	行事食
春	2月	節分	福豆	秋	9月	月見（十五夜）	だんご
	3月	ひな祭り	①□ ひなあられ			秋の彼岸	③□
		春の彼岸	ぼたもち			重陽の節句	くりごはん
	5月	端午の節句	かしわもち ②□	冬	12月	冬至	かぼちゃ
夏	7月	七夕	そうめん			大みそか	年越しそば
		土用の丑の日	うなぎ料理		1月	正月	④□ お節料理

□食料自給率　□フード・マイレージ

定着のワーク ステージ2　1 食生活 ④ 地域の食文化と環境

解答 p.27

/100

1 地域の食材　次の文を読んで，あとの問いに答えなさい。　3点×7（21点）

日本では，その地域や季節に合った食材が食べられてきた。このように人びとが受け継いできた食物や食べ方を(　　)という。

近年では，環境負荷の考えから a 地産地消の取り組みも広まり，b 郷土料理など，地域の(　　)の継承にもつながっている。

(1) 文中の(　　)に共通してあてはまる語句を書きなさい。（　　　　）

記述 (2) 下線部 a について，地産地消の利点を簡単に書きなさい。

（　　　　）

(3) 下線部 b について，次の①～⑤はどこの都道府県の代表的な郷土料理か。下の□からそれぞれ選びなさい。

① ほうとう（　　　　）　② ふなずし（　　　　）

③ おやき（　　　　）　④ 深川丼（　　　　）

⑤ しじみ汁（　　　　）

島根県　山梨県　滋賀県　長野県　東京都　北海道

2 行事食　右の表を見て，次の問いに答えなさい。　4点×11（44点）

(1) 表中の□にあてはまる行事名を書きなさい。

（　　　　）

(2) 表中の①～⑦にあてはまる行事食を，下の□からそれぞれ選びなさい。

①（　　　　）　②（　　　　）

③（　　　　）　④（　　　　）

⑤（　　　　）　⑥（　　　　）

⑦（　　　　）

かぼちゃ　ちらしずし　うなぎ料理

ぼたもち　年越しそば　かしわもち

千歳飴（ちとせあめ）　ちまき

(3) 表中の A～C は，一般に何月何日に行われる行事か。それぞれ日付を書きなさい。

A（　月　日）

B（　月　日）

C（　月　日）

月	行事	行事食
1	□	お節料理 雑煮
2	節分	福豆
3	ひな祭り……A	（①）
	春の彼岸	（②）
5	端午の節句…B	（③） （④）
7	七夕…………C	そうめん
	土用の丑の日	（⑤）
9	月見	だんご
	秋の彼岸	おはぎ
12	冬至	（⑥）
	大みそか	（⑦）

1 (2)地域で生産した食材をその地域で消費することを地産地消という。
2 (2)⑤土用の丑の日は７月下旬ごろ。(3)端午の節句はこどもの日。

3 食品の安全

近年，食中毒や，食品偽装(ぎそう)など食品の安全に関係する問題が起こっている。右の図を見て，次の問いに答えなさい。

3点×3（9点）

(1) 食品の安全のために，2003年に施行された法律を何というか。（　　　　　　　　）

(2) (1)の施行を受けて設置された，図のAの組織を何というか。（　　　　　　　　）

(3) 下線部について，食品の安全を守るための私たち消費者の行動として，誤っているものを次から選びなさい。（　　）

ア　インターネットで調べて，流通経路などを確認する。

イ　食品の情報については，国や企業(きぎょう)の発信に任せる。

ウ　食品の衛生に気をつけて，調理・保存を心がける。

A	厚生労働省，農林水産省，消費者庁など
リスク評価	リスク管理

消費者，事業者など
リスクコミュニケーション

4 持続可能な食生活

次の問いに答えなさい。

(3)②6点，ほか4点×5（26点）

(1) 右のグラフを見て，日本について正しいものを次から選びなさい。（　　）

ア　生産する食料のうち約40%を海外に輸出しており，主要国で最高の自給率である。

イ　消費する食料のうち約40%を海外から輸入しており，主要国で最低の自給率である。

ウ　消費する食料のうち約60%を海外から輸入しており，主要国で最低の自給率である。

食料自給率の国際比較

(%)

国	食料自給率
カナダ	264
フランス	130
アメリカ	127
イギリス	63
日本	38

日本は2017年度，ほかは2013年の値。

（農林水産省「世界の食料自給率」）

(2) 次の文中の（　）にあてはまる語句を，［　　］からそれぞれ選びなさい。

①（　　　　　　　　）
②（　　　　　　　　）
③（　　　　　　　　）

持続可能な食生活を送るためには（ ① ）消費を抑えることが大切である。

食料が環境に与える影響については，いくつかの指標が生まれている。例えば，食料の生産で使われる水の総量を示した指標（ ② ）や，食料の輸送量(t)×輸送距離(km)で求められる（ ③ ）の指標である。

フード・マイレージ　エネルギー　バーチャル・ウォーター　フェアトレード

(3) 食生活とごみの関係について，次の問いに答えなさい。

① 食べられるのに食品が捨てられることを何というか。（　　　　　　　　）

記述 ② ①など食生活から出るごみを減らすために，あなたが実践(じっせん)したいことを簡単に書きなさい。（　　　　　　　　　　　　　　　　）

3 (3)私たち消費者も食品の安全を守るために行動することが大切。
4 (1)日本の食料自給率は低い。(3)①「食品○○」という。

解答 p.28

確認ステージ1 のワーク

2 衣生活
① 衣服の働きと活用

教科書の要点 （　　）にあてはまる語句を答えよう。

1 衣服の働きと構成

衣服の働き

◆保健衛生上の働き。　◆生活活動上の働き。

◆（①　　　　）の働き。

- 職業や所属を表す。　● 個性を表す。
- 社会的慣習に合わせる(気持ちを表す)。

目的に応じた着方

◆（②　　　　）を踏(ふ)まえて，自分らしいコーディネートを工夫する。

衣服の構成

◆洋服➡人の体の形に合わせた（③　　　　）な構成。

◆（④　　　　）➡直線に裁(た)った布を用いた平面的な構成。

2 衣服の活用と選択

衣服計画を立てる

1検討	2点検	3活用	4入手
生活に必要な衣服を考える。	手持ちの衣服で必要な衣服，着ていない衣服を点検する。	着ていない衣服の活用方法を考える。	足りない衣服の入手方法を考える。

既製服の購入

◆計画的に衣服を購入(こうにゅう)する。

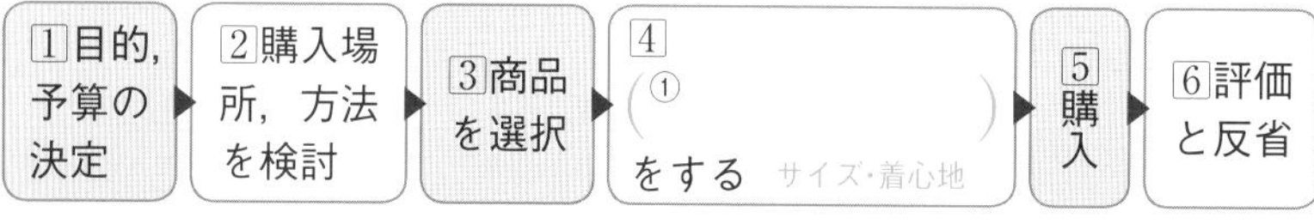

◆衣服の選択のポイント

- 色，デザイン➡T.P.O.，手持ちの衣服との組み合わせを考える。
- （②　　　　）で，サイズ，繊維(せんい)，取り扱い方法を確認。
- 縫製(ほうせい)や手入れのしやすさなど（③　　　　）を確認。
- 価格は（④　　　　）に合うか，返品は可能か。

◆試着➡サイズやデザイン，動きやすさ，（⑤　　　　）のしやすさ，着心地を確かめる。　特に通信販売で注意

◆表示の種類➡サイズ表示，組成(そせい)表示，原産国表示，（⑥　　　　），表示者名の表示など。　取り扱い方を表示

◆体に合う既製(きせい)服を選ぶ➡身体の（⑦　　　　）を測る。

ことばメモ

T.P.O.
Time（時間＝いつ），Place（場所＝どこで），Occasion（場合＝何をする）の略。

洋服と和服の構成

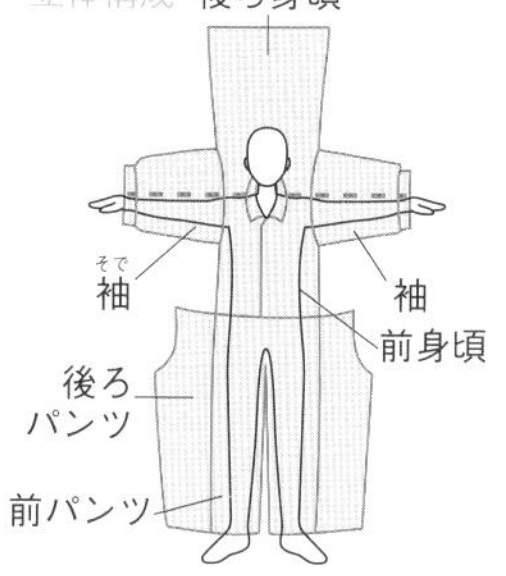

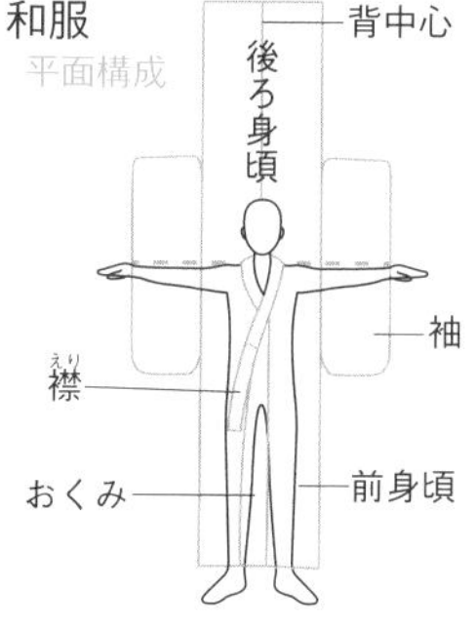

購入以外にも，製作や譲り受けることで衣服を入手できるよ。

ここがポイント

- 胸囲…チェスト／バスト
- 胴囲…ウエスト
- 腰囲…ヒップ

胸囲と胴囲は男女で測り方が変わる。

□衣服の働き　□コーディネート　□洋服と和服　□既製服の表示

教科書の資料　□にあてはまる語句を答えよう。

1 衣服の色と柄

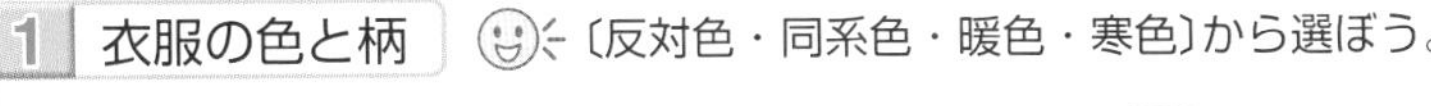

①　②　モノトーン　③　④

2 衣服の表示

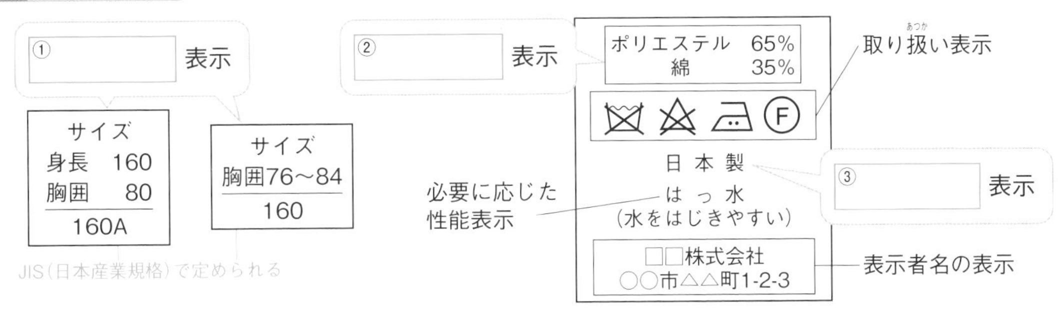

3 主な取り扱い表示

	記号	意味		記号	意味
家庭洗濯	40（洗濯おけ）	① ℃を限度に洗濯機で洗濯可	漂白 △	△	すべての ⑤ を使用して漂白できる
家庭洗濯	40（洗濯おけ・下線）	40℃を限度に洗濯機で弱い洗濯可	漂白 △	△に×	漂白剤の使用禁止
家庭洗濯	手（洗濯おけ）	40℃を限度に ② できる	タンブル乾燥 □	⊡（点2つ）	80℃を限度にタンブル乾燥可能
家庭洗濯	洗濯おけに×	家庭で洗濯不可	タンブル乾燥 □	⊡に×	タンブル乾燥禁止
クリーニング ○	Ⓟ	③ クリーニングできる	自然乾燥 □	□に縦線	⑥ にする
クリーニング ○	Ⓕ	④ 溶剤でドライクリーニングできる	自然乾燥 □	□に横線	平干しにする
クリーニング ○	○に×	ドライクリーニング禁止	自然乾燥 □	□に斜線と縦線	日陰のつり干しにする

□取り扱い表示　□採寸

定着のワーク ステージ2

2 衣生活
① 衣服の働きと活用

1 衣服の働き 次の文を読んで，あとの問いに答えなさい。 3点×13（39点）

体を暑さや寒さから守り，体を清潔に保つ a（ ① ）上の働き，作業をしやすくする b（ ② ）上の働きのほか，衣服には職業や［ A ］集団を表したり，［ B ］を表現したり，［ C ］的慣習に合わせて気持ちを表したりなど c（ ③ ）上の働きもある。T.P.O.に配慮し，与(あた)える印象を考えながら衣服の組み合わせや着方を工夫するとよい。

(1) 文中の（　）にあてはまる語句をそれぞれ書きなさい。
①（　　） ②（　　） ③（　　）

(2) 文中の［　］にあてはまる語句を［　］からそれぞれ選びなさい。
A（　　） B（　　） C（　　）

個性　社会
所属　清潔

(3) 下線部a，b，cのそれぞれにあてはまる衣服を，次からすべて選びなさい。
a（　　） b（　　） c（　　）

ア 水着　イ 制服　ウ 下着　エ 祭りのはっぴ　オ 運動着

よく出る (4) T.P.O.とはどのような意味か。それぞれの頭文字の意味を日本語で書きなさい。
T（　　） P（　　） O（　　）

(5) 色や柄，小物など，組み合わせを工夫して衣服を着ることを何というか。
（　　）

2 衣服の構成 右の図を見て，次の問いに答えなさい。 3点×5（15点）

(1) 次のうち，A，Bの衣服にあてはまる特徴をそれぞれすべて選びなさい。
A（　　）
B（　　）

ア 立体構成　イ 平面構成
ウ 体に合わせて服を着る
エ 体に合わせて服をつくる

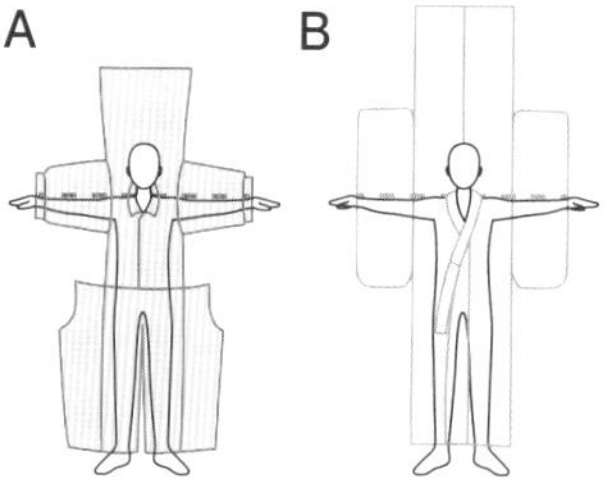

(2) Bの服を着る際に上になる身頃(みごろ)は，着ている人から見て左右どちらか。（　　）

(3) 次の図は，ゆかたのたたみ方を示したものである。C，Dの部分の名前を次からそれぞれ選びなさい。
C（　　） D（　　）

ア 袖(そで)　イ 襟(えり)　ウ 身頃　エ おくみ

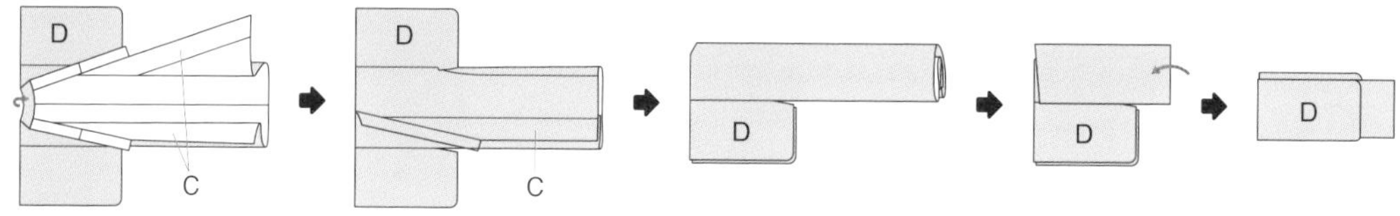

1 (4)TはTime，PはPlace，OはOccasionの頭文字。
2 (1)Aは曲線に裁った布，Bは直線に裁った長方形の布を縫い合わせている。

3 衣服の活用と選択① 衣服計画について，次の問いに答えなさい。 3点×2（6点）

記述 (1) 購入する以外の衣服の入手方法を１つ書きなさい。（　　　）

(2) 既製服の選び方について，誤っているものを次から選びなさい。（　　）

ア いつも価格が最も安い衣服を購入するとよい。

イ 購入前に試着をして，サイズやデザインが合うか確かめる。

ウ T.P.O.や手持ちの衣服に合うかを考えて購入する。

4 衣服の活用と選択② 右の図を見て，次の問いに答えなさい。 3点×8（24点）

(1) 図は既製服につけられている表示である。既製服の購入の際，次のことを調べるにはA～Eのうち，どの表示を見ればよいか。 ①（　　）②（　　）③（　　）

① 衣服の素材　② サイズ　③ 手入れの方法

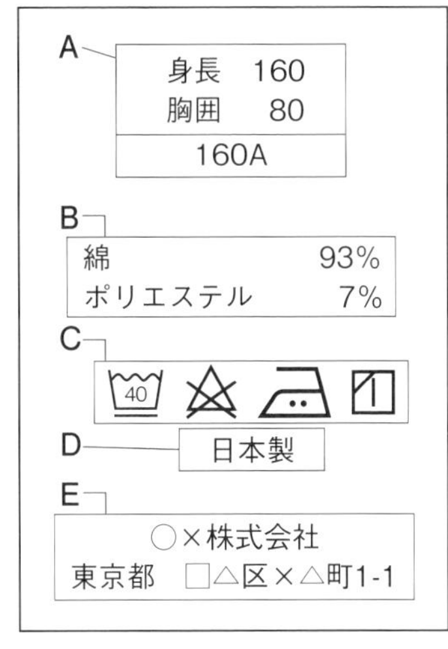

(2) サイズ表示の基準を定めた規格を何というか。アルファベットで書きなさい。（　　　）

(3) Cの表示について，次の意味の記号を下のア～キからそれぞれ選びなさい。

① 40℃を限度に，洗濯機で弱い洗濯可。（　　）

② ドライクリーニング禁止。（　　）

③ あらゆる漂白剤を使用して漂白可。（　　）

④ 平干しにする。（　　）

5 採寸 体の採寸について，右の図を見て，次の問いに答えなさい。 2点×8（16点）

(1) 図中のA～Dのサイズをそれぞれ何というか。

A（　　　）B（　　　）

C（　　　）D（　　　）

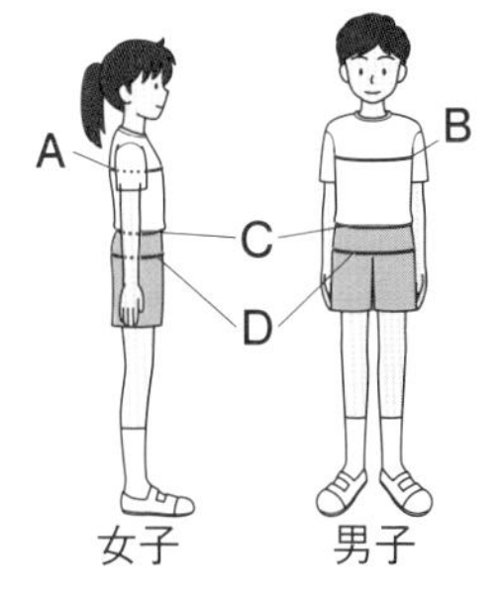

(2) A～Dの測り方について，次の文の｛　｝にあてはまる語句をそれぞれ選びなさい。また，（　）に共通してあてはまる語句を書きなさい。 ①（　　）②（　　）③（　　）

語句（　　　）

Aは胸の最も ①｛ア 高い・イ 低い｝ところ，Bは腕(うで)の付け根の下端(かたん)から胸の最も大きいところを（　　）に測る。

Cは女子は胴(どう)の最も ②｛ア 太い・イ 細い｝ところ，男子は腰骨(こしぼね)上端の真上を（　　）に測る。Dは，腰の最も ③｛ア 太い・イ 細い｝ところを（　　）に測る。

4 (1)B組成表示，C取り扱い表示，D原産国表示，E表示者名の表示。(2)日本産業規格。
5 (1)カタカナで答えても漢字で答えてもよい。

解答 p.28

確認のワーク ステージ1

2 衣生活
② 衣服の手入れ

教科書の要点 （　　）にあてはまる語句を答えよう。

1 衣服の汚れ

●衣服の汚れと手入れ

◆衣服の汚れや傷みを点検し，適切な手入れを行う。

●（①　　　　）を放置すると品質や性能が低下する。　保健衛生上の働きが弱まる

●ほころび，しみなどは目に見えるが，汗・皮脂などは見えない。

◆繊維に応じた手入れを行う。

●（②　　　　）➡植物繊維の綿(コットン)・麻，動物繊維の絹(シルク)・毛(ウール)がある。

●（③　　　　）➡合成繊維など。ポリエステル，アクリル，ナイロンなど。　└─原料に石油を使うことが多い

ここがポイント

手入れの方法

- ちりやほこり…ブラシかけ
- 汚れ…洗濯（洗濯機／手洗い），しみ抜き，クリーニング店
- しわ…アイロンかけ
- ほころび…補修（まつり縫い，スナップ・ボタンつけ

2 洗濯と保管

●洗濯

◆1点検・仕分け➡組成表示，取り扱い表示を確認し，特性や汚れによって洗濯物を仕分ける。

●しみやひどい汚れは（①　　　　）をしておく。

◆2洗剤の準備➡目的に合わせて選び，使用量の目安を守る。

種類	石けん	（②　　　　）洗剤	
液性	（③　　　　）	弱アルカリ性	中性
特徴	汚れ落ちがよい。冷水に溶けにくいものは，湯で溶かす。	汚れ落ちがよい。冷水によく溶ける。綿・麻・合成繊維に向く。	汚れ落ちはやや弱い。冷水によく溶け，洗い上がりの風合いがよい。

◆3洗濯機で洗濯。　◆4乾燥・仕上げ➡適切な干し方で干す。

洗剤は，界面活性剤の働きで汚れが落ちるよ。多く使ってもよく落ちるわけではないんだね。

●収納・保管

◆（④　　　　）かけ➡しわや型崩れを直す。混用(複数の繊維が混ざった)の衣服は，温度の（⑤　　　　）ほうでかける。

◆頻繁に洗わない衣類は，（⑥　　　　）をかける。

◆保管➡取り出しやすいよう工夫して収納する。

⬇アイロンの温度

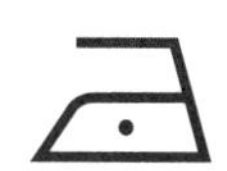

ナイロン，アクリル（目盛り…低温，110℃まで）

ポリエステル，毛，絹（目盛り…中温，150℃まで）

綿，麻（目盛り…高温，200℃まで）

アイロンかけ禁止

3 衣服の補修

●ほころび直し，ボタンつけ，スナップつけ

◆玉結び，玉どめ，ボタンつけの技能を活用する。

◆（①　　　　）➡すそのほころびを直す。

◆スナップつけ➡凸型と凹型がずれないようにつける。

絶対確認！ □繊維　□洗濯　□ブラシかけ　□アイロンかけ　□まつり縫い

教科書の資料　　にあてはまる語句を答えよう。

1 繊維の性質

種類			ぬれた時の強度	適する洗剤	防しわ性	アイロンの温度	そのほかの特徴	繊維の断面
天然繊維	①　繊維	綿	◎	弱アルカリ性	△	高	・水をよく吸う ・肌触(はだざわ)りが優しい	
		麻	◎		△	⑤	・水をよく吸う ・まとわりつかず涼(すず)しい	
	②　繊維	③	○	④	◎	中	・水中でもむと縮む ・⑥　を受ける ・日光で黄変(おうへん)する	
		絹	△		△	中	・虫の害を受ける　・光沢 ・日光で⑦　する	
化学繊維	合成繊維	ポリエステル	◎	弱アルカリ性	◎	中	・再汚染(おせん)しやすい ・縮まない ・熱水中でついたしわがとれにくい ・乾(かわ)きが速い ・静電気を帯(お)びやすい	
		ナイロン	◎		◎	低		
		アクリル	◎		◎	⑧		

2 まつり縫い

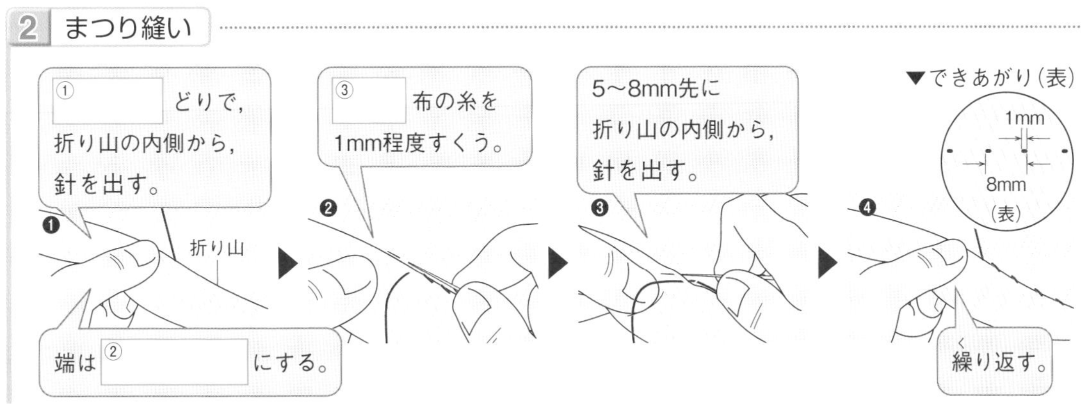

3 衣服の補修に用いる技能

● ①　つけ　● ②　(縫(ぬ)い始め)　● ③　(縫い終わり)

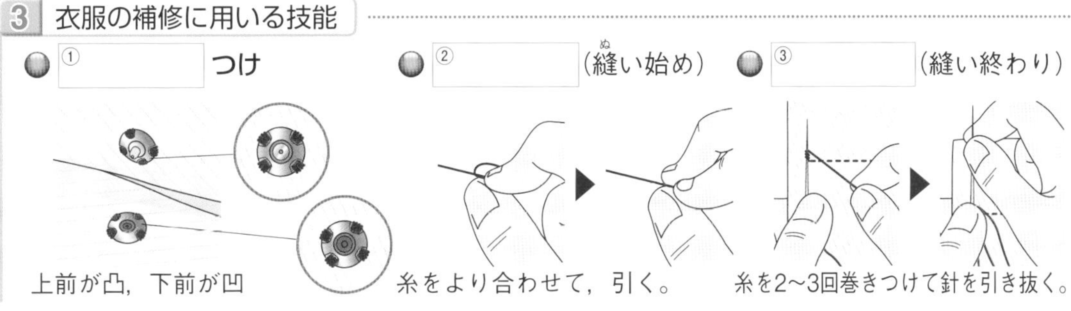

定着のワーク ステージ2　2 衣生活 ② 衣服の手入れ

解答 p.29　/100

1 衣服の汚れと手入れ　次の文を読んで，あとの問いに答えなさい。　3点×5（15点）

衣服は着ている間にさまざまな汚れや傷みが生じる。布の表面につく，ちり・ほこりのほか，目には見えない汗や（ A ），皮膚（ひふ）の角質などが付着する。汚れを放置すると，（ B ）になるほか，変色，細菌や（ C ）の繁殖（はんしょく），（ D ）によって穴があくなどの品質の低下を招く。衣服の性質や汚れに合わせて手入れをすることが大切である。

(1) 文中の（　　）にあてはまる語句を[　]から選びなさい。

A（　　　） B（　　　）
C（　　　） D（　　　）

[虫　皮脂　カビ　しみ]

(2) ちりやほこりがついた衣服はどのような手入れをすればよいか。

（　　　　）

2 繊維　右の表を見て，次の問いに答えなさい。　3点×8（24点）

(1) 表中のA，Bにあてはまる語句をそれぞれ書きなさい。

A（　　　）
B（　　　）

A 繊維		B 繊維
植物繊維	動物繊維	合成繊維

(2) 次の繊維にあてはまるものを右の[　]からすべて選びなさい。

① 植物繊維　② 動物繊維

①（　　　）②（　　　）

[ポリエステル　綿　絹　毛　麻　アクリル]

(3) 次の特徴にあてはまる繊維を右の[　]からすべて選びなさい。

① 光沢があり，虫の害を受けやすい。日光に当たると黄変する。
② ぬれても縮まないが，再汚染しやすい。アイロンは中に設定する。
③ 吸水性が高く，洗濯にも強いが，しわになりやすい。
④ 再汚染しやすいが，乾（かわ）きが速い。アイロンは低に設定する。

①（　　）②（　　）③（　　）④（　　）

3 洗剤　洗剤について，次の図を見て，あとの問いに答えなさい。　4点×2（8点）

ア 洗剤液 汚れ 繊維

イ A 分子

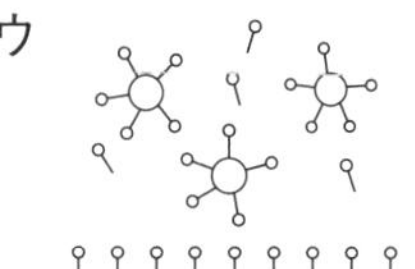

ウ

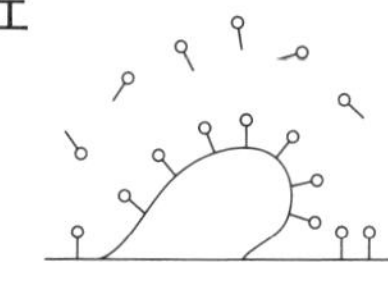

エ

(1) 図は，洗剤で汚れが落ちる様子を示したものである。ア～エを正しい順に並べなさい。

（　→　→　→　）

(2) Aにあてはまる洗剤の主成分を何というか。（　　　）

1(2)表面についている。　2(3)①蚕の糸を用いた繊維。中性洗剤で洗う。③2つあてはまる。
3(2)水と油をなじませることで，汚れを繊維から引き離す働きをする成分。

洗濯とアイロンかけ　衣服の手入れについて，次の問いに答えなさい。　3点×11（33点）

(1)　衣服の手入れについて，正しいものを次から選びなさい。（　　）

ア　洗濯に用いる洗剤の量は，多いほど汚れがよく落ちる。

イ　アイロンかけで，当て布をするときは，合成繊維で平織りの布を使うようにする。

ウ　中性洗剤は弱アルカリ性洗剤より汚れ落ちが劣るが，洗い上がりの風合いがよい。

エ　衣服のしみは，布をこすったりもんだりするとよく落ちる。

(2)　右の図の表示がつけられた衣服の手入れについて，次の文の｛　　｝にあてはまる語句をそれぞれ選びなさい。

洗濯は，①｛弱アルカリ性・中性｝洗剤を使って，②｛洗濯機・手洗い｝で弱く洗う。洗濯後，日陰でつり干しにして乾燥させる。アイロンは③｛高温・中温｝で，面積の④｛小さい・大きい｝部分からかけるようにする。

(3)　型くずれしやすい衣服を洗濯機で洗うときは，何を使うとよいか。（　　）

(4)　しみの種類と落とし方について，右の表のA～Dにあてはまるしみを次からそれぞれ選びなさい。

A（　　）　B（　　）　C（　　）　D（　　）

ア　襟（えり）あか(皮脂など)・チョコレート

イ　血液・紅茶　　**ウ**　しょうゆ・コーヒー

エ　カレー・ドレッシング

種類	落とし方
A	水で落ちる。色素が残る場合は漂白剤を使う
B	洗剤を使う
C	色素が残りやすいので洗剤と漂白剤を使う
D	基本的に水で落ちる

(5)　洗濯機で洗濯する前にどのような準備をすればよいか。簡単に1つ書きなさい。

（　　）

5　衣服の補修　衣服の補修について，次の問いに答えなさい。　4点×5（20点）

よく出る　(1)　図は，すそのほつれを補修するときの縫い方である。次の問いに答えなさい。

①　この縫い方を何というか。（　　）

②　糸は何本どりにすればよいか。（　　）

③　縫い始める前に，糸をより合わせて糸玉をつくることを何というか。（　　）

④　縫い終わりに，針を当て2，3回糸を巻いて針を引き抜いて糸をとめることを何というか。（　　）

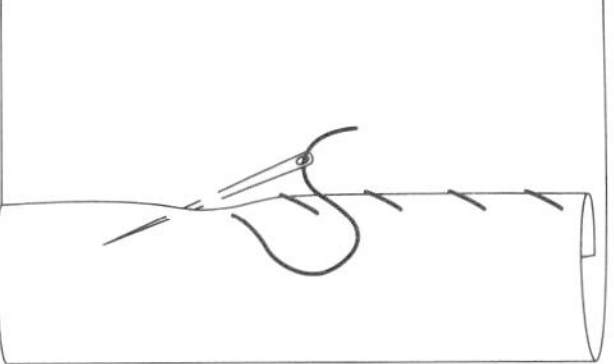

作図　(2)　スナップつけについて，完成したときにどのような見た目になるとよいか。右の図に糸をかきなさい。

ヒントの森　4(2)③150℃以下にする。④しわを防ぐため。(4)BC油分を含むしみである。
5(2)それぞれの穴を3回程度縫いつける。

解答 p.29

確認のワーク ステージ1

2　衣生活
③　衣生活を豊かに

教科書の要点　(　　)にあてはまる語句を答えよう。

1 布製品の製作

製作の計画

◆豊かな生活を送る工夫→あると便利なものを製作する。

1計画 ▶ 2準備 ▶ 3製作 ▶ 4使い心地を確かめる ▶ 5ふり返る

準備

◆つくる物の形・大きさに合わせ(①　　　　)を準備。
　└市販のものもある

◆目的に合った特徴をもつ布を選ぶ。

- 平織り➡ブロード　　● (②　　　　)➡デニムなど
- キルティング　　● メリヤス(編み物)

◆布は縦方向に伸(の)びにくく，斜め((③　　　　))方向に伸びやすい→裁(た)つ時，縫う時に伸びないよう気をつける。

◆針と糸は布地の厚さや材質に合わせる。
　└糸が切れたり，布地に穴が開いたりする

◆しるしつけ➡布と異なる色で，細くはっきりかく。

◆裁断(さいだん)➡あらかじめアイロンをかけるなど，布のゆがみを直す(④　　　　)をしてから裁つ。

◆布と布が動かないように(⑤　　　　)で止める。

ミシン

◆(⑥　　　　)➡ミシンで縫う前にしつけ糸で縫っておく。

◆縫い始めと縫い終わりは(⑦　　　　)縫いをするか，下糸(したいと)と上糸(うわいと)を裏になる側に出して結ぶ。

SDGs 2 持続可能な社会を目指して

環境に配慮した衣生活

◆冷暖房に頼らず，気温に合わせた衣服を着用する。

- (①　　　　)ビズ➡夏に暑さを調節する着方。
- ウォームビズ➡冬に寒さを調節する着方。

◆洗濯のときに，洗剤や水を使いすぎない。

◆衣生活の３Ｒ・４Ｒ

- (②　　　　)➡着なくなった衣服を人にあげる。
- (③　　　　)➡原料の状態に戻(もど)し再利用する。
- (④　　　　)➡長く着られる衣服を選ぶ。
- リペア➡(⑤　　　　)して着用する。

◆土中の微生物によって分解される新しい繊維も開発。
　└とうもろこしなどを原料とする繊維

得点UP

授業で製作した布製品について出題される。使った道具や手順，注意点をふり返っておこう。

布地

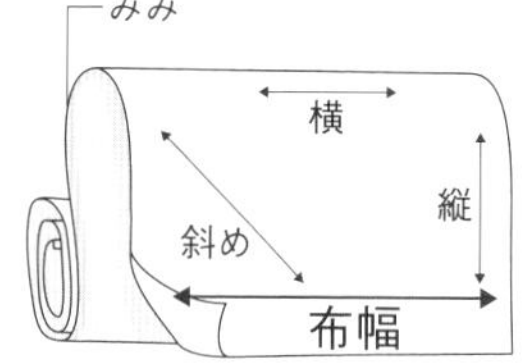

はさみの取り扱い

ここがポイント

３Ｒ
- リサイクル(Recycle)
  資源を再生して利用
- リユース(Reuse)
  資源をそのまま再使用
- リデュース(Reduce)
  資源の消費を減らす

※リペア，リフォームなどを加えて4R・5Rとすることもある。

絶対確認!　□布地　□裁断　□ミシン　□３Ｒ

□にあてはまる語句を答えよう。

1 主な裁縫道具

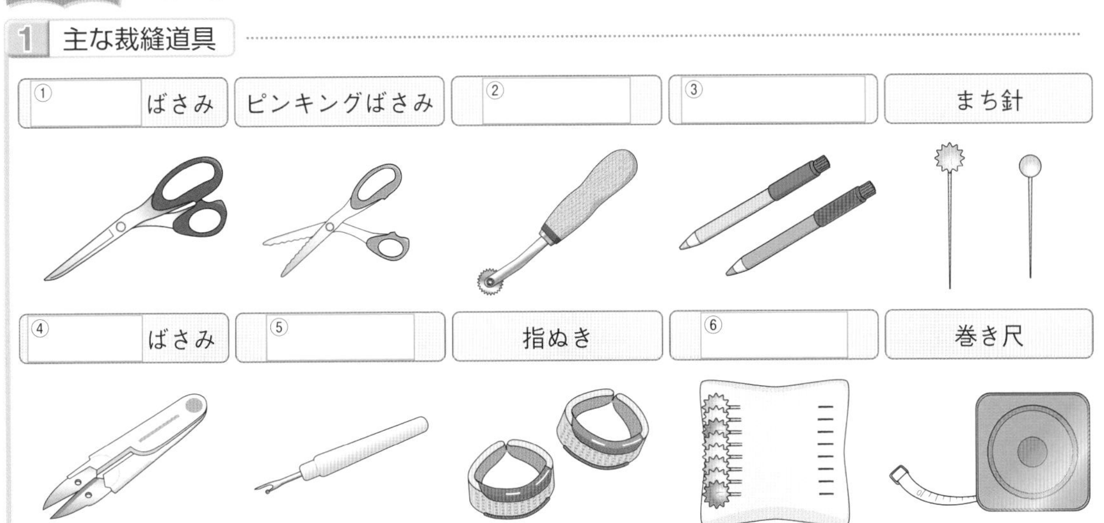

2 まち針

まち針を打つ順に1～5の番号を書こう。

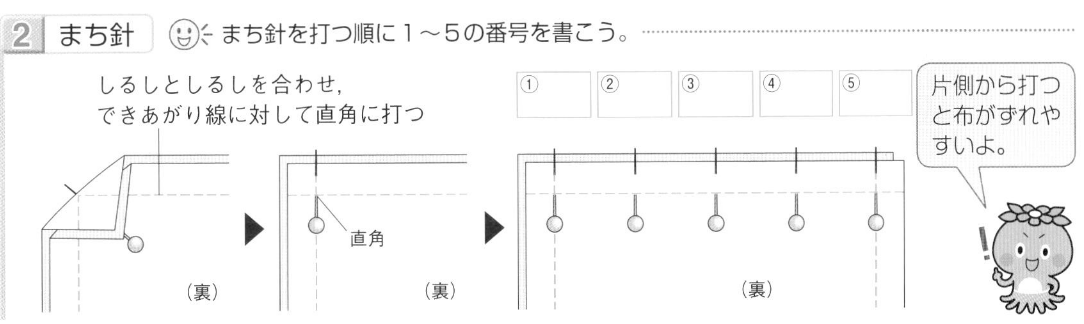

3 ミシンの各部の名前

数字は上糸をかける順を示しているよ。

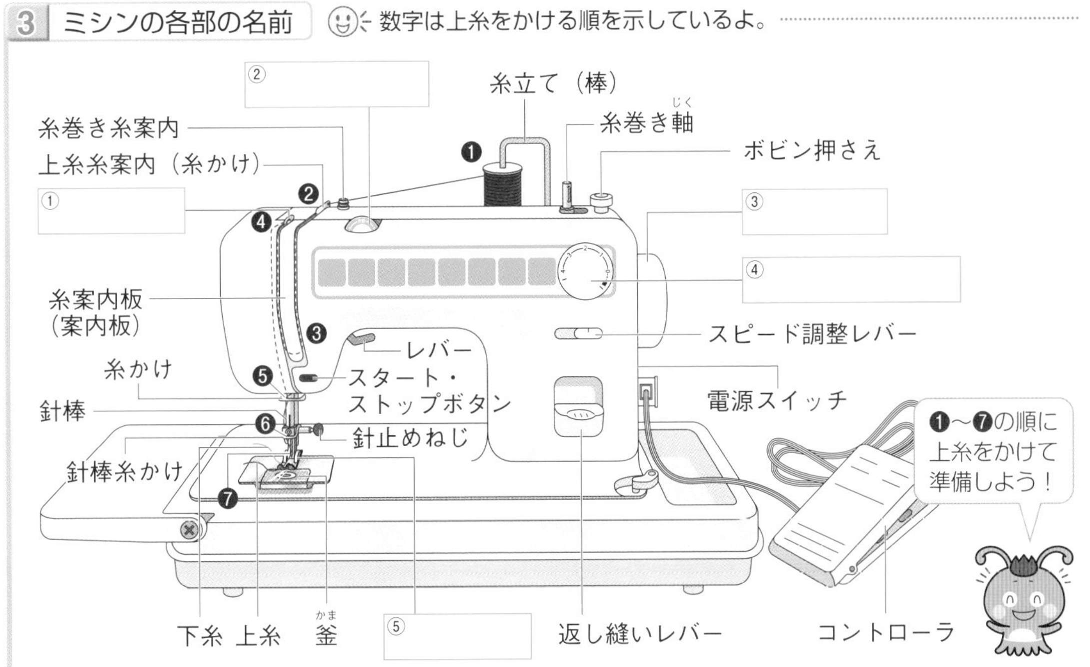

定着のワーク ステージ2

2 衣生活
③ 衣生活を豊かに

1 布製品の製作 次の図を見て，あとの問いに答えなさい。 4点×7（28点）

図1 布地

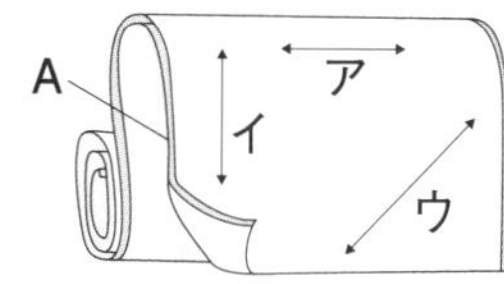

図2 手縫い

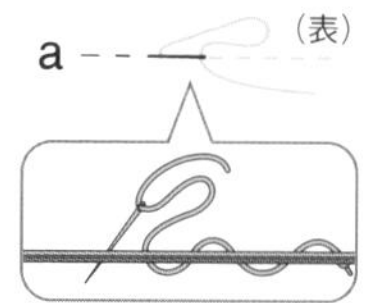

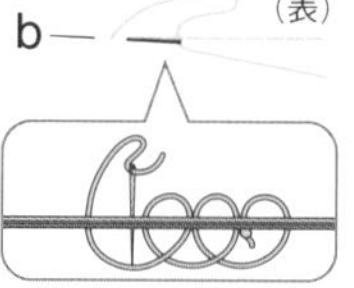

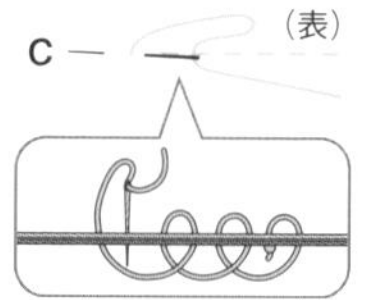

(1) 図1のAの部分の名前を何というか。また，引っ張ったときに最も伸びやすい方向はア～ウのどれか。
A（　　　　）方向（　　　）

(2) 図2のa～cの縫い方をそれぞれ何というか。
a（　　　　）b（　　　　）c（　　　　）

よく出る (3) 図3はまち針の打ち方を示している。正しい打ち方はア～エのどれか。（　　）

図3
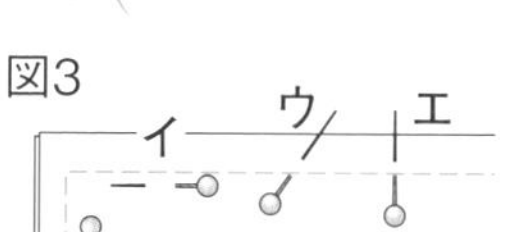

(4) 布製品の製作について，正しいものに○を書きなさい。
①（　　）はさみは柄（え）を持ち，相手に刃先（はさき）を向けて渡（わた）す。
②（　　）布地と似た色で太くはっきりしるしつけをする。
③（　　）合わない針や糸を使うと，糸が切れたり布地に穴があいたりする。
④（　　）布は，裁ちばさみの下の刃を机につけて裁つときれいに裁断できる。

2 ミシン① ミシンを使った製作について，次の問いに答えなさい。 3点×8（24点）

(1) 図のA，Bの名前をそれぞれ何というか。
A（　　　　）B（　　　　）

レベルUP! (2) 図のa～fから針穴までを，上糸をかける順に並べなさい。
（　→　→　→　→　→　）→針穴

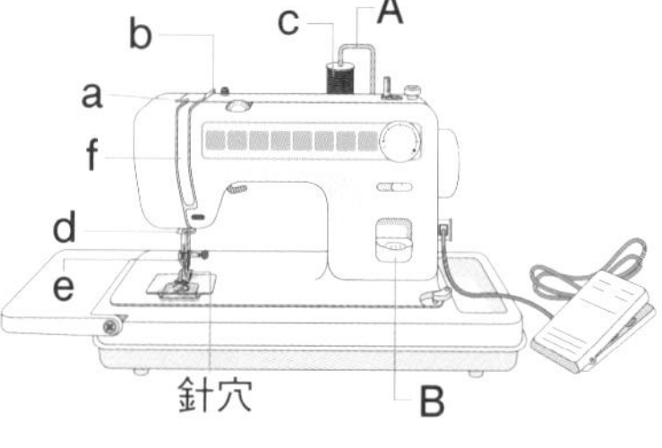

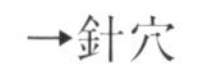
記述 (3) 縫い始めと縫い終わりに返し縫いを行う理由を簡単に書きなさい。（　　　　）

(4) ミシンについて，次の文の（　）にあてはまる語句を右の[　]からそれぞれ選びなさい。
①（　　）②（　　）③（　　）④（　　）

巻いた下糸は（ ① ）に入れて準備をする。引き出すときは，かけた上糸を持ち，（ ② ）をゆっくり手前に回して引き出す。その後，上糸と下糸をそろえて（ ③ ）の後ろに約10cm出す。

角を曲がるときは，（ ④ ）を布に刺（さ）したまま（ ③ ）を上げる。（ ④ ）を軸（じく）に90度布を回転させ，再び（ ③ ）を下ろして縫う。

押さえ 針 天びん はずみ車 釜

ヒントの森
1 (1)Aほつれないようになっている。(3)縫い目に対して直角に打つようにする。
2 (3)上糸と下糸を結んでもよい。

ミシン② ミシンの調整について，次の問いに答えなさい。 3点×8（24点）

(1) 糸調子について，次の①～③にあてはまる状態を下からそれぞれ選びなさい。

①（　　） ②（　　） ③（　　）

① 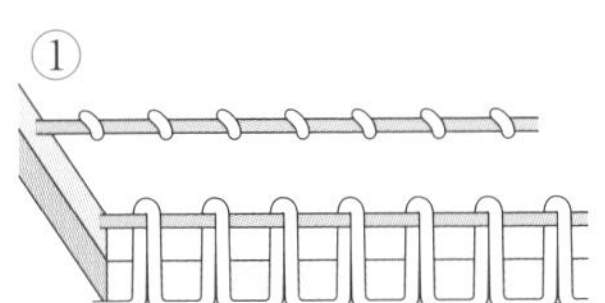
② 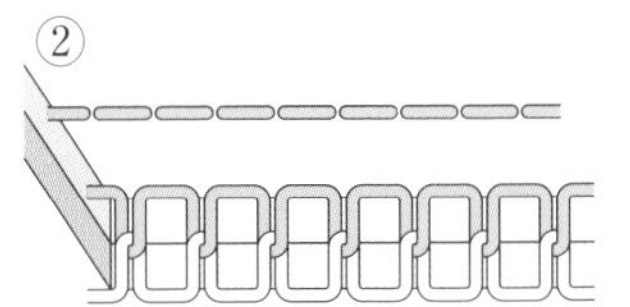
③ 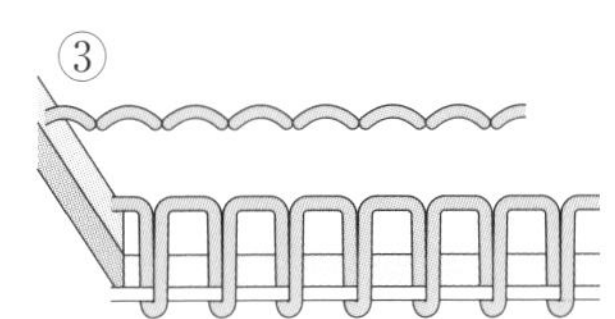

ア 糸調子はちょうどよい。 イ 上糸が弱い。 ウ 上糸が強い。

(2) 右の表の①～⑤の原因としてあてはまる状態を次からすべて選びなさい。ただし，同じものを選んでもよい。 ①（　　） ②（　　） ③（　　） ④（　　） ⑤（　　）

ミシンのトラブル
① 針が折れる
② 針棒が動かない
③ 布が進まない
④ 縫い目（針目）が飛ぶ
⑤ 上糸が切れる

ア 送り調節器の数字が0になっている。
イ 釜の中に糸やほこりがつまっている。
ウ 上糸のかけ方が正しくない。
エ 針が曲がっている。
オ 針止めねじがゆるんでいる。
カ 針のつけ方が正しくない。

針のつけ方，糸のかけ方を確認しよう。針や糸も布に合うかな？

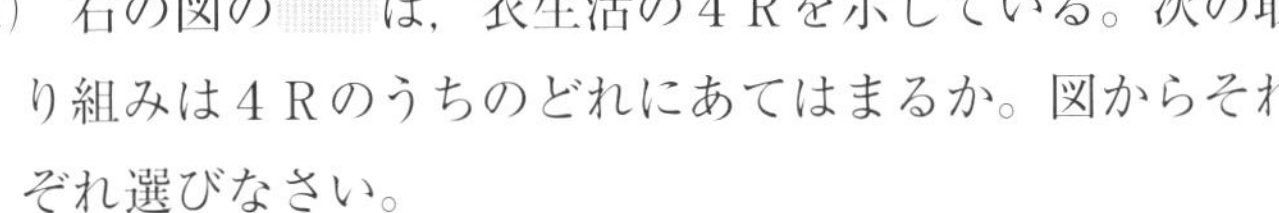

4 環境に配慮した衣生活 次の問いに答えなさい。 4点×6（24点）

(1) 右の図の［　］は，衣生活の4Rを示している。次の取り組みは4Rのうちのどれにあてはまるか。図からそれぞれ選びなさい。

① フリーマーケットに出す。（　　）
② ほころびを直して着用する。（　　）
③ 必要な衣服を考えて購入する。（　　）
④ 原料の状態に戻して再生利用する。（　　）

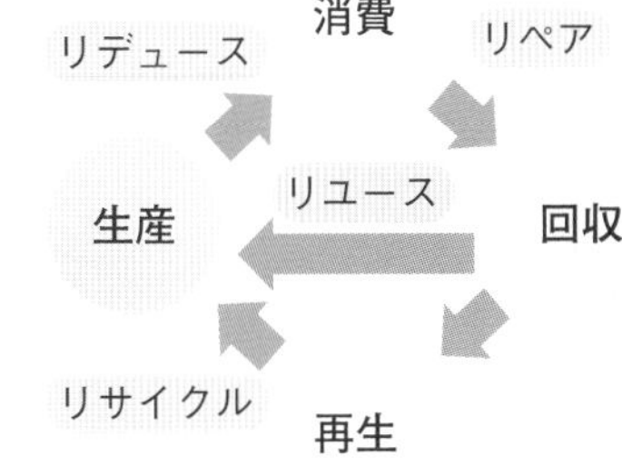

(2) 衣服に用いる多くの合成繊維の原料には埋蔵量（まいぞう）に限りがある。この原料を何というか。（　　）

(3) 環境に配慮した生活を送るための取り組みとして，正しいものを次から選びなさい。（　　）

ア 夏は，ネクタイをきっちり締（し）めたクールビズを心がける。
イ 冬に部屋が寒い場合は，すぐに暖房をつけるウォームビズを行う。
ウ 衣服を長持ちさせるように，ブラシかけやしみ抜きを行う。
エ すばやく汚れを落とすため，洗剤を多く使う。

ヒントの森
3 (1)上糸は，上糸調節装置の数字を大きくすると強く，小さくすると弱くなる。
4 (3)クールビズ・ウォームビズは地球温暖化を防ぐために環境省が働きかけている。

解答 p.31

確認のワーク ステージ1

3 住生活
① 住まいの働き

教科書の要点 (　　)にあてはまる語句を答えよう。

1 住まいの役割と住まい方

住まいの役割

◆厳しい自然環境(かんきょう)から，私たちの生命と生活を守る。 ―雨・風など
◆休養と安らぎをもたらし，健康を維持(いじ)する。
◆家族が支え合い，(①　　　　)が育つ。 ―介護など

住まいの空間

◆住まいの中ではさまざまな(②　　　　)が行われている。

	家族共有(生活)の空間	(③　　　　)の空間
共同生活の空間	食事，団らん，接客 ●居間，食事室など	入浴，洗面，排(はい)せつなど ●浴室，洗面室，トイレ
	(④　　　　)の空間	移動と収納の空間
	調理，洗濯(せんたく)，裁縫(さいほう)，アイロンかけなど ●台所など	通行，出入り，収納など ●廊下(ろうか)・階段，玄関(げんかん)，押し入れ・クローゼットなど
(⑤　　　　)の空間		休養，趣味(しゅみ)，仕事，勉強など

日本の住まい

◆和式の住まい(和室)の特徴(とくちょう)
●(⑥　　　　)は保温性と吸湿性(きゅうしつ)がよい。
●部屋を場合に応じてさまざまな目的に使える。
◆洋式の住まい(洋室)の特徴
●気密性が高く，ベッドやテーブルを置いて生活。
●立ったり座(すわ)ったりが楽。
◆現代の日本の住まい➡和式と洋式を組み合わせた(⑦　　　　)の住まい方

空間の使い方

◆家族の人数，年齢，価値観などによって空間の使い方が異なる。
●個人のプライバシーを尊重する。
●家族のコミュニケーションを大切にする。
●互(たが)いの意見を尊重しながら家庭内のルールを決める。
◆家具の配置を工夫(くふう)して，心地よく生活できるように整える。
●(⑧　　　　)が複雑に交差しないようにする。 ―人が移動するときに通る経路

家庭内でルールを決めて，工夫して生活しよう！

ことばメモ
間取り
建物内の部屋の配置。

ここがポイント
日本の住まい
・高温多湿の気候風土や各地の制度・慣習に合わせて建てられている。

和式と洋式

和式	長所	・1部屋を多目的に使用できる ・家具が少ない ・障子・ふすまを外すと風が通る
	短所	・足腰に負担 ・畳やふすまの維持管理が必要
洋式	長所	・立ったり，座ったりの動作が楽 ・気密性が高い
	短所	・1部屋を多目的に使用できない ・家具が多く必要

絶対確認! □住まいの役割 □家族共有の空間 □個人生活の空間

教科書の資料　□にあてはまる語句を答えよう。

1 住まいの空間

〔移動・収納・入浴・団らん・調理・睡眠〕の生活行為から書こう。

2 日本各地の住まい

あてはまる都道府県名を書こう。

□和式　□洋式　□和洋折衷

定着のワーク ステージ2

3 住生活
① 住まいの働き

解答 p.31

/100

1 住まいの役割 次の文を読んで，あとの問いに答えなさい。 (4)1点×6，ほか3点×16（54点）

住まいは，暑さ・寒さ，風雨，日射などの(①)から私たちの生命と生活を守っている。食事や休養などを通して，(②)の維持と安らぎをもたらし，明日への(③)を生み出す。そして，(④)が育ち，また(⑤)をする・受けるなど，家族が支え合い安心して暮らせる場でもある。住まい方は家族によって異なるが，住まいの空間は生活行為（こうい）で分類できる。

(1) 文中の(　　)にあてはまる語句を下の□からそれぞれ選びなさい。

①(　　) ②(　　) ③(　　)
④(　　) ⑤(　　)

自然　介護（かいご）　健康　活力　子ども

(2) 下線部について，右の図は住空間の分類を示している。A～Eで行われる生活行為を次からそれぞれ選びなさい。 A(　　) B(　　) C(　　) D(　　) E(　　)

ア 排せつ　イ 出入り　ウ 食事
エ 勉強　オ 洗濯

A 家族共有の空間
B 生理・衛生の空間
C 移動と収納の空間
D 個人生活の空間
E 家事作業の空間

よく出る (3) 右の図のA～Eにあてはまる空間を次からそれぞれ選びなさい。

A(　　) B(　　) C(　　) D(　　) E(　　)

ア 玄関　イ 寝室（しんしつ）　ウ 浴室　エ 居間　オ 台所

レベルUP! (4) 住まいの間取りのLDKとはどのような部屋か。①カタカナと②漢字でそれぞれ書きなさい。

L ①(　　) ②(　　)
D ①(　　) ②(　　)
K ①(　　) ②(　　)

(5) 次のうち，住空間を考えるポイントとして，正しいものに○を書きなさい。

①(　　) 家族の人数や一人ひとりの年齢，暮らし方に合っているかを考える。
②(　　) 住空間に対する想いは多様なので，家族一人ひとりの要求をかなえることではなく，家族のコミュケーションを大切にすることだけを考える。
③(　　) 動線が複雑に交差しても大きな問題はないので，必要な家具であれば配置を気にせずに設置する。
④(　　) 一人ひとりが心地よく生活できるように，家庭内のルールを決めるなど工夫をする。
⑤(　　) 一人ひとりの要望だけではなく，快適性や安全性も考える。

ヒントの森 1(4) Lはくつろぐ部屋，Dは食事をする部屋，Kは調理をする部屋。

❷ 住まい方　日本の住まい方について，次の問いに答えなさい。　3点×6（18点）

(1) 次の文中の(　　)にあてはまる語句をそれぞれ書きなさい。

①(　　　　　　) ②(　　　　　　) ③(　　　　　　)

- 日本の伝統的な住まい方を(①)という。
- (①)に対して，欧米の住まい方を(②)という。
- 現代の日本の住まい方は，(①)と(②)を組み合わせた(③)である。

(2) 次のうち，日本の伝統的な住まい方の特徴を表しているものをすべて選びなさい。

(　　　　　　　　　　)

ア　玄関で履物(はきもの)を脱ぐ。
イ　靴(くつ)のまま室内に入る。
ウ　テーブルと椅子(いす)を使う。
エ　座卓(ざたく)と座布団(ざぶとん)を使う。
オ　正座やあぐらが足腰(あしこし)の負担(ふたん)となることもある。
カ　部屋の転用が利かず，目的に合わせた家具が必要である。
キ　引き戸の開き具合で，風，音，光などを調節する。
ク　開き戸を閉めると，遮音(しゃおん)性や気密(きみつ)性がある。
ケ　入浴は，浴槽(よくそう)の中で体を洗い，シャワーで流す。

(3) 和室に敷(し)かれる畳の特徴について，次の文中の(　　)にあてはまる語句をそれぞれ書きなさい。

①(　　　　　　) ②(　　　　　　)

畳には(①)性と(②)性があり，夏はさらりとし，冬は暖かく過ごせる。

❸ 日本各地の住まい　次の資料を見て，あとの問いに答えなさい。　4点×7（28点）

① (A)に備えて，屋根が低く，石垣などで囲まれている。

② 雪下ろしを軽減するため，傾斜(けいしゃ)のある茅ぶき屋根(合掌造り)の住まい。

③ 寒気の侵入(しんにゅう)を防ぐため，(B)窓・玄関になっている。

④ 間口が狭いが，中庭に抜(ぬ)ける(C)があり，風通しがよい。

ア
イ
ウ
エ
オ

(1) 資料の①～④はどの地域の住まいの説明か。右の地図の**ア**～**オ**からそれぞれ選びなさい。

①(　　) ②(　　) ③(　　) ④(　　)

(2) 資料中の(　　)にあてはまる語句をそれぞれ書きなさい。

A(　　　　　　) B(　　　　　　) C(　　　　　　)

❷(1)現代の日本では，両方のよさを融合させた住まい方をしている。
❸(1)地域の気候に合わせた住まいになっている。

確認のワーク ステージ1

解答 p.31

3 住生活
② 住まいの安全
③ 住まいの防災と地域

教科書の要点 （　　）にあてはまる語句を答えよう。

1 健康と室内環境

室内環境

◆心地よい環境➡温度，（①　　　　）, 風通し，光・音などの要素が重要。
　高いと結露が起こりやすくなる

◆最近の住宅➡断熱性・（②　　　　）が高い。
冷暖房効率はよいが，室内に汚れた空気がこもりやすい。

- 二酸化炭素　・たばこの煙
- ほこり　・カビ　・ダニ　くしゃみ，鼻水などのアレルギーを引き起こす
- （③　　　　）(CO)➡不完全燃焼で発生する。
- 接着剤，塗料などに含まれる（④　　　　）➡シックハウス症候群の原因となる。

◆室内空気の汚れには，（⑤　　　　）が有効。

ことばメモ

シックハウス症候群
殺虫剤，消臭剤，接着剤，塗料，防腐剤など，住まいや日用品で使われる化学物質が原因で起こるアレルギーなどの症状。

2 住まいの安全

SDGs
住まいの安全対策

◆（①　　　　）➡住まいの中で起こる事故。

- 高齢者，障がいのある人，乳幼児など体の特徴を踏まえた対策。
　筋力・視力が低下
- （②　　　　）のデザイン➡段差をなくす，階段に手すりをつける。
- （③　　　　）デザイン➡誰もが使いやすくする。

ここがポイント

防火対策
- 住宅用火災警報器
- 消火器
- 火のそばに燃えやすいものを置かない。

3 災害と住まい

住まいの災害対策

◆地震，津波，大雨などさまざまな災害を想定した対策を行う。

- （①　　　　）の配置の見直し。
- 安全な避難経路の確認。　・ハザードマップの確認。

◆（②　　　　）訓練に参加するなど，近隣の人との良好な関係をもつ→災害時には地域で助け合う。

4 よりよい住生活を目指して

SDGs
住生活と環境

◆住まいの周りの環境➡防災・防犯活動に地域で取り組む。

◆環境に配慮した住まい

- （①　　　　）➡窓の外に，つる性の植物を栽培して日射を防ぎ，室内の温度を下げる。
- **環境共生住宅**➡環境と調和した住宅。

□室内環境　□換気　□シックハウス症候群　□家庭内事故

教科書の資料　□にあてはまる語句を答えよう。

1 換気

①□換気（かんき）
- 窓を開けて換気する
- 入り口と出口を設ける
- 風の通り道を塞（ふさ）がない

②□を利用した換気

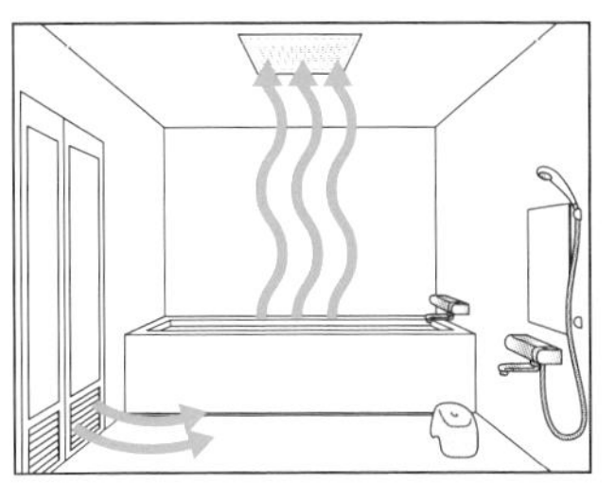

2 室内空気の汚れ

①，②は〔カビ・ダニ〕から選ぼう。

種類	①□	②□
発生する環境	・日当たりが悪い ・湿度（しつど），温度が比較的高い ・結露（けつろ）ができやすい	・ふとん，カーペットなどもぐり込みやすい場所がある ・温度，湿度が比較的高い
場所	・浴室　・押し入れ　など	・寝室　・居間　など
影響	・アレルギーの原因となる	・アレルギーの原因となる

種類	化学物質	二酸化炭素	一酸化炭素
原因	・建材・家具の接着剤，塗料 ・殺虫剤，防臭剤（ぼうしゅう）などの日用品	・呼吸 ・暖房器具	・暖房器具の④□燃焼
影響	・③□症候群	・頭痛など	・命に関わる

3 住まいの災害対策

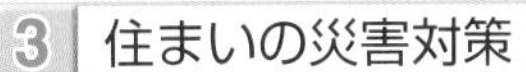

- 家具を①□する
- ②□の確保
- 寝る場所の安全確保

□バリアフリー　□ユニバーサルデザイン　□災害対策　□ハザードマップ

定着のワーク ステージ2

3 住生活
② 住まいの安全
③ 住まいの防災と地域

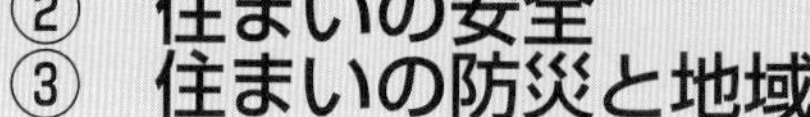

1 健康と室内環境 次の文を読んで，あとの問いに答えなさい。

4点×11（44点）

近年の住まいは，a 冷暖房の効率がよい一方で，日常生活の中で発生した汚れた空気や水蒸気がこもりやすい特徴をもつ。

空気がこもり，室内の湿度が高くなると，（ A ）が起こりやすい。（ A ）は，アレルギーやぜん息などを引き起こすカビや（ B ）を発生しやすくする。このほか，室内の空気の汚れは健康に害を与え，時には命に関わることもある。日頃から習慣づけて b 適切に換気を行うことが重要である。

(1) 文中の（　）にあてはまる語句をそれぞれ書きなさい。

A（　　　　） B（　　　　）

記述 (2) 下線部aについて，なぜ近年の住まいは冷暖房の効率がよいのか。簡単に書きなさい。

（　　　　）

(3) 下線部bについて，次の換気の方法として最も適切な図を下からそれぞれ選びなさい。ただし，は空気の流れを示している。

① 通風による自然換気（　　）
② 機械による強制（人工）換気（　　）

開口部と空気の流れに注目しよう。

ア
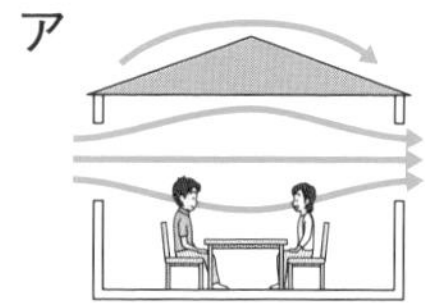

イ
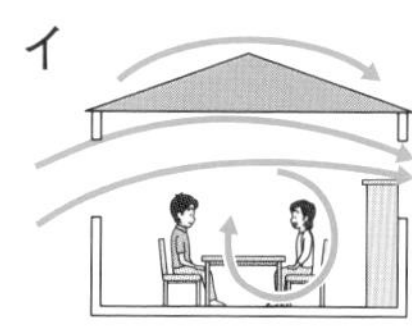

ウ

エ

よく出る (4) 室内空気の汚れによる影響のうち，化学物質などで起こる，頭痛，目・鼻の不調などのさまざまな症状をまとめて何というか。（　　　　）

(5) 室内環境について，次の文中の（　）にあてはまる語句を，右の□からそれぞれ選びなさい。

①（　　　） ②（　　　） ③（　　　）
④（　　　） ⑤（　　　）

- 呼吸やストーブの燃焼などによって発生する（ ① ）は，室内での濃度が上がると人体に悪影響を与える。
- 酸素不足の中で燃焼器具を使うと，（ ② ）が起こり，強い毒性をもつ（ ③ ）が発生する。（ ③ ）は微量でも命に関わることがある。
- （ ④ ）のトラブルがないか，（ ⑤ ）が入るかなども，快適な住まいに大切である。

日光　騒音
不完全燃焼
一酸化炭素
二酸化炭素

1 (1)A空気中の水蒸気が冷たい窓などで冷やされて水滴となること。(3)①空気の通り道を家具などで塞がない。

❷ 安全な住まい　次のA～Dの家庭内事故を防ぐには，それぞれどのような工夫をすればよいか。

5点×4（20点）

A（　　　　）
B（　　　　）
C（　　　　）
D（　　　　）

❸ 住まいの災害対策　右の図を見て，次の問いに答えなさい。

4点×7（28点）

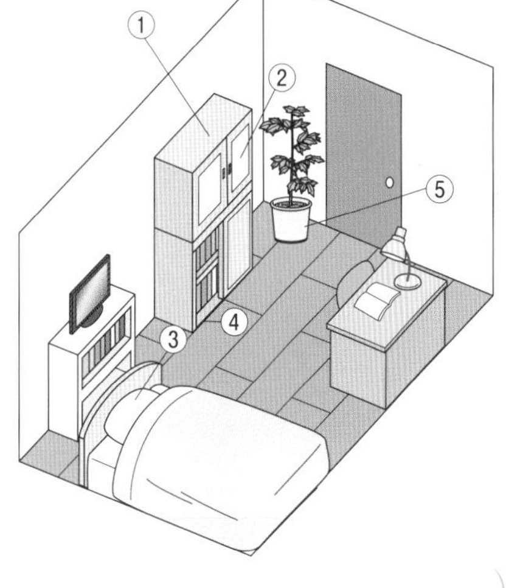

(1) 図の①～⑤について，災害時の被害を少なくするためにするとよい工夫を次からそれぞれ選びなさい。

①（　　）②（　　）③（　　）
④（　　）⑤（　　）

ア　手前に耐震転倒防止板を挟む。
イ　L字型金具で壁に固定する。
ウ　通路を塞がないように移動する。
エ　ガラス飛散防止フィルムを貼る。
オ　就寝中にものが落ちてこないように移動する。

(2) (1)のほかに，この部屋の災害対策として考えられる工夫を簡単に書きなさい。

（　　　　）

(3) 災害対策について，正しいものに○を書きなさい。

①（　　）非常持ち出し袋に1日分の食料を準備し，収納の奥にしまっておく。
②（　　）危険な場所を確かめ，避難方法・避難経路を家族と相談しておく。
③（　　）災害が起きたら，はぐれないように家族そろって避難する。
④（　　）日頃から地域の人びとと協力し，防災訓練に参加しておく。

❹ よりよい住生活を目指して　次の文は，よりよい住生活を送るための取り組みを説明している。それぞれどのような効果があるか。あとから選びなさい。

4点×2（8点）

① 夏にゴーヤを栽培して，緑のカーテンをつくる。（　　）
② 防災や防犯活動を近所の人といっしょに行う。（　　）

ア　地域の人と安心して暮らせる。　イ　年間の消費エネルギーをゼロにできる。
ウ　家族が心地よく暮らせる。　エ　空気の温度を下げて冷房の利用を減らせる。

❸ (1)地震が起こるとものが落ちたり動いたりする。(2)①～⑤以外の改善点を見つける。
❹ ①環境に配慮した取り組みである。

解答 p.32

確認のワーク ステージ1

1　金銭の管理と購入(1)

教科書の要点　(　　)にあてはまる語句を答えよう。

1 消費生活のしくみ

中学生と消費生活

◆商品➡形のある(①　　　　　　)と，
　　　形のない(②　　　　　　)に分けられる。

◆中学生も(③　　　　　　)者➡お金を払って商品を購入，利用。

● 支出➡お金を払う。　● 収入➡お金を得る。

2 販売方法と支払い方法，金銭管理

販売方法➡店舗販売と(①　　　　　　)

支払い方法➡前払い，(②　　　　　　)，後払い

◆プリペイド型電子マネー➡交通機関のほか，多くの小売店でも利用可能に。使用範囲が拡大している。

◆現金を使わない(③　　　　　　)化が進んでいる。

金銭管理

◆(④　　　　　　)➡家庭における収入と支出。

● (⑤　　　　　　)➡物資やサービスを購入するための支出。

● **非消費支出**➡税金や社会保険料などの支出。

◆収入と支出のバランスが取れるような(⑥　　　　　　)が大切。
本当に必要な支出か，優先順位をつける。

3 売買契約のしくみ

契約

◆(①　　　　　　)➡法律によって保護された約束事。

● 売買契約➡消費者の購入の意思と店側の販売の意思が(②　　　　　　)することで成立する。口頭でも成立する。

● 消費者(買う側)と店(売る側)の両者が対等な立場で，契約をするかしないかを判断できることが必要である。

● 成立した契約は，一方的な都合で取り消せない。
例外的に法律で定められた場合は，解約が可能。

● 未成年者の契約➡保護者の同意なしの契約は取り消せる。
例外：保護者の同意や成年を偽る，小遣いの範囲内など。

◆(③　　　　　　)**カード➡契約が三者間契約。**
長所：手元にお金がなくても買い物できる，分割払いが可能。
短所：使いすぎの恐れ，紛失や盗難で悪用される恐れ。

⬇物資とサービス

物資	・食料品　・衣料品 ・文房具　・日用品 ・書籍 ・医薬品など
サービス	・医療　・交通 ・通信（郵便，電話，インターネット） ・金融　・映画 ・塾，習い事など

中学生も，ものを購入するときに法的な契約を結んでいるんだね。

ここがポイント

契約

・消費者の「これを○○円でください」という申し込み（購入の意思）に対して，店の人が「はい，かしこまりました」と承諾したタイミングで成立する。商品を受け取ったときや代金を支払ったときではない。

絶対確認！　□商品　□物資　□サービス　□店舗販売　□無店舗販売　□前払い

教科書の資料 □にあてはまる語句を答えよう。

1 支払い方法

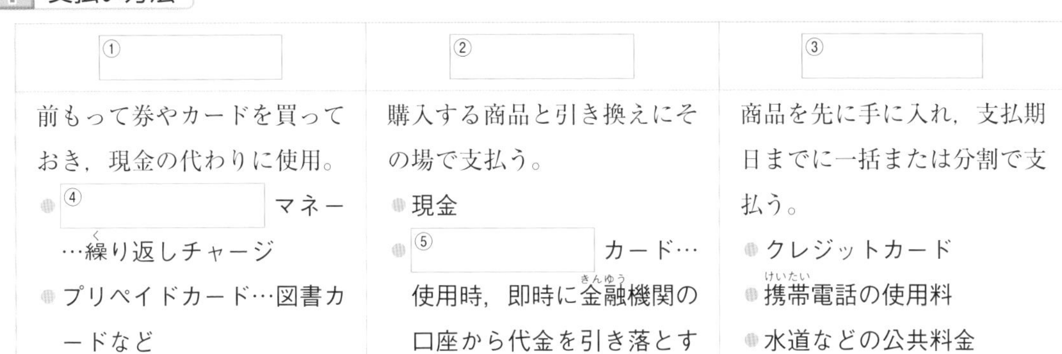

①	②	③
前もって券やカードを買っておき，現金の代わりに使用。 ・④□マネー…繰り返しチャージ ・プリペイドカード…図書カードなど	購入する商品と引き換えにその場で支払う。 ・現金 ・⑤□カード…使用時，即時に金融機関の口座から代金を引き落とす	商品を先に手に入れ，支払期日までに一括または分割で支払う。 ・クレジットカード ・携帯電話の使用料 ・水道などの公共料金

※バーコード(QRコード)決済の支払い方法は，会社・種類によって異なる。

2 売買契約の成立

3 クレジットカードと三者間契約

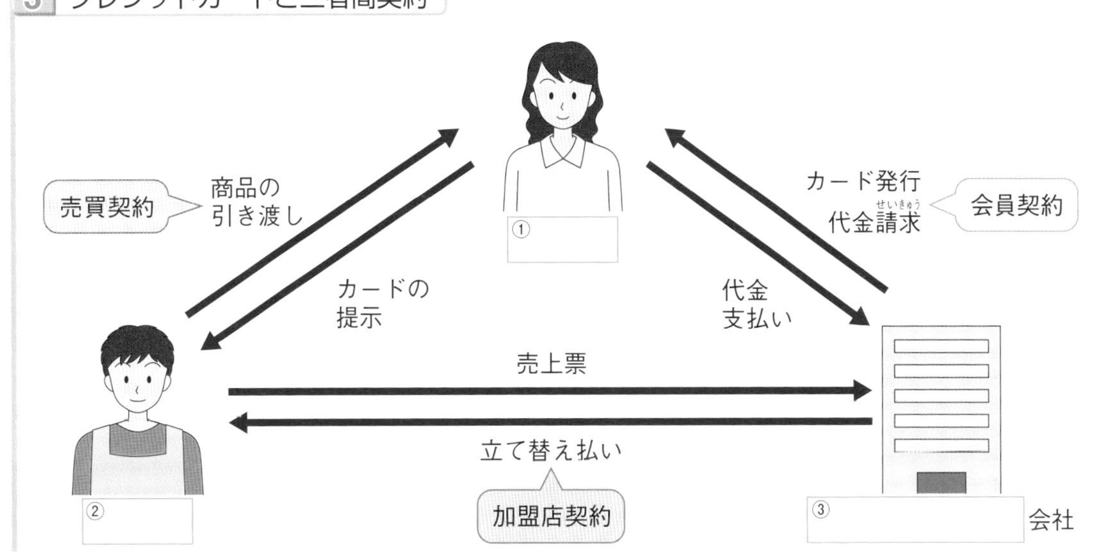

□即時払い　□後払い　□キャッシュレス化　□金銭管理　□契約　□三者間契約

定着のワーク ステージ2

1　金銭の管理と購入(1)

解答 p.32

/100

1 消費生活のしくみ　次の文を読んで，あとの問いに答えなさい。

4点×4（16点）

私たちは必要な（ ① ）を購入して生活を送る（ ② ）の１人である。購入する（ ① ）は，形のある a 物資と形のない b サービスに分けることができる。

(1)　（　　）にあてはまる語句を書きなさい。　①（　　　　）②（　　　　）

よく出る (2)　下線部について，次のものを a，b に分類しなさい。

a（　　　　）b（　　　　）

ア　文房具（ぶんぼうぐ）　イ　塾（じゅく）　ウ　郵便　エ　自転車　オ　交通機関

2 販売方法　右の表を見て，次の問いに答えなさい。

3点×9（27点）

A（　　）販売
コンビニエンスストア スーパーマーケット 百貨店
B（　　）販売
訪問販売 カタログ販売 生活共同組合の共同購入

よく出る (1)　表は，商品の販売方法を示したものである。A，B の（　　）にあてはまる語句をそれぞれ書きなさい。

A（　　　　）B（　　　　）

(2)　次の販売方法は A，B どちらにあてはまるか。

①　自動販売機　②　移動販売車　③　ドラッグストア

①（　　）②（　　）③（　　）

(3)　次の場合は，A，B どちらの販売方法を利用したと考えられるか。あてはまる記号を書きなさい。

①（　　）②（　　）③（　　）④（　　）

①　デザインや歩きやすさを履（は）き比べ，気に入った靴（くつ）をその場で買えた。

②　気に入ったデザインの棚を購入したが，思ったよりも小さかった。

③　怪我（けが）をしていたので，インターネットで自宅から食料品を購入した。

④　カバンが破れてしまったので，買いに行ったが定休日だった。

3 支払い方法　次の資料を見て，あとの問いに答えなさい。

3点×7（21点）

A　商品を購入するときに，その場で代金を支払う。

B　商品を先に手に入れて，期日までに支払う。

C　あらかじめ券などを購入し，現金の代わりに使う。

よく出る (1)　A～C の支払い方法をそれぞれ何というか。

A（　　　　）B（　　　　）C（　　　　）

(2)　A～C の支払い方法で使われるカードをそれぞれ何というか。

A（　　　　）B（　　　　）C（　　　　）

記述 (3)　それぞれの支払い方法には長所と短所があるが，特に B の方法について気をつけることは何か。簡単（かんたん）に書きなさい。（　　　　）

ヒントの森　1 (2)最近は b の種類が増えている。　2 (1)訪問販売は，事業者が家などを個別に訪問するもの。(3)A と B の支払い方法の特徴を踏まえて考える。

4 契約　契約について，次の問いに答えなさい。

3点×7（21点）

(1) 売買の契約について，図の□にあてはまる語句を，右の⋯からそれぞれ選びなさい。

A（　　　）　B（　　　）

C（　　　）

図　売買契約の成立

義務　　権利　　合意

(2) 次のうち契約にあてはまるものをすべて選びなさい。（　　　）

ア　家族と遊ぶ約束　　イ　店でDVDを借りる

ウ　きょうだいの髪を切る　　エ　電車に乗る

オ　インターネットで音楽をダウンロードする

(3) 商店で買い物をした。契約が成立するのは，次のア～ウのどのときか。（　　）

ア　商品を受け取ったとき　　イ　代金を支払ったとき

ウ　購入することを商店側が合意したとき

(4) 商店で商品を購入したが，使う前に不要になった。このとき，法律上，解約について正しいものは，次のア～ウのどれか。（　　）

ア　解約できない。

イ　レシートがあり，1週間以内であれば解約できる。

ウ　商品を開封していなければ，いつでも解約できる。

(5) 14歳の中学生が保護者の同意を得ないで15万円の商品を購入した。この契約の取り消しについて正しいものは，次のア～ウのどれか。（　　）

ア　取り消せない。　　イ　取り消せる。

ウ　保護者が取り消しを求めた場合に限り，取り消せる。

5 三者間契約　右の図は，クレジットカードでの購入のしくみを示したものである。これについて，次の問いに答えなさい。

3点×5（15点）

(1) 図の□にあてはまる語句をそれぞれ書きなさい。

A（　　　）

B（　　　）

(2) 図の三者間の契約のうち，消費者と販売者の間の契約を何というか。（　　　）

記述 (3) クレジットカードは，商品の購入時期(商品が消費者の手に入る時期)と，実際の金銭の動き(消費者が代金を支払う時期)とが異なっている。このメリットとデメリットは何か。

メリット（　　　）

デメリット（　　　）

4(5)未成年者が保護者の同意を得ないで，小遣いの範囲内の金額を超えての契約である。
5何を購入し，代金がいつ支払われるのか，きちんと把握することが大切。

家庭C

解答 p.33

確認のワーク ステージ1

1 金銭の管理と購入(2)

教科書の要点 (　　)にあてはまる語句を答えよう。

1 消費者トラブルと消費者の権利・責任

消費者トラブル

◆(①　　　　　)トラブル➡契約が正当に行われない，契約が守られない，契約によって安全や健康が脅(おびや)かされる。

◆(②　　　　　)➡悪質な方法で消費者をだます。

●悪質な訪問販売，キャッチセールス，マルチ商法など。

◆中学生➡(③　　　　　)ゲームなどのデジタルコンテンツにまつわるトラブルが増加。

消費者を守る法律・相談機関

◆消費者は事業者より商品に関する情報や知識が少ない➡トラブルが起きると立場が(④　　　　　)。

◆消費者を守るための法律・制度がある。

消費者基本法	(⑤　　　　　)法
消費者の権利を尊重し，消費者の自立と主体的な行動を支援。	消費者と事業者のすべての契約に適用。不当な契約は無効。
(⑥　　　　　)法(PL法)	(⑦　　　　　)に関する法律
製品の欠陥(けっかん)による消費者の被害に対し製造者が賠償(ばいしょう)責任を負う。	悪質な訪問販売・通信販売などに対し不当行為(こうい)を禁止する。

●(⑧　　　　　)制度➡特定の取引(訪問販売，キャッチセールス)に対して，一定期間内(8日間(一部20日間))に書面で通知すれば契約を解除できる。

◆相談機関➡消費者庁，国民生活センター，(⑨　　　　　)センターなど。

ここがポイント

消費者を支える相談機関

- 消費者庁…消費者関連の業務をまとめて行う。
- 国民生活センター…消費者庁が所管し，消費者の相談・情報提供を行う。
- 消費生活センター…地方自治体が設置。相談・情報提供を行う。
- 消費者ホットライン…188番にかけると，最寄りの相談窓口を案内してくれる。

2 商品の選択と購入

商品を購入する

1 目的・課題 ▶ 2 情報の収集 ●品質・価格など ▶ 3 方法の検討 ●場所，支払い ▶ 4 決定・購入 ▶ 5 評価・反省

◆本当に(①　　　　　)かどうか➡ニーズ(Needs, 必要なもの)とウォンツ(Wants, 欲しいもの)。

●購入以外の方法➡製作，リフォーム，レンタル，シェア。

◆商品選択➡パンフレットやインターネットなどで情報を収集。

◆生活情報を活用➡売り手からの情報のみに惑(まど)わされない(よい点を強調しがち)。

●品質　●機能　●安全性　●価格

●保証・(②　　　　　)サービス　●環境(かんきょう)への配慮(はいりょ)

◆商品の表示・(③　　　　　)の意味を理解して活用。

ここがポイント

商品の選択

- 品質・機能・安全性…使用目的に合うか，機能性，衛生，原材料はどうか。
- 価格…需要と供給で決まる。予算に合うか，適正価格か。
- 保証・アフターサービス…保証期間，保証書，取り扱い説明書，購入後の修理サービスなどの有無。
- 環境への配慮…資源やエネルギーへの負荷。

絶対確認! □消費者トラブル　□悪質商法　□クーリング・オフ　□品質・機能　□価格

教科書の資料　□にあてはまる語句を答えよう。

1 消費者トラブル

①	②	③	④　商法
家や職場に訪問し，強引に契約をさせる。	街頭で消費者に声をかけ，営業所などで商品を売る。	電話などで約束を取りつけて呼び出し，商品を売る。	高収入を得られるなどと勧誘（かんゆう）し，次の販売員を勧誘させる。
⑤	催眠（さいみん）商法（ＳＦ商法）	当選商法	架空（かくう）請求
勝手に商品を送りつけ，一方的に代金を請求する。	人を集めた会場で雰（ふん）囲気（いき）を盛り上げ，高額商品を買わせる。	「景品が当たった」などと喜ばせ，商品を購入させる。	ワンクリック詐欺（さぎ）など，契約していない商品の代金を請求する。

2 商品につけられるマーク

安全に関するマーク

PSCマーク

消費生活用製品安全法の基準に適合した製品

① 　マーク

電気用品安全法の基準に適合した電気製品

STマーク

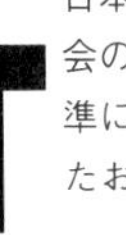

日本玩具協会の安全基準に適合したおもちゃ

② 　マーク

安全と認証された製品。欠陥による事故は賠償が行われる

品質とその表示に関するマーク

③ 　マーク

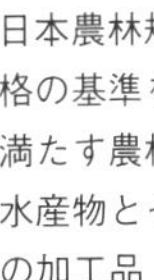

日本農林規格の基準を満たす農林水産物とその加工品

有機JASマーク

基準を満たす有機農産物とその加工品

特定保健用食品マーク

特定の保健効果が認められた食品

飲用乳公正マーク

メーカーの表示の自主規制に基づいて品質を表示した牛乳（飲用乳）

④ 　マーク

日本産業規格に適合した製品

ウールマーク

ザ・ウールマークロゴ

新毛を100％使用し，決められた品質基準を満たしている製品の証明

その他のマーク

フェアトレードのマーク

国際フェアトレード認証ラベル

シルバーマーク

高齢者向けに良質なサービスを提供する事業者

環境に関するマーク

⑤ 　マーク

環境に配慮していると認められた製品

⑥ 　マーク

一定の割合以上の古紙を利用した製品

再生紙使用マーク

表示の配合率で古紙を利用

容器包装識別マーク

□アフターサービス　□環境

定着のワーク ステージ2　1　金銭の管理と購入(2)

1 消費者トラブル　次のカードを見て，あとの問いに答えなさい。　3点×9（27点）

A
　家に販売員が来た。強引に薦(すす)められたので，思わず高額な教材を購入してしまったが，役に立たなかった。

B
「商品を買って会員になり，友人を勧誘して販売すればもうかる」と言われ商品を購入したが，まったく売れなかった。

C
「抽選(ちゅうせん)に当たった」と電話があり，喫茶(きっさ)店(てん)に呼び出されたが，結局高額なアクセサリーを購入させられた。

D
　街頭でアンケートに答えたところ，近くの営業所に案内され，高額な化粧品(けしょうひん)を購入させられた。

E
　知らない通信販売サイトから，注文していない電気製品が送られてきた。後日代金を請求され，支払ってしまった。

F
　友人からを装ったメールに記載(きさい)されたURLをクリックしたところ，有料サイトに接続し，使用料を請求された。

G
「景品を無料でもらえる」と言われ，イベント会場に行った。異様な雰囲気にのまれ，高額な日用品を買ってしまった。

H
　芸能人を名乗るメールが来て，連絡を続けるために有料サービスに登録した。後日多額の使用料を支払うことになった。

よく出る (1)　A～Hは何という悪質商法か。下の［　］からそれぞれ選びなさい。

A（　　　）　B（　　　）　C（　　　）
D（　　　）　E（　　　）　F（　　　）
G（　　　）　H（　　　）

アポイントメントセールス　悪質な訪問販売　催眠商法　サクラサイト商法
マルチ商法　ワンクリック詐欺　キャッチセールス　ネガティブオプション

(2)　(1)のような消費者トラブルを防ぐための姿勢として，正しいものに○を書きなさい。

①（　　）　街頭で知らない人に声をかけられても，相手にしない。
②（　　）　身に覚えのない請求のはがきやメールは，発送元に必ず確認する。
③（　　）　必要のないものを断るときは，相手を怒らせないように曖昧(あいまい)に言う。
④（　　）　不用意に名前や住所などの個人情報を人に教えない。

2 消費者を守る法律　次の法律の内容を，下から選びなさい。　4点×4（16点）

①　消費者基本法　②　消費者契約法　③　製造物責任法
④　特定商取引に関する法律　①（　　）②（　　）③（　　）④（　　）

ア　製品による損害を受けた場合に，製造者などに損害賠償を求めることができる。
イ　訪問販売などでの不当行為の禁止や，クーリング・オフ制度を定める。
ウ　消費者・事業者間の契約すべてに適用。消費者が著(いちじる)しく不利な契約は無効となる。
エ　消費者の立場を権利の主体と位置づけ，消費者の自主的な行動を支援(しえん)する。

1 (1)H実際はその芸能人本人からの連絡ではない。(2)悪質商法の情報を常に集め，きっぱりと断ることが大切。　2 ③PL法と呼ばれることもある。

3 クーリング・オフ　次の文を読んで，あとの問いに答えなさい。　4点×3（12点）

Ａさんとへ Ｂさんが，駅前でＣさんと待ち合わせをしていると，販売員に声をかけられた。成績に悩(なや)んでいたＡさんは2800円の教材を，美容に興味があったＢさんは5000円の化粧品を現金で購入した。合流したＣさんはその話を聞いて，Ｂさんが購入した化粧品をインターネットの通信販売で探し，同じ5000円で購入した。しかし，３人とも帰宅後に冷静になると，価格が高すぎると感じ，購入したことを後悔(こうかい)している。

(1)　上の文の場合，クーリング・オフできるのは誰か。あてはまる人物をすべて書きなさい。なお，商品はすべて未使用である。　（　　　　）

(2)　(1)がクーリング・オフできるのは購入日から何日間か。次から選びなさい。　（　　）

ア　３日間　　イ　８日間　　ウ　10日間　　エ　20日間

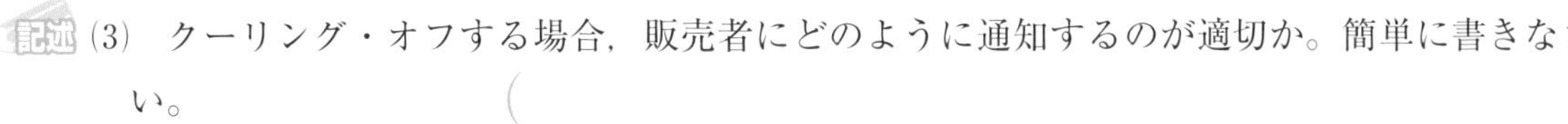

(3)　クーリング・オフする場合，販売者にどのように通知するのが適切か。簡単に書きなさい。　（　　　　　　　　　　　　）

4 商品の選択と購入　次の文を読んで，あとの問いに答えなさい。　5点×5（25点）

- 商品を購入する前に，それが必要なもの（ニーズ）なのか，欲しいもの（ウォンツ）なのか考える。
- 安全性や使い勝手などの品質・（ ① ），適正な（ ② ）か，購入後の（ ③ ），（ ④ ）への配慮などについて情報を調べて，商品を購入する。

(1)　（　　）にあてはまる語句をそれぞれ書きなさい。　①（　　　　）
②（　　　　）　③（　　　　）　④（　　　　）

(2)　消費生活について，次から正しいものを選びなさい。　（　　）

ア　情報収集に加えて，実際に目で商品を確かめて購入する。
イ　必要なものを手に入れるためには，購入するほかに手段はない。
ウ　情報リテラシーを身につけ，売り手からの情報だけを信じる。

5 商品のマーク　次のマークの意味を，あとからそれぞれ選びなさい。　4点×5（20点）

①（　　）　②（　　）　③（　　）　④（　　）　⑤（　　）

ア　製品安全協会が安全と認証(にんしょう)した製品
イ　生産から廃棄までの過程で環境に配慮していると認められた製品
ウ　日本農林規格を満たす農林水産物とその加工品
エ　原料に一定の割合以上の古紙を使った製品
オ　日本玩具(がんぐ)協会の安全基準に適合したおもちゃ

商品のマークは144ページで練習できます。

ヒントの森　3(1)Ａさん，Ｂさんは街頭で，Ｃさんは通信販売で購入している。金額にも注意。(3)電話・メール・口頭ではない。　4(2)情報リテラシーとは，情報を読み取る力。

解答 p.34

確認のワーク ステージ1

2 消費者の権利と責任
3 消費生活・環境についての課題と実践

教科書の要点 （　　）にあてはまる語句を答えよう。

1 消費者の権利と責任

消費者の権利と責任

消費者の権利は「消費者基本法」でも保障

◆消費者の（①　　　　）つの権利と（②　　　　）つの責任を，国際消費者機構があげる。➡権利と責任の両方が大事。

CI

- 自立した消費者として行動➡消費者市民社会をつくる。

消費者には，権利だけではなく責任もあるんだね。

2 消費生活と持続可能な社会

SDGs 環境に配慮した消費生活

◆エネルギーの削減➡（①　　　　）の消費を抑え，地球（②　　　　）をもたらす温室効果ガスの排出を削減。

- 再生可能エネルギーへの転換(てんかん)。 太陽光，風力，水力，地熱，バイオマス(生物資源)など
- エネルギー消費を抑える（③　　　　）の工夫も引き続き必要。

SDGs 消費行動と社会

◆買い物で何を買うかが，社会的な意味をもつ。 買い物は投票行為

- （④　　　　）コンシューマー➡自然環境保護に配慮した消費行動を行う人のこと。ごみの減量など。
- （⑤　　　　）➡発展途上国で生産された原料や製品を，適正な価格で継続的に取引することで，生活の自立を支える貿易のしくみ。
- （⑥　　　　）消費➡人や社会，環境に配慮した倫理(りんり)的な消費活動。

SDGs 持続可能な社会

◆持続可能な消費行動から持続可能な社会を目指す。

- 人間が使える淡水は地球上の水全体の0.01%。
  ➡世界では水不足や水質汚濁(おだく)で苦しむ人びとがたくさんいる。家庭での節水や排水の工夫も必要。
- 私たちが出すごみの量は，１人１日あたり約1kg。
  ➡大量消費・大量廃棄の先進国のライフスタイル
  →ごみ処理で大量の（⑦　　　　）の排出。
  環境汚染や生態系の破壊などの一因となる。
- （⑧　　　　）社会➡３Ｒ・５Ｒの取り組み。

循環型社会形成推進基本法に基づく

ことばメモ

エシカル消費
人や社会，環境に配慮した倫理的な消費活動。

３Ｒ
リデュース（ごみを減らす），リユース（繰り返し使う），リサイクル（再生利用）。

５Ｒ
３Ｒにリフューズ（むだに購入しない），リペア（修理する）を加えたもの。リフォーム（形を変えた再利用）を加えることもある

絶対確認! □8つの権利と５つの責任 □グリーンコンシューマー □エシカル消費 □循環型社

□にあてはまる語句を答えよう。

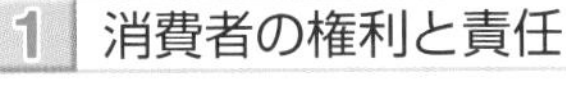

① □ である権利	知らされる権利	② □ する権利	意見が反映される権利

③ □ を受ける権利	④ □ を受ける権利	生活の基本的ニーズが保障される権利	健全な環境を享受(きょうじゅ)する権利

健康な環境の中で働き生活する

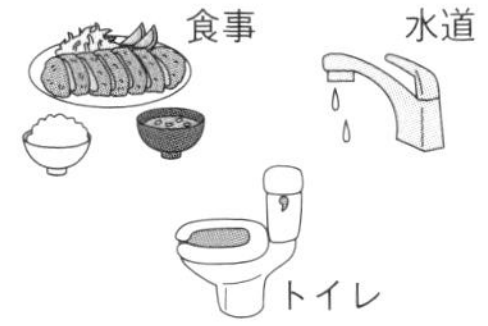

⑤ □ 意識をもつ責任	⑥ □ し行動する責任	社会的弱者へ配慮する責任

社会的関心をもつ

環境への配慮をする責任	⑦ □ する責任

きちんと責任を果たすことが，よりよい消費生活につながるね。

2 循環型社会

3R

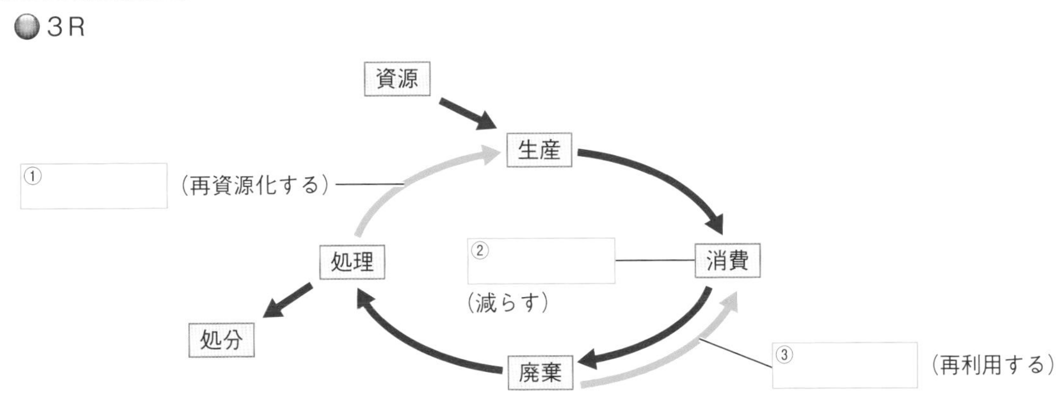

定着 ステージ2 のワーク　2 消費者の権利と責任　3 消費生活・環境についての課題と実践

解答 p.35

/100

1 消費者の権利と責任　右の表を見て，次の問いに答えなさい。　3点×8（24点）

よく出る (1) 表は消費者の権利と責任をまとめている。A～Dにあてはまる語句をそれぞれ書きなさい。

A（　　　）B（　　　）
C（　　　）D（　　　）

(2) 次の消費者の行動は，表中のどの責任を果たすものか。あてはまるものを書きなさい。

① 洗剤は詰め替えパックを購入する。
② 危険な製品の改良を求める署名運動をする。
③ 長所を強調する広告をうのみにしない。
④ 製品の不具合を製造者に問い合わせる。

①（　　　責任）
②（　　　責任）③（　　　責任）④（　　　責任）

8つの権利	●安全である権利 ●（ A ）権利 ●選択する権利 ●意見が（ B ）される権利 ●消費者教育を受ける権利 ●生活の（ C ）が保障される権利 ●補償を受ける権利 ●（ D ）を享受する権利
5つの責任	●批判的意識をもつ責任 ●主張し行動する責任 ●社会的弱者に配慮をする責任 ●環境への配慮をする責任 ●連帯する責任

2 消費者の責任と環境　次の文を読んで，あとの問いに答えなさい。　3点×7（21点）

よりよい消費生活のためには，私たち一人ひとりが（ A ）的な意識と（ B ）的な関心をもち，責任ある消費行動をすることが大切である。消費行動は（ C ）ともいわれ，その商品を買うことは，政治家を選挙で選ぶことと同じように，事業者を支持することになる。消費行動を通じて，人，社会，環境，地域に配慮し，私たちが公正で持続可能な社会に参画する社会を消費者（ D ）という。

(1) 文中の（　）にあてはまる語句を，次の[　]から選びなさい。　A（　　　）
B（　　　）C（　　　）D（　　　）

市民社会　国民社会　投票　選抜　社会　批判　肯定

(2) 下線部について，次の問いに答えなさい。

① 個人の満足だけではなく，さまざまな側面に配慮した倫理的な消費活動を行うことを何というか。（　　　）

② ①の取り組みとして正しいものを，次から選びなさい。（　　　）

ア 手間がかからない使い捨て商品を購入する。
イ 生産地の遠近に関わらず価格の安い商品を購入する。
ウ 環境への取り組みを公開している店で商品を購入する。

(3) 生産者に公正に利益を分配するため，特に開発途上国の製品を適正な価格で取引することを何というか。（　　　）

2 (1)AB消費者の責任のうちの2つ。(3)不当に安いものを購入しない。

3 エネルギー消費と環境負荷　次の問いに答えなさい。　4点×4（16点）

(1)　私たちの生活とエネルギーについて，次の文中の(　　)にあてはまる語句をそれぞれ書きなさい。　①(　　)　②(　　)　③(　　)

- 私たちが消費する電気・ガスなどのエネルギーには主に(①)が使われている。
- (①)は，資源に限りがある。また，燃焼によって二酸化炭素などの(②)が排出される。
- (②)は，(③)の原因とされ，エネルギー消費を抑えることが必要である。

(2)　太陽光，風力，水力，地熱，バイオマスなど，二酸化炭素をほとんど排出しない，繰り返し利用できるエネルギーのことを何というか。　(　　)

4 持続可能な社会を目指して　次の問いに答えなさい。　3点×13（39点）

(1)　図は，資源の利用と循環(じゅんかん)についてまとめたものである。X～Zにあてはまる3Rの取り組みを，それぞれカタカナで書きなさい。

X(　　)
Y(　　)
Z(　　)

(2)　図のような3Rに取り組み，環境汚染を少なくしていこうとする社会を何というか。

(　　)

よく出る (3)　次の取り組みは，X～Zのどれにあてはまるか。

①　買い物袋(エコバッグ)を持って買い物に行く。
②　資源ごみの分別収集に協力する。
③　長く使えるものを購入し，大事に使う。
④　すぐに捨てずに何度も使う。
⑤　再生紙を利用した製品を購入する。
⑥　使わなくなったものをリサイクルショップに売る。

①(　　)　②(　　)　③(　　)　④(　　)　⑤(　　)　⑥(　　)

(4)　持続可能な社会の実現について，家電リサイクル法の対象となっている製品を，次からすべて選びなさい。　(　　)

ア　テレビ　　**イ**　スマートフォン　　**ウ**　冷蔵庫
エ　エアコン　　**オ**　洗濯機　　**カ**　アイロン

記述 (5)　持続可能な社会の実現のために，一人ひとりが消費生活以外でも環境に配慮した生活を送ることが大切である。次の生活の場面から1つを選び，あなたが実践(じっせん)したい，あるいは実践している取り組みを簡単(かんたん)に書きなさい。

ア　食生活　　**イ**　衣生活　　**ウ**　住生活　　　生活(　　)

取り組み(　　)

ヒントの森
3 ①石油・石炭など。②○○ガス。
4 (1)Xごみを減らすこと。Y繰り返し使うこと。Z再生利用すること。

家庭C

解答 p.36

確認のワーク ステージ1

生活の課題と実践

教科書の要点 （　　）にあてはまる語句を答えよう。

1 生活の課題と実践

課題を設定する

◆自分や家族の（①　　　　）をふり返り，より豊かにするために工夫できることや（②　　　　）できることを考える。

➡問題を解決するためにやるべき事柄を**課題**という。

◆その課題を選んだ理由やはっきりさせたいことを書き出す。

➡まとめたときの「課題設定の理由」になる。

計画する

◆目的に応じて，さまざまな解決方法を組み合わせる。

◆いつ，どこで，何を，誰に，どのように，などの**計画**を立てる。

- 複数の方法があるときは，その手順を決める。
- グループで行うときは，分担を決める。

実践する

◆計画に沿って（③　　　　）してみる。

- 実際に調べたこと，聞き取りの内容，製作したものなどを，メモや写真で（④　　　　）しておく。
- 製作したものを使ってみる。

まとめて発表する

◆実践したことを（⑤　　　　）する。

- 工夫したこと，わかったこと，実践によって変わったことや変わらなかったことなどをわかりやすくまとめる。

◆発表後に感想や意見を話し合う。

ふり返り，評価する

◆実践やまとめをふり返り，（⑥　　　　）する。

- 計画に沿って実践できたか
- 計画に無理はなかったか
- 課題を解決できたか
- これからの生活に生かせそうか

◆友だちや家族・地域の人の意見も参考にする。

改善する

◆結果が予想と異なった場合は，その原因を考える。

◆さらに工夫できる点がないか，見直す。

次の課題に挑戦する

◆実践の成果を改善し，新たに見つけた（⑦　　　　）を次の計画や実践につなげる。

得点UP

次のような内容から課題を探してみよう。

- 生活を豊かにできること
- 興味関心をもったこと
- 誰かのためになりそうなこと

ここがポイント

実践の方法

- 製作
- 調理
- 調査（新聞，本，資料，インターネットなど）
- 訪問
- 聞き取り

実践の途中でうまくいかなくなったら，計画を立て直そう。

発表の方法

- レポート
- 新聞やポスター
- コンピュータ

絶対確認! □課題の設定　□実践の方法　□発表の方法　□評価

解答 p.36

/100

定着のワーク ステージ2 生活の課題と実践

1 生活の課題と実践　次の問いに答えなさい。

10点×10（100点）

(1) Aさんは，自宅の電子レンジについて，資料１の問題に気づいた。資料１から見いだせる課題(必要なこと)は何か。

(　　　　)

資料１

- すぐに停止する。
- 加熱不足が発生する。
- 購入から10年が経過し，修理サービスが終了している。
- 家族全員が買い換えを希望。

(2) (1)の課題を受けて，Aさんは家族からの要望を聞き取った。その結果が資料２である。□にあてはまる語句を書きなさい。(　　　　)

資料２

父　高価なものはいらない
　　オーブン機能が欲しい
母　洗浄の手間を軽くしたい
姉　□消費を心がけ，消費電力が小さいものにしたい
私　メニューが豊富なものがよい

(3) Aさんは，(1)の課題を解決するために，次の計画を立てた。(　)にあてはまる語句を，右の□からそれぞれ選びなさい。①(　　　　)
②(　　　　) ③(　　　　)
④(　　　　) ⑤(　　　　)

- 電子レンジの情報を，(①)を使って収集する。
- 家電量販店を回り，展示品を(②)する。
- 店頭の(③)を収集し，機種の特徴(とくちょう)を知る。
- 実際のユーザーから使用感を(④)。
- (⑤)を作成し，特徴を比較する。

パンフレット　試用
比較表　聞き取る
インターネット

(4) Aさんは，電子レンジの候補を３つにしぼり，資料３の比較表を作成した。購入候補として選ばれた製品は，ア～ウのどれか。ただし，Aさんの家族は，優先順位を，①オーブン機能があること，②洗浄(せんじょう)機能があること，③価格が安いこと，④電力が小さいことの順とした。(　　)

資料３

	ア	イ	ウ
価格	安い	やや高い	高い
オーブン	なし	あり	あり
洗浄	なし	あり	あり
メニュー	少ない	多い	多い
電力	大きい	やや大きい	小さい
使用感	普通	悪い	よい

(5) Aさん家族が店頭で実際に製品に触れたところ，製品によって使用感の差が大きいことがわかった。また，洗浄機能はあまり使わないことから，帰宅後にもう一度話し合い，優先順位を，①使用感がよいこと，②オーブン機能があること，③価格が安いこと，④電力が小さいことの順とした。このとき，購入候補として選ばれた製品は，ア～ウのどれか。(　　)

記述 (6) Aさんは(1)～(5)のことをクラスで発表し，「購入の際，ほかに検討したほうがよかったことはありますか」と質問した。あなたであれば，どのような項目をあげるか。１つ答えなさい。(　　　　)

ヒントの森 1 (2)倫理的な消費のことである。(4)(5)優先順位の順に，製品をしぼりこんでいく。

家庭総合

解答 p.36

プラスワーク 生活の中のマークを覚えよう！

1 次のマークにあてはまる名前を[　]から選びなさい。

①（　　　　）マーク □　②（　　　　）マーク □　③（　　　　）マーク □　④（　　　　）マーク □　⑤（　　　　）マーク □

⑥（　　　　）マーク □　⑦（　　　　）マーク □　⑧（　　　　）マーク □　⑨（　　　　）ラベル □　⑩（　　　　）マーク □

⑪（　　　　）マーク □　⑫（　　　　）マーク □　⑬（　　　　）マーク □　⑭（　　　　）マーク □　⑮（　　　　）マーク □

⑯（　　　　）マーク □　⑰（　　　　）マーク □　⑱（　　　　）マーク □

特定保健用食品　PSE　JAS　省エネ性　PSC　JIS　SG　ST
シルバー　国際フェアトレード認証　グリーン　飲用乳公正　有機 JAS
再生紙使用　PET ボトルリサイクル推奨　ジャドマ　容器包装識別　エコ

2 **1**の①～⑱のマークの意味を次から選び，上の□に書きなさい。

ア	リサイクルのための分別方法	イ	消費生活用製品安全法の基準に適合
ウ	日本玩具協会の安全基準に適合	エ	高齢者向けに良質なサービスを提供する事業者
オ	日本農林規格の基準に適合	カ	メーカー自主規制に基づいた飲用牛乳
キ	表示の配合率で古紙を使用	ク	公正な販売に努める通信販売事業者
ケ	電気用品安全法の基準に適合	コ	製品安全協会が安全と認証した製品
サ	フェアトレードの基準に適合	シ	特定の保健効果があると認められた
ス	一定の割合以上の古紙を使用	セ	国の省エネ基準を達成しているか
ソ	日本産業規格の基準に適合	タ	日本農林規格の基準を満たす有機農産物
チ	環境に配慮している製品	ツ	リサイクルしたペットボトルを使用

中学教科書ワーク

解答と解説

この「解答と解説」は，取りはずして使えます。

技術・家庭

全教科書対応 1～3年

第1編 技術分野

技術A 材料と加工の技術

p.2～3 ステージ1

教科書の要点

1 ①冷たく感じる ②変形する
③針葉樹 ④収縮
⑤木質材料 ⑥加工硬化
⑦合金 ⑧鋳造
⑨熱可塑性 ⑩熱硬化性

教科書の資料

1 ①心材 ②年輪
③まさ目材〔まさ目板〕
④板目材〔板目板〕
⑤木表

2 ①塑性 ②展性
③延性

3 ①2 ②4

p.4～5 ステージ2

1 ⑴ア，エ，オ ⑵イ，ウ，カ

2 ⑴A心材 B辺材 ⑵C早材 D晩材
⑶E板目材〔板目板〕
F まさ目材〔まさ目板〕
⑷a木表 b木裏
⑸cこぐち dこば

3 ⑴A ⑵D→C→E ⑶Fウ Gア

4 ⑴家具材 ⑵針葉樹
⑶①合板 ②集成材 ③パーティクルボード
④ファイバーボード
⑷ア，エ

解説

1 ⑴木材は乾燥すると収縮する。

ポイント! 木材の特徴

- 比較的軽くて丈夫
- 木目がある
- 冷たく感じない
- 電気を伝えない
- 水分で変形する
- 腐ることがある
- 熱を伝えにくい
- 切断，切削しやすい

2 ⑵春から夏に成長した早材は，春材とも呼ばれる。また，夏から秋に成長した晩材は，夏材とも呼ばれる。1年間で成長した部分が年輪となり，年輪の模様が木目として木材に現れる。
⑶年輪に対して接線方向に切断したEが板目材，半径方向に切断したFがまさ目材である。まさ目材の木目はまっすぐである。
⑸ **ミス注意** 繊維方向に直角に切った面をこぐち，平行に切った面をこばという。

知っ得ワード

□節(ふし)▶枝の跡(あと)のこと。加工しにくいので，節を避けて加工する。
□髄(ずい)▶幹の中心部のこと。

3 ⑴AはBの約10倍も強い。
⑵水分による収縮率は，接線方向を10としたとき，半径方向は約5，繊維方向は0.5～1程度である。
⑶木表は木裏よりも収縮率が大きいため，板目材は木表側に反るように変形する。また，まさ目材は板目材に比べて変形が小さい。

4 ⑴⑵スギ，ヒノキ，アカマツ，アガチス，パインなどの針葉樹は主に建築材として用いられる。キリ，ブナ，シラカシ，ケヤキ，コクタン，バルサなどの広葉樹は主に家具材として用いられる。
⑷木質材料には，強度を高められる，大きな材料をつくることができる，変形を少なくできる，資源の有効活用ができるという特徴がある。

p.6〜7 ステージ2

❶ (1)①展性　②延性　③弾性　④塑性
(2)加工硬化　(3)鋳造　(4)熱処理
(5)合金　(6)炭素含有量

❷ (1)石油
(2)①熱可塑(性プラスチック)
②熱硬化(性プラスチック)
(3)①

❸ (1)①四角形　②三角形　③全面
④補強金具
(2)A　(3)D

❹ (1)A H形　B山形　C I形
(2)D折り曲げ　E波形　F折り返し
Gふち巻き

解説

❶ (1)金属には，重くて丈夫，光沢がある，冷たく感じる，電気や熱を伝えやすい，水分で変形しない，さびることがある，溶かして成形できるなどの特徴もある。
(4)焼き入れをすると，かたく，もろくなる。焼き戻しをすると粘り強くなり，焼きなましをするとやわらかくなる。
(6)鉄と炭素の合金のうち，炭素含有量が少ないものが炭素鋼，炭素含有量が2％以上のものが鋳鉄である。

❷ (2)プラスチックにはさまざまな種類がある。
(3)熱可塑性プラスチックには，ポリエチレン，ポリプロピレン，ポリスチレン，ポリ塩化ビニル，アクリル樹脂，PET樹脂，ポリカーボネートなどがある。熱硬化性プラスチックには，フェノール樹脂，メラミン樹脂，エポキシ樹脂などがある。

ポイント! プラスチックの特徴
- 冷たく感じない
- 電気を伝えない
- 熱を伝えにくい
- 熱や光で劣化しやすい
- 溶かして成形できる

❸ (1)筋かいは三角形の構造の例である。補強金具には，直角金具，筋かい金具，すみ金具，T字金具などがある。
(3)Dでは力が繊維方向と直角に加わるので，繊維方向に力が加わるCに比べて丈夫である。

❹ 曲げの作用を受ける部材については，断面の形を工夫することで丈夫にすることができる。曲げ強さは，幅を2倍にすると2倍になり，高さを2倍にすると4倍になる。

これもチェック

技術の最適化では，**社会からの要求**，**環境への負荷**，**安全性**，**経済性**などのバランスをとる必要がある。

技術の発展によって生活はとても豊かになったが，一方で環境問題やエネルギーの枯渇などの問題も起こっている。問題を解決し，未来をつくっていくために，新しい技術の開発が行われている。

p.8〜9 ステージ1

教科書の要点

❶ ①構想図

❷ ①等角　② 30
③正投影　④キャビネット
⑤ 45　⑥2分の1

❸ ①ミリメートル〔mm〕

教科書の資料

1

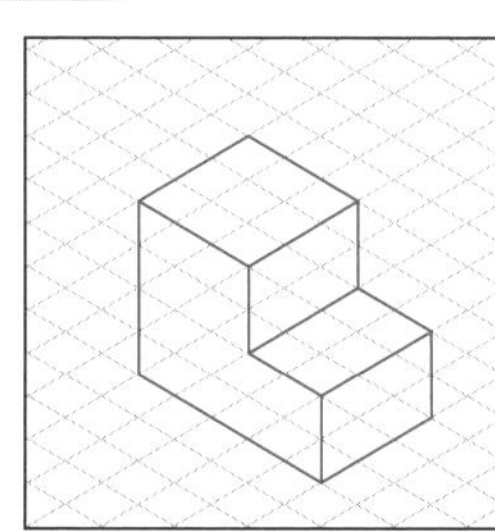

2

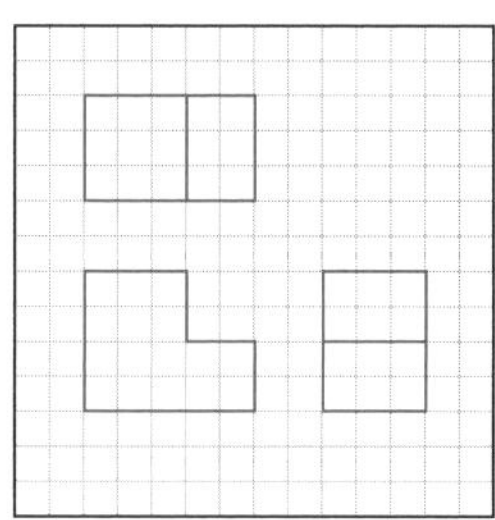

3

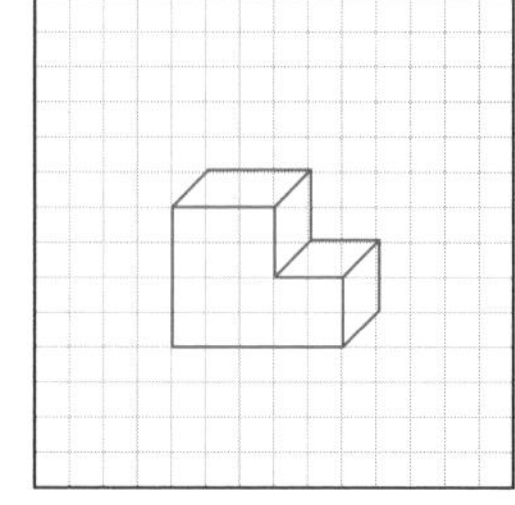

p.10～11 ステージ2

❶ (1)機能
(2)②力の加わる方向　③使いやすさ
④価格　⑤工具

❷ (1) JIS　(2)構想図　(3)ア　(4)組立図
(5)イ　(6)部品図　(7) 3DCAD　(8)ウ

❸ (1)ア　(2)① 30　②同じ割合　③上

❹ ①

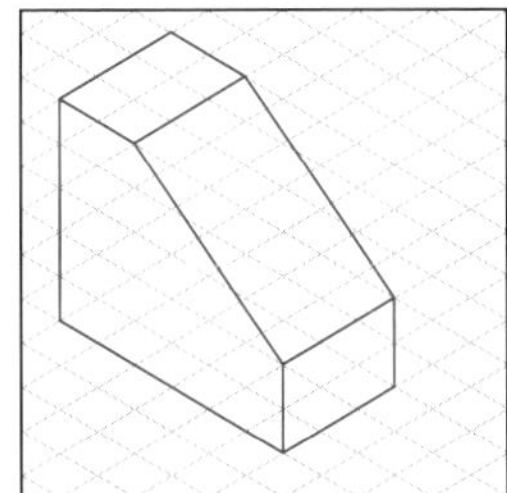

②

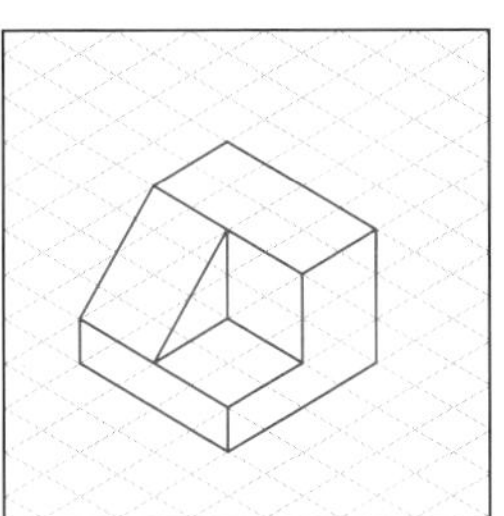

解説

❶ 設計では，使用目的や使用条件をはっきりさせてから構造や機能，材料や加工法について繰り返し検討を行い，構想をまとめていく。

❷ (2)(3)構想をまとめ，図に表したものを構想図という。構想図には，立体を1つの図で表すことができる等角図が主に用いられる。
(4)～(6)製作図には，第三角法による正投影図が主に用いられる。
(7)(8) 3DCADのソフトウェアを利用すると，正確な図面が容易にかける，繰り返し修正できる，さまざまな角度から確認できる，複数の設計者で共有できる，第三角法による正投影図や材料取り図に変換して出力できるなどの利点がある。

知っ得ワード
□構想図▶等角図など。
□製作図▶第三角法による正投影図など。
□部品図▶部品についての情報を示した図。
□組立図▶部品の組み立てに必要な情報を示した図。

❸ (1)アは等角図，ウは第三角法による正投影図の特徴を表している。

❹ **ミス注意** 等角図は，縦，横，高さの長さの比を実物と同じ割合でかくことに注意する。縦と横の線は斜眼紙の線に沿って引くとよい。高さの線は斜眼紙の線の交点を上下に結ぶことで引ける。

p.12～13 ステージ2

❶ (1)イ
(2)①正面　②垂直　③右側面　④平面

❷ ①

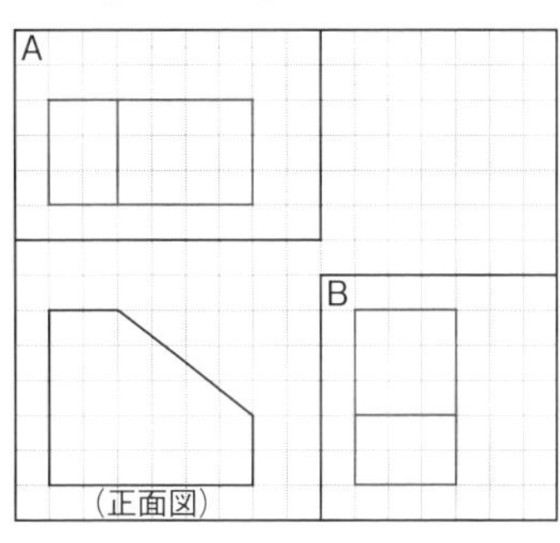

②

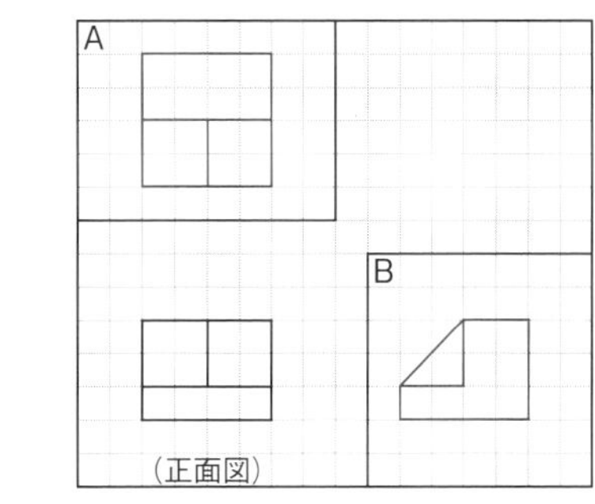

❸ (1)①正面　②同じ形　③奥行き　④ 45
⑤2分の1
(2)

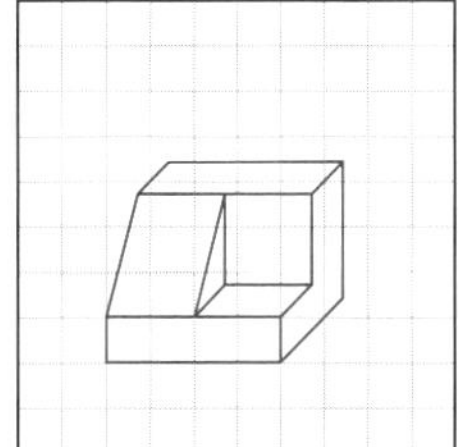

❹ (1)①半径 10mm の円弧
② 45° で 5mm の面取り
③ 1 辺が 30mm の正方形(断面)
④直径 20mm の円形(断面)
⑤板の厚さが 6mm
⑥直径 4mm のドリルで深さ 10mm の穴を2つあける
(2)①C　②B　③D　④A

解説

❶ (2)正面図の右側に右側面図を，上側に平面図をかく。

❷ 立体を正面から見た図(正面図)をもとにして，上から見たときの図(平面図)をAの位置にかく。また，右から見たときの図(右側面図)をBの位置にかく。

❸ **ミス注意** キャビネット図の奥行きの長さは，実際の長さの2分の1の割合でかくことに注意する。方眼紙を頼りに45°の線を引き，2分の1の長さを測るとよい。

❹ (1)寸法の単位はすべてmmで表す。Rは半径，Cは45°の面取り，□は正方形の辺，ϕは直径，tは厚さ，↧は穴の深さを示す。4キリは直径4mmのドリルを表し，2×は同じものが2個あることを示す。

知っ得ワード

□想像線▶物があると想定してその外形を示す線などのこと。細線・二点鎖線でかく。

p.14～15 ステージ1

教科書の要点

❶ ①部品表

❷ ①けがき　②さしがね
③けがき針　④センタポンチ

❸ ①あさり　②摩擦
③横びき　④縦びき

教科書の資料

1 ①仕上がり寸法　②切断〔材料取り寸法〕
③さしがね　④妻手
⑤長手

2 ①縦　②横
③のこ身　④刃わたり
⑤(手前に)引く

p.16～17 ステージ2

❶ (1)①側板　②150　③90　④210
(2)A仕上がり寸法線
B切断線〔材料取り寸法線〕
(3)切り代，削り代

❷ (1)さしがね　(2)A長手　B妻手
(3)①ア　②ウ　③カ　④イ

❸ (1)A鋼尺　Bけがき針　Cセンタポンチ
Dハンマ
(2)保護紙

❹ (1)A　(2)C，D
(3)例のこ身と材料の摩擦を小さくする。
〔切りくずを出しやすくする。〕
(4)ウ

❺ ①糸のこ盤　②プラスチックカッタ
③弓のこ

解説

❶ (1)構想図や材料取り図から考える。❹の棚板の長さは，186 − 84 − 12 = 90mm
(2)(3)切断線をのこぎりびきすると，切り代の部分が削られる。その後，かんながけなどによって削り代の部分が削られ，仕上がり寸法線のとおりに仕上がる。材料取り図では，切り代と削り代として3～5mm見込んでおく必要がある。

❷ (1)さしがねを使い，鉛筆でけがく。さしがねのほかに，直角定規やけびきを使ってけがくこともある。
(3) **ミス注意** 基準面(こば)に対して直角にけがくときは，長手の内側を基準面に密着させ，妻手を使って直角な線を引く。ただし，こばにけがくときは，直角定規の妻手の内側を基準面に密着させ，基準面に直角な線を直角定規の長手を使って引く。

ポイント! 木材のけがき

きれいで平らな面を基準面にし，基準面の印をつける。基準面は切ったり削ったりしない。

❸ 金属は，鋼尺を使い，けがき針でうすくけがく。鋼尺のほかに，直定規を使ってけがくこともある。プラスチックは，直定規などを使い，保護紙(シール)の上に鉛筆でけがく。保護紙は材料の表面を保護するためについている。保護紙がない場合は，油性マーカーで直接けがく。

❹ (1)(2)縦びき用の刃は刃先角が約40°で，のみのような形をしていて，繊維方向に切断するのに適している。横びき用の刃は刃先角が約60°で，小刀のような形をしていて，繊維方向に直角や斜めに切断するのに適している。
(3)のこ刃が左右にふり分けられている構造をあさ

りという。あさりがあることでのこ身の厚さよりも大きなひき溝がつくられ，のこ身と材料の摩擦が小さくなり，のこ身の動きが軽くなる。
(4)切り始めは，親指や当て木を使って，のこ身のもとのほうの刃で正確に切り込む。切断中は，のこ身の真上から見ながら，手前に引くときに力を入れる。刃わたりの8割程度を使って，一定の速さで引くとよい。

5 ①糸のこ盤を使うと，曲線の切断や切り抜きができる。
②プラスチックは，プラスチックカッタの切れ刃で溝をつけてから折って切断する。切断面はプラスチックカッタの背で削り，なめらかにする。
③弓のこは棒材の切断に適している。
ほかに，金属のうすい板の切断には金切りばさみを用いる。金切りばさみは刃先まで使わず，刃のもとから中ほどを使って切る。

p.18～19 ステージ1

教科書の要点

1 ①かんな　②直進　③斜進　④卓上ボール　⑤めねじ　⑥おねじ

2 ①きり〔四つ目ぎり〕　②げんのう　③粗い

3 ①持続可能　②循環型

教科書の資料

1 ①かんな身　②裏金　③かしら　④台がしら　⑤こば　⑥こぐち

2 ①平らな　②曲　③皿木　④丸木　⑤右

p.20～21 ステージ2

1 (1)Aかんな身　B台がしら　C裏金　D台じり　Eうわば　Fくず返し
(2)出る。　(3)抜ける。　(4)ア
(5)①ならい目　②さか目　③裏金　④こば　⑤こぐち

2 (1)A直進法　B斜進法
(2)B　(3)A

3 (1)卓上ボール盤　(2)ア，イ，エ
(3)B　(4)Cタップ　Dダイス

4 (1)ノギス　(2)B　(3)10.4mm

5 (1)きり〔四つ目ぎり〕　(2)げんのう
(3)例板面に傷がつかないようにするため。
(4)2.5～3倍

解説

1 (5)①木目に沿って削るならい目削りでは，表面がなめらかに仕上がる。
②③木目に逆らって削るさか目削りでは，さか目ぼれが生じて表面が荒くなる。さか目削りになるときは，裏金を使って荒さを小さくする。
④こば削りでは，かんなを一気に引くようにして，ならい目方向に削る。
⑤こぐち削りでは，初めに3分の2程度削ってから裏返し，残りを削るようにする。

これも チェック
かんなは，両刃のこぎりの縦びき用の刃と同じしくみで削ることができる。

2 Aの直進法では，狭い範囲をきれいに削ることができる。Bの斜進法では，広い面を荒く削ることができる。

3 (2)ア板材などはクランプで，棒材は万力などでしっかりと固定する。
イ通し穴をあけるときは，ドリルが抜ける部分が割れないようにするため，捨て板を敷くとよい。
ウ止まり穴をあけるときは，ストッパで深さを調節するとよい。
エ小さな穴はつまようじやパテなどで埋める。大きな穴はだぼを打ち込んで修正する。
(3)(4)Aのめねじは，Cのタップをタップ回しで回しながら切り進める。Bのおねじは，Dのダイスを刻印面が見えるようにダイス回しに取りつけ，回しながら切り進める。

4 (2)Aは内径用のジョウ，Bは外径用のジョウである。
(3)まず，バーニヤの目盛り0の指す本尺(すぐ上左)の目盛りを読み取ると，10mmである。次に，本尺の目盛りとバーニヤの目盛りが一致している点を読み取ると，0.4mmである。このことから，求める長さは，10 + 0.4 = 10.4mm　となる。

5 (3) ミス注意 最初はげんのうの平らな面で打ち，

終わりは木材に傷がつかないように，げんのうの曲面で打つ。

これもチェック

くぎ接合　接着剤を併用すると，接合力を高められる。また，くぎ打ちに失敗したら，くぎ抜きを使って引き抜く。

はんだ接合　銅線などの接合方法。**はんだごて**を使い，はんだを溶かして流し込み，接合する。

接着剤による接合　**合成ゴム系**の接着剤は接合面の両面に塗り，少し待ってから圧着する。接着力は弱い。

エポキシ樹脂系の接着剤は，硬化剤と混ぜると固まる。接着力が強く，耐水性がある。

シアノアクリレート系の接着剤は，短時間で硬化する瞬間接着剤。接着力が強い。

酢酸ビニル樹脂系エマルション形の接着剤は，木工用接着剤として一般的である。耐水性がやや劣る。

p.22～23　ステージ2

1 (1)イ　(2)ア　(3)イ

2 ①例１枚の厚い板材ではなく木質材料を使うことで材料を有効利用し，環境への負荷をかけないようにしている。

②例板材の角を丸くすることで，机の角で怪我をしないように配慮している。

③例きれいな木目を生かして表面を仕上げている。

④例同じ規格にすることで，製作費用を抑えて安定的に供給できるようになっている。

3 (1)例製造だけでなく，使用や廃棄における環境への負荷も考えること。

(2)例新国立競技場では，周囲の緑豊かな環境と調和し，訪問する人に温もりを与えている。

4 (1)イ，ウ　(2)エ　(3)ア

(4)①ドレッサ　②やすり　③ベルトサンダ

解説

1 (1)外側から内側に向かって締めていくとよい。くぎ打ちも同様。

(2)研磨紙を木片に巻き，木材の繊維方向に沿って磨いていく。研磨紙は，番号が大きいものほど目が細かい。

(3)部品の端で塗料が垂れないようにする。

2 ①資源の有効利用や使用・廃棄における環境への負荷などの視点から，天板の材料について述べる。

②事故の危険性がないか，丈夫な構造をしているかなど，安全性の視点から天板の構造について述べる。

③表面の加工について，機能面でどのように最適化を図っているかを考える。

④製作過程で社会からの要求に対してどのように最適化を図っているかを考える。

3 (1)材料と加工の技術による最適化について，何に配慮する必要があるのかを述べる。実際には，環境への負荷だけでなく，安全性や経済性，社会からの要求など，さまざまな観点から最適解を考える必要がある。

(2)身近にあるものなどで，材料と加工の技術が生かされている製品について述べてもよい。

4 (1)CLTは断熱性，遮熱性，遮音性に優れている。また，丈夫な構造をもち，コンクリートのような強度まで高めて大規模な建築に利用しようとしている。

技術B　生物育成の技術

p.24〜25 ステージ1

教科書の要点

❶ ①品種改良

❷ ①栽培ごよみ〔栽培カレンダー〕
②団粒　③間引き
④定植　⑤誘引
⑥元肥　⑦窒素
⑧露地　⑨連作障害

教科書の資料

1 ①単粒　②団粒

2 ①点　②すじ
③ばら

3 ①摘芯　②摘芽
③誘引　④かん水
⑤受粉　⑥元肥

p.26〜27 ステージ2

❶ (1)①(育成)環境　②成長
(2)気象環境，生物環境，土壌環境
〔気象的要因，生物的要因，土壌的要因〕
(3)品種改良

❷ (1)栽培ごよみ〔栽培カレンダー〕
(2)6月ごろ

❸ (1)A単粒構造　B団粒構造　(2)B
(3)ア，ウ

❹ (1)A点まき　Bばらまき　Cすじまき
(2)A　(3)じかまき
(4)水，空気〔酸素〕，温度
(5)D，F　(6)間引き

❺ (1)定植　(2)ア，オ　(3)B
(4)誘引　(5)C

解説

❶ (1)植物を育てる技術には，植物の育成に適した環境を調整する技術，植物の成長を管理する技術，植物のもつ特徴を改良する技術がある。
(2)植物を育てるときに調整する必要のある環境には，光や温度，水，湿度などの気象環境(気象的要因)，雑草や小動物，昆虫などの生物環境(生物的要因)，土壌中の養分，空気，水分などの土壌環境(土壌的要因)がある。
(3)品種改良によって，より役立つ作物がつくり出されている。

知っ得ワード

□長日植物▶日が長くなると花芽をつくる植物。
□短日植物▶日が短くなると花芽をつくる植物。
□中性植物▶日の長さとは関係なく花芽をつくる植物。

❷ (2)北海道は寒冷地にあてはまる。

❸ Bの団粒構造の土壌は有機物などによって土の粒子が結合し，小さな塊になっている。やわらかく，根が張りやすい，保水性や通気性がよいという特徴がある。そのため，植物の栽培には団粒構造の土壌が適している。また，土壌の酸度調整を行ったり，土壌に病原菌や害虫がいないことを確認したりして，適した土壌をつくる。

❹ (1)(2) **ミス注意** Aの点まきは，大きい種，高価な種，間引きを行いたくないときに適している。Bのばらまきは，小さい種ですじまきが難しいときに適している。Cのすじまきは，普通の大きさの種に適している。
(3)移植を行いたくないものを直接土壌にまける。容器を利用した種まきには，セルトレイやポリポットなどにまく方法がある。
(5)(6)間引く苗の基準は，次の通りである。
①生育が早すぎたり遅すぎたりしている。
②茎が伸びすぎている。
③葉や茎の形が悪い。
④苗が混み合っている。
⑤病害虫の被害を受けている。
間引きによって，苗の品質や発育をそろえることができる。

これもチェック　発芽処理

植物の種などが生育を休止した状態を休眠といい，休眠状態の種子を発芽させる処理を発芽処理という。一定時間低温にさらすなどして，植物の活動を再開させる。

❺ (2)葉が大きく，厚く，緑色が濃いもの，葉の間隔(節間)が短く，茎が太いもの，根がしっかりと張っているものがよい。ほかに，葉の左右の大きさが均等であること，子葉が傷んでいないことな

どもポイントである。
(3)支柱は根を傷つけない位置に立てる。
(5)茎が締まると折れやすいだけでなく養分や水分の流れを妨げてしまう。茎は余裕をもって結ぶようにする。

p.28〜29 ステージ2

❶ (1)かん水　(2)ア　(3)元肥
(4)有機質肥料　(5)追肥
(6)①窒素　②リン(酸)
③カリウム　④光合成
(7)中耕　(8)土寄せ

❷ (1)連作障害　(2)輪作
(3)ア　(4)イ

❸ (1)A 摘芯　B 摘芽　C 受粉　(2)摘果
(3)①イ　②ウ　③ア　④エ

❹ (1)①露地栽培　②容器栽培　③施設栽培
④水耕栽培　⑤マルチ栽培
(2)植物工場
(3)①かま　②くわ　③移植ごて

解説

❶ (2)太陽の上昇とともに気温が上がり，光合成が促進されるため，かん水は朝に行うとよい。
(3)〜(5) **ミス注意** ゆっくりと吸収されてほしい元肥には，ゆっくりと効く有機質肥料がよい。無機質肥料は比較的早く吸収されるものが多い。追肥は，これから根が伸びていく方向に行う。
(6)窒素，リン，カリウムが欠乏すると，健康状態が悪化する。また，窒素が過多である場合には実のつきが悪くなるなどの影響もある。適切な栄養素を適切な量与えることが重要である。
(7)(8)土壌をプラスチックフィルムなどで覆ったマルチ栽培(マルチング)をしたときには，中耕や土寄せを行わなくてよい。

ポイント!　**肥料の三要素**
- 窒素(N)→根，茎，葉の生育に役立つ。
- リン(P)→成長の盛んな花や果実，新根などの生育に役立つ。
- カリウム(K)→光合成を盛んにして，果実や根を育てる。
- その他の重要な栄養素
カルシウム(Ca)，マグネシウム(Mg)など。

❷ (1)トマトとナスのように，同じ科の作物を連続して栽培しないようにする。
(3)ウドンコ病はカビの一種が原因である。風通しをよくすることで防除する。モザイク病はウイルスが原因である。ウイルスを媒介するアブラムシを防除する。
(4)アオムシは主にアブラナ科の葉を，ヨトウムシはいろいろな植物の葉を食べる。ハダニがつくと，葉が白っぽくなり枯れる。アブラムシは汁液を吸うだけでなく，ウイルス性の病気を媒介するので，早めの防除が必要である。

❸ (1)摘芯は茎の先端部を摘み取ることで，摘芽はわき芽(えき芽)を摘み取ること。風や虫による受粉が十分に行われないとき，Cのように人工的に受粉させる。

これもチェック **収穫**
収穫後の**流通**のことも考え，適切な時期を判断して収穫する。収穫後は作物に適した方法で**保存**する。また，作物によっては完熟後に種をとって保存し，次の栽培に利用している。

❹ (1)④土を使わずに肥料を溶かした培養液を使って作物を栽培する方法を養液栽培という。養液栽培には，培養液に根を張らせて育てる水耕栽培や，さまざまな培地に作物を定植する固形培地耕栽培などがある。

p.30〜31 ステージ1

教科書の要点

❶ ①温度　②給餌
③搾乳

❷ ①養殖　②増殖

❸ ①バイオエタノール〔バイオ燃料〕

教科書の資料

1 ①搾乳　②給餌
③除ふん　④搾乳

2 ①養殖　②増殖

p.32〜33 ステージ2

❶ (1)①搾乳　②10　③給餌　④除ふん
(2)例 人が飼育して利用する動物のこと。
(3)ア，イ，ウ

(4)①活動　②餌　③習性

❷ (1)養殖　(2)海面いけす　(3)陸上養殖
(4)完全養殖　(5)不完全養殖
(6)放流　(7)増殖

❸ (1)天然林　(2)人工林
(3)間伐　(4)主伐

解説

❶ (1)搾乳は朝と夕に行うのが基本である。出産直前の約2か月間は搾乳せず，出産から約10か月間が搾乳期間となる。餌を与えることを給餌，水を与えることを給水という。
(2)人の役に立つ動物を家畜という。食料としてだけでなく，農耕などの労働力としてや，衣類や工業製品の原料として，また，観光用などとしても利用されている。

❷ 養殖でも増殖でも，水産生物を人の手で育てるときには，育てる場所や水質などの環境を調整する技術と，給餌や健康管理などの成長を管理する技術が必要である。
(2)海面いけすのほかに，海面いかだ，陸上水槽，ため池など，養殖にはいろいろな設備が用いられている。
(4)(5)マダイやトラフグなどでは，人工生産の稚魚を育てる完全養殖の技術が確立されている。一方，ニホンウナギなどは完全養殖の技術が確立されていないため，天然産の稚魚を育てる不完全養殖を行っている。
(6)(7)誕生から一定程度の大きさになるまでの育成は人工的に行い，その後自然環境に放流する方法は，栽培漁業とも呼ばれる。

❸ (1)(2)日本では，森林のおよそ6割が天然林，4割が人工林である。人工林では，スギやヒノキなど，用途に応じた樹種が植えられている。
(3)ある高さまで成長すると，間伐を行って樹木の数を減らし，1本1本の樹木を大きくする。間伐材は，建築材や割り箸，木質材料の原料などとして利用されている。

p.34～35　ステージ2

❶ (1)メリット 例 病害虫に強く，収穫量の多い品種を短時間で得ることができること。
デメリット 例 食べた人に対して，長期的にどのような影響を及ぼすかわからないこと。
(2)例 トラクタの自動運転により，省力化できる。
(3)生産者 例 品質がよく，消費者のニーズに合ったものをつくる。
消費者 例 品質がよく，安全・安心な食品を選択する。

❷ (1)ウ，オ
(2)①窒素　②カリウム　③リン
④カルシウム　⑤マグネシウム
(3)風通しをよくする。
(4)①根　②よい　③堆肥

解説

❶ (1)遺伝子組み換え技術を使うと，高い能力をもった生物を生み出すことができる一方で，その安全性や自然界に与える影響などについても考える必要がある。
(2)ほかにも，養殖生産管理システムによる生育状況の「見える化」，ドローンの空撮データをもとにした森林管理，アシストスーツの開発による重労働の軽減など，ロボット技術や情報通信技術，人工知能を使用した技術とその利点を考える。
(3)ほかにも，生産者はコストを抑えて安全なものを生産する，環境への負荷を考えて生産するなどの工夫をすることなどもあげられる。また，消費者は環境に配慮して生産されたものを購入するなどもあげられる。

❷ (1)**ア**と**カ**は生物の成長を管理する技術，**イ**と**エ**は生物の特徴を改良する技術である。
(3)茂りすぎた下葉を切る，密植を避けるなどして，風通しをよくするとよい。

技術C　エネルギー変換の技術

p.36〜37　ステージ1

教科書の要点

❶ ①エネルギー変換　②化石燃料
③エネルギー変換効率

❷ ①火力　②水力
③原子力　④太陽光
⑤二次電池　⑥周波数
⑦直流

教科書の資料

1 ①化石　②水
③核

2 ①直流　②交流

3 ①変電所　②変圧器
③ 6600　④ 100

p.38〜39　ステージ2

◆1 (1)化石燃料　(2)再生可能エネルギー
(3)一次エネルギー
(4)電気，都市ガス，ガソリン，灯油などから１つ。
(5)①エネルギー損失　② 20%

◆2 (1)①火力発電　②水力発電　③原子力発電
(2)②　(3)②

◆3 (1)B，F　(2)C，E　(3)D，G
(4)A，E　(5)A，E

◆4 (1)B　(2)周波数　(3) 50Hz
(4)BをAに変換する。　(5)一次電池

◆5 ①変電所　②変圧器　③分電盤

解説

◆1 (1)〜(3)化石燃料は地中に埋蔵されていて，枯渇する可能性がある。一方，再生可能エネルギーは枯渇することがない。化石燃料，核燃料，再生可能エネルギーのように，自然から得られるエネルギーを一次エネルギーという。
(5)② 100の電気エネルギーのうち20が光エネルギーに変換できていることから，この電球のエネルギー変換効率は20%である。

◆2 (2)エネルギー変換効率は，水力発電が最も高く，次に火力発電，原子力発電の順である。
(3)火力発電では，化石燃料を燃やしたときの熱で水を蒸気に変え，蒸気の吹き出す力でタービンを回して発電する。原子力発電では，核燃料が核分裂したときの熱で水を蒸気に変え，蒸気の吹き出す力でタービンを回して発電する。水力発電では，ダムの水の位置エネルギーを利用して，落下する水の力で水車を回して発電する。

知っ得ワード

□バイオマス発電▶農産物や畜産の廃棄物，森林の残材などを燃料として使用する発電。
□燃料電池▶水素と酸素を反応させる発電。

◆4 (1)Aは直流，Bは交流を表している。家庭のコンセントの電源は交流，乾電池の電源は直流である。交流は電圧の変換が簡単で，送電に適している。
(3)東日本は50Hz，西日本は60Hzである。
(5)使いきりの電池を一次電池，充電できる電池を二次電池という。

これもチェック　周波数

明治時代に，関東でドイツ式発電機を，関西でアメリカ式発電機を導入したため，現在でも東日本と西日本で周波数が異なっている。

◆5 いくつかの変電所を経て送電される。

p.40〜41　ステージ1

教科書の要点

❶ ①負荷　② JIS
③回路図

❷ ①熱

❸ ①ショート　②漏電
③定格電流　④定格電圧
⑤回路計

教科書の資料

1 ①コンセント　② 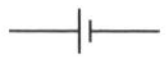
③モータ　④ 
⑤ 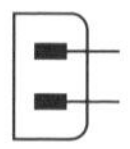　⑥ランプ〔電球〕
⑦ 　⑧抵抗器

2 ①電流　②漏電

③配線

3 ①漏電　②トラッキング
③感電　④過熱
⑤ショート

p.42～43 ステージ2

❶ (1)①電源　②負荷　③導線　④スイッチ
(2)①　②　③
④　⑤　⑥
(3)

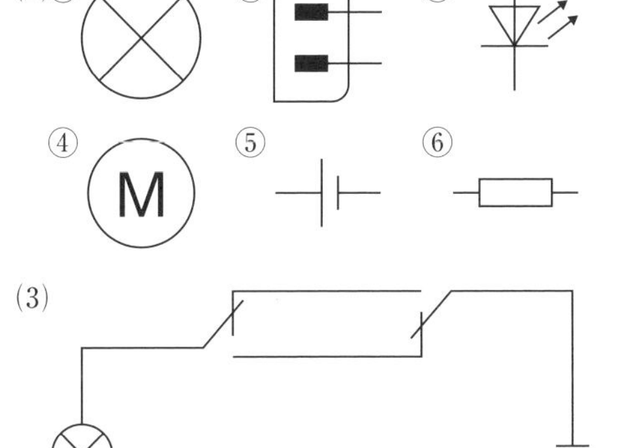

(4)1W

❷ ①C　②A　③B　④D

❸ (1)分電盤
(2)①電流　②漏電　③配線用　④アース線
(3)D 特定電気用品　E 定格電圧
(4)トラッキング現象　(5)イ

❹ (1)回路計　(2)振れない。　(3)振れる。

解説

❶ (3)階段部分には，2本の導線が通っている。
(4)電力〔W〕＝電圧〔V〕×電流〔A〕なので，
2〔V〕× 0.5〔A〕＝ 1〔W〕

❷ ①光エネルギーに変換するものには，白熱電球，蛍光灯，LEDライトなどがある。白熱電球のエネルギー変換効率は低い。
②熱エネルギーに変換するものには，電気アイロン(ジュール熱による加熱)，電磁調理器(誘導加熱)，電子レンジ(マイクロ波加熱)，エアコン(熱交換を利用)などがある。

❸ (2)②④傷がついたりほこりや水がついたりすることによって回路以外に電流が流れることを漏電という。漏電した部分に人の体が触れると感電することがある。また，火災につながることもある。アース線(接地線)を接続しておくことで，漏電するとアース線に電流が流れ，図のBが作動し，感電や火災を防ぐことができる。洗濯機や冷蔵庫には必ずアース線を接続する。
③故障などによって2本の導線が接触し，過大な電流が流れることをショート(短絡)という。負荷に許容値を超えた電流が流れると，図のCが作動し，感電や火災を防ぐ。
(3)特定電気用品マークは，電気用品安全法に基づき，構造や使用方法などが不適切であると危険が発生するおそれが多い電気用品に使用される。
(5) **ミス注意** アでは，テーブルタップに
5A ＋ 8A ＋ 6A ＝ 19A
の電流が流れる。イでは，
5A ＋ 0.4A ＋ 0.5A ＋ 1A ＝ 6.9A
の電流が流れる。テーブルタップの定格電流内であるのは，イである。

知っ得ワード
□単相3線式▶家庭に供給されている配電方式の1つ。
□ブレーカ▶回路を自動的に遮断する装置。

❹ 回路計を用いると，電圧，電流，抵抗などを調べることができる。アナログ式回路計で抵抗を調べるときは，0Ω調整をしてから測定する。

p.44～45 ステージ1

教科書の要点

❶ ①軸受　②速度伝達比
③ピニオン　④チェーン
⑤プーリ　⑥摩擦
⑦リンク機構　⑧カム機構
⑨熱　⑩運動

❷ ①空気圧

❸ ①評価　②選択

教科書の資料

1 ①平歯車　②かさ歯車
③ラック　④摩擦車
⑤プーリ

2 ①てこ　②両てこ
③平行　④スライダ

p.46～47 ステージ2

❶ (1)① ISO　② JIS

(2)A座金　Bナット　(3)軸受

❷ (1)速度伝達比

(2)① 0.75　② 0.5　(3)①

❸ (1)A平歯車　Bかさ歯車　D摩擦車
Fウォームギヤ

(2)aスプロケット　bチェーン
cラック　dピニオン　eベルト
fプーリ

(3)A，B，C，E，F，G

(4)A，B，D，E，F

(5)E　(6)D，H　(7)A，D

解説

❶ (2)座金を用いると，ゆるみ止めや材料の保護などの効果が得られる。

(3)図の軸受は，転がり軸受(玉軸受)である。ほかに，すべり軸受(平軸受)，ころ軸受などがある。

❷ (2)① $\frac{36}{48} = 0.75$

② $\frac{24}{48} = 0.5$

(3) **ミス注意** 後車輪側の歯数が多いと回転速度は遅くなるが，回転力(駆動力)が大きくなり，坂道を上りやすくなる。

これもチェック ギヤ比

歯車の歯数の比を表す。

ギヤ比 = $\frac{\text{大歯車の歯数}}{\text{小歯車の歯数}}$

❸ (3)A，B，C，E，F，Gはかみ合いで動力を伝達し，D，Hは摩擦で動力を伝達する。

(4)A，B，D，E，Fは2軸が近いときに，C，G，Hは2軸が離れているときに使われる。

(6)摩擦で動力を伝達するしくみでは，大きな力が加わったときにすべりやすい。

ポイント!　動力伝達のしくみと回転の向き

図のA，Dは2軸が平行で，回転の向きが逆向き。
図のBは2軸が交差する。
図のC，G，Hは2軸の回転方向が同じ。
図のEは回転運動を往復直線運動に，往復直線運動を回転運動に変える。
図のFは2軸が直角になる。

p.48～49　ステージ2

❶ (1)クランク　(2)てこ

(3)Aてこクランク機構
B平行クランク機構
C両てこ機構
D往復スライダクランク機構

(4)Aウ　Bイ　Cア　Dエ

(5)カム機構

❷ (1)ア，エ　(2)ア　(3)エ

(4)コンバインドサイクル発電

❸ (1)①ア　②イ　③オ　④エ　⑤ウ

(2)① 10　② 10　③ナット　④潤滑油

❹ (1)Aスパナ　B穴あきニッパ
Cはんだごて

(2)エ→ア→イ→ウ→オ

解説

❶ (3)Aはリンク機構の基本形である。クランクが回転するとてこが揺動運動をする。Bは同じ長さの2つのクランクが回転運動をする。Cは2つのてこが揺動運動をする。Dはクランクが回転することでスライダが往復運動をする。

知っ得ワード

□揺動スライダクランク機構▶クランクが回転すると連接棒が揺動運動をするしくみ。

❷ (1)蒸気機関やガソリン機関などの熱機関に熱エネルギーを加えると，運動エネルギーに変換される。

(2)4サイクルガソリン機関では，吸気行程，圧縮行程，膨張行程，排気行程の4つの工程を1つのサイクルとして行っている。

(3)火力発電，原子力発電，地熱発電では，発生した蒸気で蒸気タービンを回し，発電している。

❸ サドルの高さは，両足のつま先が地面に届くくらいに調節する。潤滑油を注油したあとは，布などで余分な油をふき取る。

❹ (2)はんだごての先は300℃以上になる。やけどに注意し，決められた場所に置くようにする。

p.50～51　ステージ2

❶ (1)例太陽光発電

(2)例発電量が天候に左右されやすい，日射量が少ない場所では適さないなどの課題があるから。

(3)例発電コストが安く安定して発電できる方法で一定量発電し，発電コストは高いが発電量を調整しやすい方法で必要な電力に合わせて発電している。

(4)例環境への負荷をなくすことや，エネルギーを有効に使用すること。

❷ (1)①ア，エ，オ　②イ，ウ，エ　③オ

(2)例燃焼ガスでガスタービンを回し，その排熱から発生させた蒸気で蒸気タービンを回している。

(3)コージェネレーションシステム

(4)①ガソリン　②空気(①②順不同)
③燃焼　④膨張
⑤往復スライダクランク　⑥回転

(5) 16

解説

❶ (1)太陽光発電，水力発電，風力発電など，再生可能エネルギーを利用した発電方法について述べる。

(2)再生可能エネルギーを利用した発電方法について，それぞれの課題を考える。水力発電は自然環境を破壊する，新たに設置することが難しいなどの課題がある。風力発電は発電量が安定していない，環境破壊や騒音などの課題がある。

(3)石炭火力発電や一般水力発電は発電コストが安く，安定して発電できるため，ベースロード発電として常に一定量発電している。石油火力発電などは発電コストが高いが発電量の調整が容易なので，必要な電力に合わせて発電している。

(4)解答例は環境への負荷をなくすこととエネルギーを有効に使用することをあげているが，ほかにも，十分なエネルギー供給ができること，資源を有効に使用すること，それぞれのエネルギー変換技術の利点を生かしながらその課題を改善することなどをあげてもよい。実際には，いろいろな視点から多角的に考える必要がある。発電方法を例にすると，火力発電では，十分なエネルギーが供給できるが，温室効果ガスの排出などの問題がある。温室効果ガスの排出がない原子力発電は，安全性の問題が指摘されている。再生可能エネルギーを利用した発電では，温室効果ガスの排出も安全性の問題も解決できるが，安定的に十分なエネルギーを供給できない。このように，どの技術にも何らかの課題がある。それぞれの技術の利点を生かしながら，その課題を改善できるような技術の開発が求められるとともに，資源やエネルギーを有効活用するなどの技術の開発も求められている。

❷ (1)③化石燃料とは，石油，石炭，天然ガスなどのことをいう。

(4)㋐～㋓の間にクランク軸が2回転する。この4工程を1サイクルとしている機関である。

(5)モータが駆動軸，軸Aが被動軸である。間にある軸を軸Bとすると，駆動軸と軸Bの間でかみ合っている歯車の歯数の比は8：32である。また，軸Bと被動軸の間でかみ合っている歯車の歯数の比は8：32である。
このことから，速度伝達比は，

$\frac{32}{8} \times \frac{32}{8} = 16$　となる。

技術D　情報の技術

p.52～53　ステージ1

教科書の要点

❶ ①入力　②出力
③オペレーティングシステム

❷ ①アナログ　②デジタル
③デジタル化

❸ ①インターネット　② IP アドレス
③ URL

教科書の資料

1 ①インターネット　②ルータ
③プロバイダ〔ISP〕
④ LAN

2 ①ドメイン

3 ①サーバ　②閲覧

p.54～55　ステージ2

❶ (1)ハードウェア　(2)D，E，F
(3)A，B，C
(4)①ソフトウェア
②オペレーティングシステム〔OS〕
③アプリケーションソフトウェア

❷ (1)記憶機能
(2)演算機能，制御機能
(3)中央処理装置

❸ (1)①アナログ　②デジタル
(2)a A　b D　c B　d C
(3)デジタル化

❹ (1)

0	0	1	0	1	0	1	0	0
0	1	1	1	1	1	1	1	0
0	1	0	0	0	0	0	1	0
0	0	0	1	1	1	0	0	0
0	0	0	0	1	1	0	0	0
0	0	1	1	1	1	1	1	0
0	0	0	0	0	1	0	0	0
0	0	0	1	1	1	0	0	0
0	0	0	0	0	0	0	0	0

(2)画素〔ピクセル〕　(3)解像度
(4)例(加工や修復など，)コンピュータで扱いやすい。

解説

❶ (2)入力機能をもつ装置を入力装置という。
(3)出力機能をもつ装置を出力装置という。
(4)アプリケーションソフトウェアには文書処理ソフトウェアや表計算ソフトウェアなど，目的によってさまざまな種類がある。

❷ (1)メインメモリは主記憶装置，ハードディスクは補助記憶装置である。どちらも情報を記憶する装置である。
(2)情報を処理する機能(演算機能)と命令を実行する機能(制御機能)をもつ。

ポイント!　データの保存

データはファイルとして保存される。ファイルはフォルダに入れて分類・管理できる。

❸ (3)アナログ情報を0と1の数字の組み合わせであるデジタル情報に変換することをデジタル化という。

❹ (4)ほかにも，複製しやすい，まとめて扱いやすい，画像の拡大や縮小が瞬時に行えるなどのプラス面がある。一方で連続した変化がわからないというマイナス面もある。

これもチェック　ファイルの拡張子

文字データ　txt，doc，docx，jtd など
静止画データ　bmp，jpg，jpeg，gif，png など
動画データ　avi，mpg，mpeg，swf，wmv など
音データ　wav，mp3 など

p.56～57　ステージ2

❶ (1)① bit　② KB　③ GB
(2)メガバイト　(3)④8　⑤ 1024
(4)4通り　(5)ア

❷ (1) LAN
(2)インターネット
(3)サーバ　(4)ルータ　(5)ハブ

❸ (1)A　(2)D　(3)プロバイダ〔ISP〕

❹ (1) IP アドレス
(2)イサーバ名　ウ組織名　エ組織の種類
オ国名　カファイル名　キ拡張子
(3)ドメイン名
(4)① TCP/IP　②プロトコル
③パケット

解説

❶ (1)(2)データ量の単位は，少ないほうから順にbit(ビット)，B(バイト)，KB(キロバイト)，MB

(メガバイト)，GB(ギガバイト)，TB(テラバイト)，…となっている。

(3) **ミス注意** 1B(8bit)は半角の英数字1文字分の情報量である。

(4) 1bitで0と1の2通りの情報を区別できる。2bitでは，00，01，10，11の4通りの情報を区別できる。8bitでは，$2^8 = 256$通りの情報を区別できる。

(5)画像を細かく区切るほど解像度は高くなり，データ量が多くなる。

❷ (1)LANはLocal Area Networkの略。

(4)(5)コンピュータや情報機器はハブに接続され，ルータを通して別のネットワークにつなげられる。

❸ (3)ISPはInternet Service Providerの略。

❹ (1)IPアドレスに対応させたドメイン名が設定されている。

(3)**ア**をプロトコル，**イ**～**オ**をドメイン名，**カ**，**キ**をパス名という。

(4)パケットに分けて送受信すると，通信回線を効率よく利用することができる。

知っ得ワード

□ブラウザソフトウェア▶ Webページを閲覧するためのソフトウェア。

□検索エンジン▶ Webページの中から目的とするページを検索するときに利用するシステム。

p.58～59 ステージ1

教科書の要点

❶ ①パスワード ②ファイアウォール ③ウイルス ④フィルタリング ⑤バックアップ

❷ ①情報モラル ②知的財産 ③著作権 ④産業財産権

教科書の資料

1 ①認証 ②ソフトウェア ③暗号化

2 ①プライバシー ②他人 ③著作権

p.60～61 ステージ2

❶ (1)ア，イ

(2)イ，ウ

(3)①ファイアウォール ②フィルタリング ③暗号化

(4)例重要なデータがなくなったり壊れたりした場合に備えるため。

❷ ①ア ②ウ ③イ

❸ (1)A知的財産権 B産業財産権 C著作権

(2)①特許権 ②商標権 ③実用新案権 ④意匠権

(3)イ，エ

(4)a表示 b非営利 c改変禁止 d継承

(5)ア，ウ

解説

❶ (1)認証システムでは，ユーザIDとパスワードなどを用いて，サービスを利用できる人を限定することができる。不正侵入を防ぐため，パスワードはほかの人に見破られないようにする。

(2)コンピュータウイルスに感染すると，システムの動作不良，データの漏えい，ファイルの破壊，迷惑メール配信に使われるなどの被害が生じることがある。

(4)重要なデータがなくなったり壊れたりしたときに備え，コピーしたデータを保存したり，予備のシステムを用意したりすることをバックアップという。これにより，被害を最小限に抑えることができる。

これもチェック コンピュータウイルス

意図的に被害を及ぼすためにつくられたプログラムをコンピュータウイルスという。感染してしまったら，コンピュータをネットワークから切り離し，対策ソフトウェアで駆除するなどの対応をとる。

❷ ①肖像権，人権，プライバシー，個人情報などを保護する必要がある。個人情報が悪用されると，犯罪に巻き込まれてしまう可能性がある。

②文字だけで伝えるので，誤解を招いてしまうことがある。また，無意識に誹謗中傷をしてしまう可能性もある。

③デジタル化された情報は簡単にコピーや修正が

できる。また，誤った情報も簡単に発信することができる。そのため，複数の情報を確認するなどして信頼できる情報であるかを検討する必要がある。

❸ (3)文章や写真，イラスト，曲など，創作活動によってできた著作物には著作権がある。著作者や著作権者に許諾を得るなど，ルールを守れば他人の著作物を利用することができる。

(4)a～dはクリエイティブコモンズ(ライセンス)と呼ばれるマークである。

a 作品の利用に関しての著作者の表示を求める。

b 非営利目的に限って作品の利用を認める。

c 改変しない場合に限って作品の利用を認める。

d 作品につけられたライセンスを継承することを求める。

(5)インターネットや情報機器のプラス面とマイナス面を知り，モラルを守って安全に，適正に利用する。使用を制限されている場所での使用や，事故につながる使い方，ほかの人に迷惑がかかる使い方はしない。

p.62～63 ステージ1

教科書の要点

❶ ①プログラム　②プログラミング
③プログラミング言語

❷ ①アクティビティ図
②順次　③反復
④分岐

❸ ①文字　②動画

教科書の資料

1 ①順次　②分岐
③反復

2 ①順次　②反復
③分岐

3 ①始め　②終わり
③3　④繰り返し

p.64～65 ステージ2

❶ (1)プログラミング言語
(2)図1 フローチャート
図2 アクティビティ図
(3)順次処理　(4)㋐，㋔
(5)反復処理　(6)㋒，㋓
(7)分岐処理　(8)㋑，㋕

❷ (1)　(2)

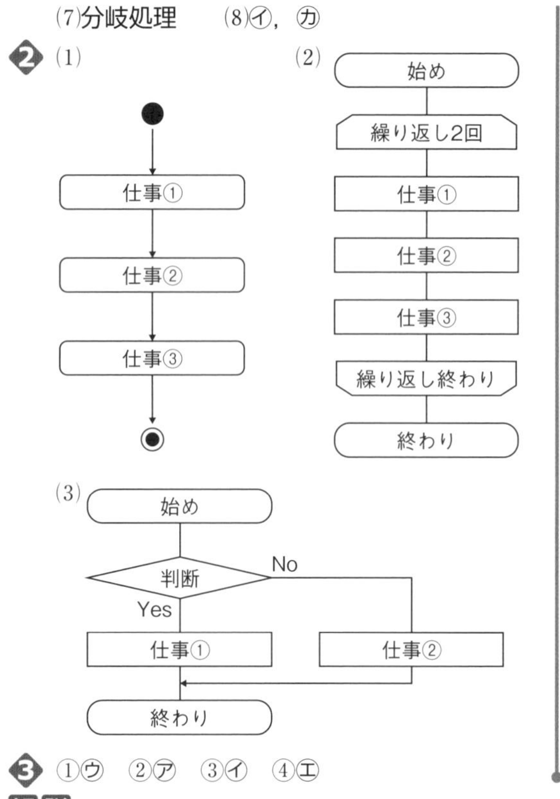

❸ ①㋒　②㋐　③㋑　④㋓

解説

❶ (1)(2)目的を達成させるための情報処理の手順を図に表したものをフローチャートという。フローチャートは，一定のルールに従ってかかれている。フローチャートに従い，プログラミング言語を用いてプログラムを記述する。アクティビティ図はUML(統一モデリング言語，Unified Modeling Language)の1つで，複数の情報処理の手順を統合して表したものである。

(3)～(8)実際のプログラムは，順次処理，反復処理，分岐処理が複雑に組み合わさってできている。

❷ アクティビティ図やフローチャートで用いる記号の意味は，次のとおりである。

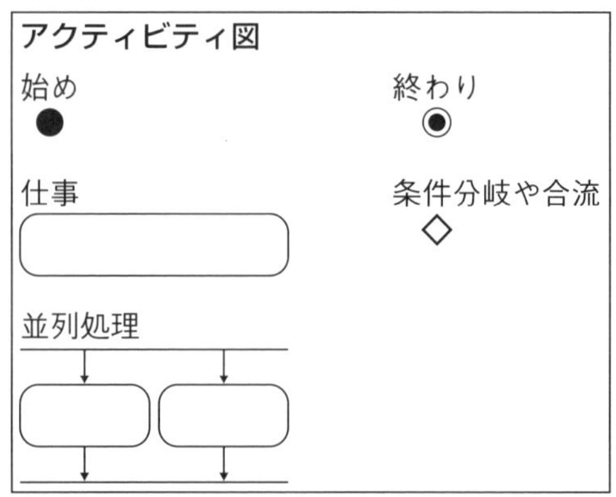

フローチャート

始めと終わり	仕事
繰り返し始め	繰り返し終わり
条件分岐	

(3)判断で Yes のときには仕事①を行うので，Yes とかいた先に仕事①をかく。

❸ 情報を伝えるときには，その目的に合った表現メディアを使うことで効果が高まる。静止画，文字，音声，動画のそれぞれの特徴を理解して，適切な情報発信に生かしていく必要がある。文章(文字)だけで構成した新聞，写真(静止画)入りで伝える新聞，ラジオ(音声)やテレビ(動画)のニュースなどを例として，それぞれの伝わり方の特徴を把握しておくとよい。

p.66〜67 ステージ1

教科書の要点

❶ ①メディア　②働きかけ
③応答　④課題
⑤評価

❷ ①計測　②制御
③インタフェース　④アクチュエータ

❸ ①安全性　② AI
③ Society5.0〔ソサエティ5.0〕

教科書の資料

1 ①スペース　②こんにちは

2 ①センサ　②インタフェース
③アナログ　④命令

3 ① 50　② ON
③ OFF

p.68〜69 ステージ2

❶ ①先生からのメッセージ　②答え
③送る　④受け取った
⑤表示する

❷ ①センサ　②コンピュータ
③アクチュエータ　④インタフェース

❸ (1)カ→キ→オ→イ→エ→ア→ウ
(2)デバッグ

❹ (1)例個人情報が流出すると二次被害が起こる可能性があるので，情報モラルや情報セキュリティに気をつけること。
(2)解決できる問題例 AIによる自動運転技術を使うことで，交通事故や渋滞が少なくなる。
課題例コンピュータへの不正アクセスのリスクがある。また，想定外の事故が起こったときの法律が整っていない。
(3)例 SNSや動画配信サービスなど，企業や組織の一員でなくても，個人で情報発信できるようになった。

❺ (1)情報モラル　(2)エ
(3)例使用者の働きかけに応じて応答する機能を備えたコンテンツ。
(4)イ

解説

❶ 双方向性のあるコンテンツでは，先生側のプログラムと生徒側のプログラムの双方のプログラムが関係している。先生側のプログラムは，入力されたメッセージを送信するプログラムである。生徒側のプログラムは，メッセージを受信して表示するプログラムである。

❷ センサで計測した状況(アナログ情報)はインタフェースでデジタル信号に変換され，コンピュータに伝えられる。コンピュータでは伝えられた情報を判断し，動作の命令を出す。命令はインタフェースでアナログ信号に変換され，アクチュエータに伝えられる。アクチュエータはインターフェースからの信号に従って動作を行う。

❸ (1)問題解決のための手順は，プログラムの制作に限らず，どの分野の学習でも同じである。
(2)プログラムの不具合のことをバグといい，バグを修正する作業をデバッグという。

❹ (1)情報通信ネットワークを利用した技術について，何に注意する必要があるのかを述べる。実際には，個人情報だけでなく，安全性や経済性，機能性，社会からの要求や環境への負荷など，さまざまな観点から考える必要がある。
(2) AIがどのようなことに利用されているかを考える。顔認証システムや製品の品質チェックなど

について述べてもよい。AIを利用することで便利になる一方，課題もある。安全性や経済性，社会からの要求など，いろいろな視点から考えられるとよい。特に，情報に関する法律や制度，情報モラル，情報セキュリティなど，情報の技術ならではの視点についても考えられるとよい。

(3)身の回りの生活や社会の中で，情報の技術が生かされている事例について述べる。クラウドファンディングによる行動やオンラインサービスの利用などについて述べてもよい。

p.70〜71 ステージ1

教科書の要点

❶ ①空白 ②直前
③デリート ④テン
⑤カーソル

❷ ①合計 ②平均

教科書の資料

1 ①エスケープ ②ファンクション
③バックスペース ④シフト
⑤スペース ⑥エンター

2 ①色 ②位置
③行 ④列
⑤セル

p.72〜73 ステージ2

❶ (1)①A ②I ③D ④M ⑤K ⑥E
⑦G ⑧B
(2)①H ②K ③J
(3)①クリック ②ダブルクリック
③ドラッグ ④スクロール
(4) TYUUGAKKOU
〔CYUUGAKKOU，CHUUGAKKOU〕

❷ ①タップ ②スワイプ
③ピンチイン ④ピンチアウト

❸ (1)①イ ②ア ③ウ ④エ
(2)① SUM(B3:F3)
② AVERAGE(B4:F4)
③ AVERAGE(D3:D6)

解説

❶ (1)Aエスケープキー，Bファンクションキー，Cタブキー，Dシフトキー，Eコントロールキー，Fオルトキー，Gスペースキー，Hバックスペースキー，Iエンターキー，J挿入キー(インサートキー)，Kデリートキー，Lカーソルキー，Mテンキー。

(4) **ミス注意** 「ちゅ」の入力方法には，「TYU」「CYU」「CHU」がある。「っ」はN以外の子音を2つ連続で入力すればよい。「っこ」の場合は「KKO」と入力する。

知っ得ワード

マウスの操作

□**右クリック**▶マウスの右ボタンを1回押す。

□**ドラッグ＆ドロップ**▶目的の位置までドラッグし，マウスボタンを離す。

タブレット端末の操作

□**フリック**▶指を払うようにする。

□**ダブルタップ**▶画面を2回連続で押す。

□**ホールド**▶画面を長く押す。

❸ (2)①合計を計算するときは「SUM」を用いる。「SUM(○：△)」という関数を入力すると，セル○〜セル△の合計を計算できる。
Aさんの5教科合計を求めたいので，B3〜F3のセルの合計を求める。SUM(B3:F3)という関数を入力することで，B3+C3+D3+E3+F3の計算ができる。
②平均を計算するときは「AVERAGE」を用いる。「AVERAGE(○：△)」という関数を入力すると，セル○〜セル△の平均を計算できる。
Bさんの5教科平均を求めたいので，B4〜F4のセルの平均を求める。AVERAGE(B4:F4)という関数を入力すると，(B4+C4+D4+E4+F4)÷5という計算ができる。
③英語の4人の平均を求めたいので，D3〜D6の平均を求める。AVERAGE(D3:D6)という関数を入力すると，(D3+D4+D5+D6)÷4という計算ができる。

第2編 家庭分野

家庭A 家族・家庭生活

p.74～75 ステージ1

教科書の要点

❶ ①自立 ②共生
❷ ①家庭 ②衣食住 ③安らぎ ④収入 ⑤文化 ⑥衣 ⑦食 ⑧住
❸ ①自立 ②立場

教科書の資料

1 ①生活 ②子育て ③心 ④収入 ⑤文化
2 ①クリーニング ②(食事の)宅配サービス ③保育

p.76～77 ステージ2

❶ ①生活 ②精神 ③経済
❷ ①育てる ②安らぎ ③文化 ④収入 ⑤地域 ⑥健康
❸ (1)ウ
(2)男女共同参画社会
❹ (1)例①調理 ②洗濯 ③掃除
(2)①ウ ②イ ③エ ④ア
❺ ①男女共同参画社会基本法
②育児・介護休業法
③ワーク・ライフ・バランス
❻ ①思春期 ②依存 ③自立 ④立場 ⑤援助

解説

❶ 自立には3つの側面がある。
❷ 家庭の機能は，家庭の仕事と関連させて出題されることも多いので確認しておこう。

ポイント! 家庭の機能

- 生活を営む
- 家族の健康を守る
- 子どもを育てる
- 看護，介護をする
- 心の安らぎを得る
- 文化を伝える
- 暮らしの収入を得る
- 地域と交流する

❸ 性別で仕事の役割を固定的にとらえることを，「性別役割分業」という。この考え方や実際の分担を変革することを目指して男女共同参画社会基本法がつくられた。

これもチェック 男女共同参画社会

日本では，男性は家庭外の仕事を，女性は家庭内の仕事や育児・介護を中心に担っている傾向が強い。このような実態や，それを改善する取り組みについても考えておこう。

❹ (1)②衣服の修繕などでもよい。
③住居の修理などでもよい。
(2)①ほかに，外食や総菜店・弁当販売店などのサービスもある。
②ほかに，コインランドリーや衣服の購入などもある。
③ほかに，在宅サービスなどもある。
④ほかに，保育所や認定こども園，学校などもある。
❺ 法律や制度の名前と意味を結びつけておくとよい。
❻ ⑤地域の人や教師，友人，自治体やNPOなどに相談してもよい。

p.78～79 ステージ1

教科書の要点

❶ ①乳児 ②幼児 ③児童 ④順序 ⑤頭(部) ⑥言葉〔言語〕 ⑦社会
❷ ①基本的生活習慣
②社会的生活習慣
❸ ①信頼 ②保育所 ③幼稚園

教科書の資料

1 ①全体 ②首 ③座る ④はいはい ⑤歩く
2 ①情緒 ②自我 ③友達 ④質問 ⑤1語文
3 ①食事 ②排せつ ③睡眠 ④着脱衣

⑤清潔　⑥挨拶

p.80～81　ステージ2

❶ (1)1
(2)1，6

❷ (1)①個人差　②中心　③末端
④多く　⑤高い
(2)①ウ→エ→イ→ア
②ア→ウ→エ→イ
(3)①身長ア　体重ウ
②身長イ　体重オ
(4)こまめに水分補給をする。

❸ (1)①人見知り　②第1次反抗期
(2)①ウ　②オ　③エ

❹ (1)①基本的生活習慣
②A着脱衣　B食事　C排せつ
D清潔　E睡眠
(2)社会的生活習慣
(3)①例道路に飛び出さない。
②例ごみはごみ箱に捨てる。
③例挨拶をする。
(4)ウ

❺ (1)①保育所　②幼稚園　③認定こども園
(2)信頼

解説

❶ 6歳から12歳の小学生の間は児童期という。中学生は青年期にあたる。

❷ (1)①幼児期の成長に男女差はほとんどなく，個人差が大きいのが特徴。そのため，発達の遅速を強く気にする必要はない。④⑤幼児は呼吸数が多く，体温が高く，睡眠時間が長い。
(2)①発達には個人差があるが，おおむね**ア**5歳ごろ，**イ**4歳ごろ，**ウ**8か月～10か月ごろ，**エ**1歳～1歳半ごろ。
(3)身長・体重はそれぞれ，出生時で約50cm・約3kg，1歳で約75cm・約9kg，4歳で約100cm・約15kgである。

ポイント!　**発達の順序性**
- 頭部→腰部→下部
- 中心→末端
- 大きな動き→細かい動き

❸ (1)②第2次反抗期はちょうど中学生のころ。
(2)②社会性が発達すると複数人で関わりながら遊べるようになる。

知っ得ワード
□**乳歯**▶6か月ごろから3歳くらいまでに生える歯。永久歯より数が少ない。
□**人見知り**▶6か月ごろ，「恐れ」の情緒が生まれてから起こり，養育者のあとを追いかけたり，見慣れない人に泣き出したりする。

❹ (3)①交通ルールを守ることなどを書いていればよい。②公共の場で騒がないなどのマナーについて書いてもよい。③言葉遣いに気をつけることなどでもよい。
(4)**ウ**必ずしもいつも厳しくするのではなく，発達に合わせて幼児の気持ちに寄り添い，やりたいという意欲が出るように配慮する。

これもチェック　幼児の衣服
幼児の生活に合った衣服を選択する。発達に合わせて脱ぎ着が楽かどうか，ゆとりがあり丈夫で遊びやすいか，汗を多くかくので，吸湿性・通気性がよく洗いやすいものかどうか，などを確かめるとよい。

❺ (1)子育ての支援としては，ほかにも市町村に設置される，子育て世代包括支援センターなど，さまざまな施設や事業がある。地域の施設や制度についても調べておくとよい。
(2)幼児にふさわしい生活環境を整えること，愛情をもって幼児に接し，信頼関係を築くことは，家族の重要な役割である。

p.82～83　ステージ1

教科書の要点

❶ ①遊び　②おやつ〔間食〕
③運動　④おもちゃ
⑤安全　⑥伝承遊び
⑦発達〔興味〕

❷ ①挨拶　②目線
③衛生(面)

教科書の資料

1 ①大人 ②そば
③ルール ④身体
⑤社会

2 ①ＳＴ〔玩具安全〕 ②盲導犬

3 ①子どもの権利〔児童の権利に関する〕
②児童憲章 ③児童福祉

p.84〜85 ステージ2

❶ (1)A生活 B大人 C１人
D友達 E安全な
(2)①ウ ②イ ③ア
(3)エ→イ→ア→ウ
(4)ウ
(5)伝承遊び

❷ (1)②，④，⑤に○
(2)ア

❸ (1)①挨拶 ②爪 ③髪
④確認 ⑤まね ⑥危険
⑦礼状 ⑧まとめる
(2)①，③に○
(3)例交代で〔順番に，半分に分けて〕使うように声をかける。

❹ (1)①児童憲章
②子どもの権利条約
〔児童の権利に関する条約〕
(2)A人 B社会 C環境 D教育
(3)a イ b ウ

解説

❶ (2)①そのほか創造力なども発達する。②情緒・言葉の発達も促す。③社会性なども発達する。
(3)(1)の文を参考にする。初めは大人と遊ぶが，次第に同年代の友達を意識するようになる。また，社会性や言葉の発達に伴い，大人数で複雑な遊びもできるようになる。
(4)ア映像メディアに触れることもよいが，大人といっしょに見るようにして，長時間の視聴にも気をつけるようにする。イ異年齢の子どもとの関わりも大切にする。エ古くから伝わる伝承遊びも取り入れていくとよい。

❷ (1)①１人でも大勢でも遊べるものがよい。③創造力を育むためにも，工夫してさまざまな遊び方ができるものがよい。
(2)STマークは日本玩具協会が定めたもの。ウ共遊玩具には「盲導犬マーク」や「うさぎマーク」がつけられている。

ポイント! おもちゃの選び方
- 危険がない
- 丈夫
- STマーク
- 発達に合う
- 遊び方を工夫できる

❸ (1)幼児の怪我や病気を防ぐために，安全や衛生には十分注意する。
(2)②必要以上の大声は，幼児を驚かせたり怖がらせたりすることになる。緊張などから乱暴な態度をとることもあるので，幼児の気持ちをくみ取って接し，丁寧に話をする。
④乳児は首の筋肉が十分に発達していないため，激しく揺さぶると脳に重大な損傷を起こす可能性がある。触れ合い体験で乳児に接する機会はあまり多くないが，注意しておく必要がある。また，幼児に対しても，強く揺さぶらないように注意が必要である。
(3)２人が遊べるようになる提案をする。

❹ (1)ほかに，子どもを守る国内の法律もある。児童に関することを総合的に定めた「児童福祉法」や，児童虐待に対する「児童虐待の防止に関する法律」などである。
(3)a 病気や怪我に対して適切な治療を受けられることも生きる権利。b 自分の考えや信じる自由をもって育つことができる。ア守られる権利は虐待や搾取などから守られること。障がいがある，少数民族であるなどの場合は特別に守られる。エ参加する権利は意見を示したり，グループに参加したりすることが自由に行えること。

ポイント! 子どもを守るきまり
- 子どもの権利条約▶国際連合で採択
- 児童憲章▶日本初の子どもの権利宣言
- 児童福祉法
- 児童虐待の防止に関する法律

p.86〜87 ステージ1

教科書の要点

❶ ①立場　②会話
③ロールプレイング

❷ ①少子高齢　②認知症
③介助

❸ ①共生　②行事
③ボランティア

教科書の資料

1 ①聞こえ　②息切れ
③低下　④折れ

2 ①おじぎ　②引っ張り
③わき

3 ① SDGs　②貧困

p.88〜89 ステージ2

❶ (1)①立場　②自立
③話し合う〔会話をする〕
(2)①例ゲームの音を小さくしてくれると，(私は)落ち着いて宿題ができて嬉しいな。
②例運動会の様子を見られると，(私は)そちらに気を取られて困ってしまうな。

❷ (1)①筋肉　②骨折　③老化
(2)ウ
(3)例耳が聞こえにくくなる。
息切れしやすくなる。

❸ (1)①わき　②ペース
(2)②，④に○

❹ ①○　②×　③×　④○　⑤○

❺ (1)①ウ　②イ　⑤エ　⑧オ　⑯ア
(2)例防災訓練に参加する。

解説

❶ (2)互いに気持ちのよい関係を築くためには，相手を主語にする「あなたメッセージ」ではなく，私を主語にする「私メッセージ(アイメッセージ)」のほうが，自分の意志が伝わりやすい。①の例では，「(あなたは)静かにしろよ」や「(あなたは)うるさい！」と主張すると，姉に対して攻撃的な言い方となり，けんかとなって宿題に取り組むどころではなくなってしまう。相手の行動，その行動の自分への影響，そのときの自分の感情を解答例のように順序立てると，わかりやすい主張となり，相手にも受け入れられやすい。

ポイント!　**私メッセージの組み立て**

相手の行動，その行動の自分への影響，そのときの自分の感情を順序立てて伝える。

❷ (2)総人口に占める老年人口(高齢者人口)の割合を「高齢化率」という。それに対して，15〜64歳の人口を生産年齢人口，14歳未満の人口を年少人口という。日本社会の特徴を知るために，おおよその人口比率を確認しておこう。

❸ (1)地域で立ち上がりや歩行に困っている高齢者を見かける機会もある。介助のポイントをよく理解し，必要な場合は声をかけて手助けできるように心がけたい。

❹ ②いざというときに備えて，中学生も積極的に参加する。
③挨拶をしたり，話しかけたりして地域で見守るようにする。

❺ (1)⑤性的少数者も違和感なく着用できるように，男女共用デザインやジェンダーレスの制服を採用する学校も少なくない。
⑯紛争や暴力の撲滅などのほかに，子どもたちへの虐待や暴力をなくすことなども含んでいる。
(2)ほかに，防災マップづくりやゴミゼロ運動への参加などもある。ほかの目標と重なるものを答えてもよい。

家庭B　衣・食・住の生活

p.90～91　ステージ1

教科書の要点

❶ ①エネルギー　②(食)文化
③食事　④運動
⑤生活習慣病

❷ ①栄養　②無機質
③脂質　④食物繊維
⑤老廃物　⑥食事摂取

教科書の資料

1 ①健康　②触れ合い〔つながり〕
③体

2 ①たんぱく質　②カルシウム
③ビタミンA　④ビタミンD
⑤炭水化物　⑥糖質
⑦腸

p.92～93　ステージ2

❶ ①活動　②成長
③生活　④楽しみ

❷ (1)①食習慣　②生活習慣
(2)(十分な)休養，(適度な)運動(順不同)
(3)ア，イ，オ
(4)例午前中のエネルギーを補給する。
〔睡眠中に下がった体温を上げる。〕
(5)①孤食　②共食

❸ ①イ　②ウ　③イ　④ウ　⑤ア

❹ (1)たんぱく質…B　無機質…A
炭水化物…D　脂質…C
(2)①たんぱく質，炭水化物　②脂質
(3)①ビタミンD　②鉄
③ビタミンC　④食物繊維
⑤脂肪　⑥ビタミンB_1，ビタミンB_2
(4)①栄養素　②体温

❺ (1)食事摂取基準
(2)ア，イ，カ
(3)① μg　②マイクログラム

解説

❶ 食事には栄養素の補給だけでなく，社会的な役割があることもおさえておく。

❷ (1)②がん，心臓病，脳卒中，糖尿病などが生活習慣病にあたる。
(3)ウ不足する栄養素を補う適度な間食はよい。オ過食も生活習慣病の原因となる。

❸ ほかに，②はイ，③はウ，④はアの役割も果たしている。

❹ (3)① ミス注意 骨や歯をつくるもとになるカルシウムと間違えないようにする。②不足すると貧血になる。③⑥ほかのビタミンと間違えないように気をつけよう。ビタミンAは目の働きを助け，粘膜を健康に保つものである。④消化・吸収はされない。⑤脂肪はエネルギーになるだけではない。

知っ得ワード

□**レチノール**▶動物性食品に含まれ，ビタミンAの働きをする。
□**カロテン**▶植物性食品に含まれる。橙黄(とうおう)色。体内でレチノールに変わる。
□**ぶどう糖**▶糖質が消化されたもの。グリコーゲンとして体内に蓄えられる。
□**脂肪酸・モノグリセリド**▶脂質が体内で消化されたもの。ふつう，脂肪酸とモノグリセリドとして，小腸で吸収される。

❺ (1)(2)中学生の時期に必要な栄養をおさえておく。成長期で活動量も多いため，体をつくるたんぱく質・カルシウム・鉄，エネルギーとエネルギーの変換に必要なビタミンB_1・B_2が多く必要となる。(3)栄養素によって単位が異なる。1mg=1000μg。

ポイント!　中学生に必要な栄養素

- 成長期で活動量が多いため，一部の栄養素は成人より多く必要
- たんぱく質・カルシウム・鉄▶体の組織
- エネルギー
- ビタミンB_1・B_2▶エネルギー変換に必要

p.94～95　ステージ1

教科書の要点

❶ ① 100　②(基礎)食品群
③献立　④主食
⑤1　⑥一汁三菜〔一汁二菜〕

❷ ①生鮮食品　②旬
③加工食品　④保存

⑤食品添加物　⑥食中毒

教科書の資料

1 ①たんぱく質
②カルシウム〔無機質〕
③ビタミンA〔カロテン〕
④ビタミンC　⑤炭水化物
⑥脂質

2 ①名称　②原産地
③賞味期限　④製造者〔販売者〕
⑤栄養成分表示　⑥小麦

p.96〜97 ステージ2

❶ (1)①豆・豆製品　②海藻
③緑黄色野菜　④果物
⑤穀類　⑥油脂
(2)アきゅうり　イ牛乳
ウマーガリン　エみそ
オさんま　カさつまいも
(3)Aエ　Bア

❷ (1)食品成分表
(2)牛乳

❸ (1)①主菜，イ　②主食，ア
③副菜，ウ
(2)ウ　(3)2群
(4)ア

❹ (1)①和食　②無形文化遺産
(2)一汁三菜〔一汁二菜〕
(3)①食物繊維　②脂質

解説

❶ 食品群と1日の摂取量を覚えておく。特に1群の豆，3群の緑黄色野菜，4群のその他の野菜，5群の穀物を区別しよう。

(2)アカロテンを多く含む3群をまとめている。きゅうりはその他の野菜で，4群。イたんぱく質を多く含む1群をまとめている。牛乳は2群。ウ炭水化物を多く含む5群をまとめている。じゃがいもはいも類なので5群。マーガリンは植物性油脂なので6群。エ脂質を多く含む6群をまとめている。みそは豆製品なので1群。オ無機質（カルシウム）を多く含む2群をまとめている。さんまは魚なので1群。カビタミンCを多く含む4群をまとめている。さつまいもは5群である。

これもチェック

2群の小魚はたんぱく質，海藻は鉄や食物繊維が，3群はビタミンC，食物繊維，鉄が，5群のいも類はビタミンCも多い。

❷ (2)表中の（カルシウムの量）÷ 100 ×（1回に食べやすい量）を計算して確かめる。牛乳は220mg，プロセスチーズは126mg，しらす干しは104mg，カットわかめは13.9mg。

❸ (1)エは汁物。
(2)ウ食品群の不足は1日のうちに補えるようにする。
(3)(4)不足している2群が多く含まれる献立を選ぶ。その上で，できるだけ朝食，昼食と異なる食品を使い，多くの食品を摂取できる献立がよい（1日に25〜30種類の食品をとることが望ましい）。

ポイント！　献立の立て方

- 1食分は食品群別摂取量の目安の1/3
- 食品，栄養のバランス
- 季節
- 予算
- 調理時間
- 食べる人の好み

これもチェック　食品の概量

食品の分量を考えるときは「**手ばかり**」や「**目ばかり**」も活用する。例えば，緑黄色野菜100gは両手いっぱいに乗る量，ぶた肉1食分80gは片手に乗る量となる。

❹ (1)②世界文化遺産と間違えやすい。
(2)主食の米飯に，汁物が1品，主菜が1品，副菜が2品程度あることを表す。
(3)栄養バランスがよく，低カロリーであるなど，エネルギーや動物性食品・植物性食品のバランスのよさも和食の特徴である。ただし，すしなど一部のものにはあてはまらない。

p.98〜99 ステージ2

❶ (1)旬，出盛り期
(2)①味　②栄養素の量　③値段〔価格〕
(3)ウ

❷ (1)Aイ　Bア　Cウ

(2) a 牛乳〔生乳〕 b 大豆

❸ (1)①賞味期限 ②消費期限
(2)①重い〔多い，大きい〕
②食物アレルギー ③遺伝子組み換え

❹ (1) A 特定保健用食品，イ
B JAS，エ
C 有機 JAS，ア
(2)食品衛生法
(3)①増粘剤 ②調味料 ③酸化防止剤
④発色剤 ⑤保存料 ⑥栄養強化剤

❺ (1) A 衛生 B 品質 C 腐敗
(2)①ア ②イ ③エ
(3)つけない，増やさない，やっつける
(4)ウ

解説

❶ (1)(2)旬は野菜・果物が多くとれる時期や，魚の産卵期をいう。出盛り期は流通量が多い時期。栄養素の量や味がよく，流通量が多いので値段も安くなる。近年は，技術の改良や外国からの輸入によって旬や出盛り期はわかりにくくなった。グラフからほうれんそうは一年中多く流通しているが，旬である冬どりのほうが栄養素の量が多いことがわかる。

(3)すべて季節を代表する食品である。身近な食品の旬は確認しておこう。

知っ得ワード

□コールドチェーン▶野菜や果物などの生鮮食品を，収穫直後に冷蔵または冷凍し，低温のまま輸送・貯蔵・販売を行うこと。

❷ (2) a は牛乳を，b は大豆を微生物の力を利用して発酵(はっこう)させたもの。牛乳・大豆の加工食品は種類が多いので覚えておこう。

❸ (1)①おいしさ，風味などの品質が保証される期限。
②安全に食べることのできる期限。
(2)原材料の表示は文のほかに食品添加物も含まれるのでおさえておく。
③遺伝子組み換えの農産物としてはとうもろこし，大豆などがある。

ポイント！ 加工食品の食品表示

- 原材料名…重量の多い順に表示
- 食品添加物 ●食物アレルギー
- 遺伝子組み換え食品
- 内容量 ●期限 ●保存方法
- 栄養成分の量とエネルギー
- 製造者または販売者

これもチェック 食物アレルギー

食物アレルギーは，特定原材料として 7 品目（卵・乳・小麦・えび・かに・そば・らっかせい）が指定され，表示が義務づけられている。大豆や牛肉など 21 品目の表示も推奨(すいしょう)されている。

❹ (1) A おなかの調子を整えるなどの健康に役立つ効果をもつ。B 日本農林規格は農林水産省が定める。C 農産物や加工食品につけられる。

知っ得ワード

□調味料▶味をつけ，味を調える。
□甘味料▶甘みをつける。
□膨張剤▶ふっくらさせる。
□香料▶香りをつける。
□豆腐用凝固剤▶豆乳を固める。

❺ (2)冷蔵庫は，保存場所だけでなく使い方も気をつける。食品を熱いまま詰めること，食品の詰め込みすぎ，ドアの開閉の頻度が多いことは庫内温度の上昇につながる。
(4)アなすなど低温で変色する野菜もある。イウ購入した食品を冷蔵や冷凍をしても品質の低下を完全には防げないので，必要に応じて購入する。

p.100〜101 ステージ 1

教科書の要点

❶ ①計画 ②後かたづけ
③部位 ④水
⑤白身 ⑥赤身
⑦えら ⑧ドリップ
⑨ビタミン ⑩かさ
⑪クロロフィル ⑫褐変

教科書の資料

1 ①15 ②5
③200 ④主食
⑤汁物 ⑥主菜

2 ①峰〔背〕 ②柄
③輪 ④いちょう
⑤せん ⑥みじん
⑦小口

p.102～103 ステージ2

❶ (1)カ→オ→ウ→エ→ア→イ
(2)①A ②D
③大さじ１杯と小さじ２杯
(3)①半月切り ②ささがき
(4)X強火 Y弱火
(5)①しょうゆ ②みそ

❷ (1)①寄せ箸 ②迷い箸
(2)A，C

❸ (1)①たんぱく質 ②かたく
③やわらかく ④腐敗
(2)イ
(3)①弾力 ②ドリップ
③淡紅色 ④淡いピンク色
(4)例食中毒を起こす細菌を殺菌できるから。

❹ (1)ロース，かたロース
(2)肉をやわらかくする働き。

❺ (1)牛肉(と)ぶた肉 (2)みじん切り
(3)①エ ②ア ③イ (4)B

解説

❶ (2)①すり切りべらを用いる。②液体の場合はBの深さ３分の２程度まで入れる。
(4)中火はちょうど鍋底に火が当たるくらい。
(5)さは砂糖，しは塩，すは酢である。

ポイント! 計量
- 大さじ…15mL
- 小さじ…５mL
- 計量カップ…200mL

❷ (2)Bは主菜，Dは米飯，Eは汁物。

❸ (1)④空気に触れる面積が広く腐敗しやすい。
(4)調理用温度計がある場合は，中心部の温度が75℃以上で１分以上(ノロウイルスには90℃以上で90秒以上)の加熱が目安となる。

ポイント! 肉の調理
- 加熱でかたくなるのを防ぐ→筋を切る，肉たたきでたたく，しょうが汁につける
- うま味を逃がさない→表面を強火で加熱
- 汁でうま味を生かす→水から煮る
- 生の肉を扱った調理道具の管理に注意

❹ (1)かたやひれなど，他の部位の肉を利用することもある。

❺ (3)ウいっしょに混ぜる牛乳やパン粉の働き。
(4)肉は加熱すると縮むので，成形のときに真ん中をへこませておくとふくらまずにきれいに仕上がる。

p.104～105 ステージ2

❶ (1)A旬 B塩 C臭み
(2)心臓病〔心筋梗塞〕，脳卒中，脳梗塞などから１つ。
(3)①イ，ウ，カ ②ア，エ，オ
(4)①腹部 ②目 ③うろこ

❷ (1)小麦粉 (2)ウ

❸ (1)ア (2)落としぶた
(3)例魚の生臭さをおさえる働き。

❹ (1)①食物繊維 ②ビタミンC
③塩 ④あく
(2)例切った野菜を，すぐに水につけておく。

❺ (1)ウ (2)ア

❻ (1)①根元から ②たっぷり
③短時間 ④根元
(2)イ

❼ (1)例流水で，たわしを使って洗う。
(2)イ

解説

❶ (3)エさけの身は赤いが，白身魚である。
(4)いずれも一尾の魚の場合。切り身は，身の弾力やドリップが出ていないことを確認する。

❷ (2)ア皮のついた面を表にする。イはじめは強火か中火で短時間焼く。

❸ (1)イ皮のついているほうを上にする。ウ煮立ってからさばを入れる。

❹ (2)ごぼうのほか，りんごやバナナなどの果物でも起こる。

ポイント! 野菜の調理

●褐変　●青菜のクロロフィルは熱に弱い
●加熱でかさが減る　●あくをとる
●塩をふると水分が出る

5 (2)ア芽に含まれるソラニンは加熱してもなくならないので，しっかり取り除く。

6 (1)②③変色を防ぐために短時間ゆでる。
(2)ア水と油をまとめる性質。マヨネーズに利用。
ウ泡立つ性質。ケーキなどに利用。

7 (1)水で洗い，包丁の峰(背)で皮をこそげとる方法もある。
(2)みそは沸騰させると風味が飛んでしまうため，火を止める少し前に加える。

知っ得ワード

□果菜類▶果実や種を食べる。トマトやなすなど。
□茎菜類▶茎を食べる。たけのこやアスパラガスなど。
□根菜類▶根や地下茎を食べる。にんじん，ごぼう，だいこんなど。
□葉菜類▶葉を食べる。ほうれんそう，こまつな，レタスなど。

p.106～107 ステージ1

教科書の要点

1 ①地産地消　②郷土料理
③行事食　④お節

2 ①食品安全基本法
②消費者　③食料自給率
④フード・マイレージ
⑤エコ　⑥ごみ

教科書の資料

1 ①きりたんぽ　②深川
③おやき　④しじみ
⑤ふな　⑥ゴーヤー

2 ①ちらしずし　②ちまき
③おはぎ　④雑煮

p.108～109 ステージ2

1 (1)食文化
(2)例新鮮な食材が安く手に入る。〔生産過程がわかる。〕
(3)①山梨県　②滋賀県　③長野県
④東京都　⑤島根県

2 (1)正月
(2)①ちらしずし　②ぼたもち　③ちまき
④かしわもち　⑤うなぎ料理
⑥かぼちゃ　⑦年越しそば
(③，④は順不同)
(3)A 3月3日　B 5月5日
C 7月7日

3 (1)食品安全基本法
(2)食品安全委員会
(3)イ

4 (1)ウ
(2)①エネルギー
②バーチャル・ウォーター
③フード・マイレージ
(3)①食品ロス
②例食品を計画的に購入する。〔エコクッキングをする。〕

解説

1 (3)各地の代表的な郷土料理を知っておくとともに，自分の住んでいる地域の郷土料理についても調べておこう。

2 (2)年越しそばは大みそかに食べる。冬至は12月22日ごろである。

これもチェック 雑煮

雑煮は，東日本は角もち，西日本は丸もちを食べることが多い。また，汁がみそ仕立てだったり，すまし仕立てだったりするほか，具にも地域差がある。家庭の雑煮は家族の出身地の影響を受けていることも少なくない。家庭や住んでいる地域の雑煮も調べておこう。

3 (3)消費者も食品の安全のための情報を積極的に集める必要がある。

4 (1)食料自給率は，自国で消費する食料のうちどれだけを国内でまかなっているかの指標である。日本は著しく低いことがわかる。

(2)フェアトレードとは，開発途上国などで公正な取引を支援するしくみである。
(3)②食品の購入の際に過剰な包装を断る，などでもよい。身近でできそうな行動を考えておこう。

p.110～111 ステージ1

教科書の要点

❶ ①社会生活上　②T.P.O.
③立体的　④和服
❷ ①試着　②表示
③品質　④予算
⑤脱ぎ着　⑥取り扱い表示
⑦寸法

教科書の資料

1 ①同系色　②反対色
③暖色　④寒色
2 ①サイズ　②組成
③原産国
3 ①40　②手洗い
③ドライ　④石油系
⑤漂白剤　⑥つり干し

p.112～113 ステージ2

❶ (1)①保健衛生　②生活活動　③社会生活
(2)A所属　B個性　C社会
(3)aウ　bア，オ　cイ，エ
(4)T時間　P場所　O場合
(5)コーディネート
❷ (1)Aア，エ　Bイ，ウ
(2)左
(3)Cエ　Dア
❸ (1)例人から譲り受ける。
(2)ア
❹ (1)①B　②A　③C
(2) JIS
(3)①キ　②ア　③エ　④カ
❺ (1)Aバスト〔胸囲〕　Bチェスト〔胸囲〕
Cウエスト〔胴囲〕　Dヒップ〔腰囲〕
(2)①ア　②イ　③ア
語句…水平

解説

❶ (1)①怪我や汚れから体を守る働きも保健衛生上の働きである。
(3)アオ運動をしやすくする。イ所属を表す。ウ体を清潔に保つ働きをもつ。エ社会的慣習に合わせた衣服。

> **ポイント!** 衣服の役割と例
> ●保健衛生上の役割…下着類，白衣など
> ●生活活動上の役割…運動着，防火服など
> ●社会生活上の役割…制服，ユニフォームなど

❷ (1)Aは洋服，Bは和服である。
(3)和服は平面構成で，折り目正しく縫い目に沿って平らにたたむことができる。たたみ方とともに，それぞれの部分の名称も確認しておこう。
❸ (1)ほかに，自分で製作したり，人から借りるなどの方法もある。
(2)ア価格だけでなく素材や縫製などの品質も確かめて購入する。
❹ (2) JIS は国が定めた産業製品に関する規格。
(3)イ家庭での洗濯禁止。ウ 40℃を限度に洗濯機で洗濯できる。オつり干しにする。
❺ (1)A B胸囲の呼び方は男女で変わるので注意しよう。
(2)採寸はすべて水平に測るようにする。

p.114～115 ステージ1

教科書の要点

❶ ①汚れ　②天然繊維
③化学繊維
❷ ①部分洗い〔つけおき〕
②合成　③弱アルカリ性
④アイロン　⑤低い
⑥ブラシ
❸ ①まつり縫い

教科書の資料

1 ①植物　②動物
③毛　④中性
⑤高　⑥虫の害
⑦黄変　⑧低
2 ①1本　②三つ折り
③表
3 ①スナップ　②玉結び
③玉どめ

p.116～117 ステージ2

❶ (1)A皮脂　Bしみ　Cカビ　D虫
(2)ブラシかけ(をする)

❷ (1)A天然　B化学
(2)①綿，麻　②毛，絹
(3)①絹　②ポリエステル
③綿，麻　④アクリル

❸ (1)イ→エ→ア→ウ　(2)界面活性剤

❹ (1)ウ
(2)①中性　②洗濯機
③中温　④小さい
(3)洗濯ネット
(4)Aイ　Bア　Cエ　Dウ
(5)例組成表示や取り扱い表示を確認する。〔ポケットの中を確認する。〕

❺ (1)①まつり縫い
②１本どり
③玉結び
④玉どめ
(2)右の図

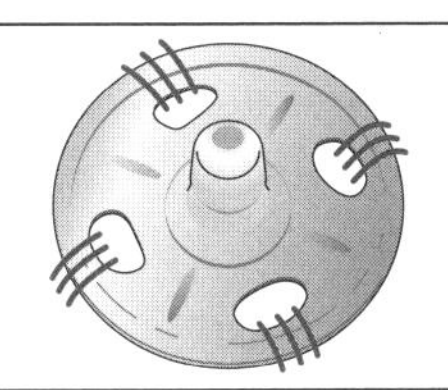

解説

❶ (2)ジャケットなど頻繁に洗う必要のない衣服もこまめにブラシをかけるとよい。

❷ (2)ポリエステル，アクリルは合成繊維。
(3)①虫の害・黄変は毛でも起こるが，光沢があるのは絹の特徴。②再汚染しやすいのは合成繊維の特徴。アクリルは熱に弱いので誤り。③綿・麻の特徴。④合成繊維。中温でよいポリエステルではない。

知っ得ワード

□ナイロン▶丈夫で軽い合成繊維。弾力性があるが，日光で黄変する。
□ポリウレタン▶伸縮性をもつ合成繊維。
□レーヨン▶再生繊維。水に非常に弱い。絹に似た光沢をもち，繊維がやわらかい。

❸ (2)界面活性剤には水と油をなじませる働きがあり，油性の汚れを繊維から引き離すことができる。

❹ (1)ア洗剤の量を増やしても汚れ落ちがよくなるわけではない。環境への負荷も大きくなるので，表示の量どおりの洗剤を適切に使うようにする。イ当て布は，平織りの綿の布を使う。エしみはもんだりこすったりすると広がることがあるので，タオルなどほかの布に移し取るようにたたく。
(2)③混用の衣服なので，アイロンの温度は低いほうの絹に合わせる。また，取り扱い表示も参考にする。④しわをつけないように面積が小さい部分からかける。一般的なシャツの場合，襟→カフス→袖→肩→前身頃→後ろ身頃の順にかけていくとよい。
(4)しょうゆなどの水性のしみは，基本的に水で落とせる。しみ抜きの実際の手順(当て布の位置やしみの裏側からたたくことなど)についても確認しておこう。
(5)ほかに，しみやひどい汚れの部分洗いをしておく，洗濯物の仕分けをするなどでもよい。

ポイント!　洗濯機での洗濯の準備

- ポケットの中，表示，ほころびや取れそうなボタンの有無を点検
- 繊維の種類，汚れの程度，色落ちの有無によって仕分け
- 繊維に適した洗剤を，使用量の目安に従って準備する

❺ (1)①②布と近い色の糸でなるべく目立たないように縫う。③④ **ミス注意** 逆にしないように注意。

これもチェック　ボタンつけ

小学校の学習内容。補修の技術として出題されることも多いので確認しておこう。布にぴったりつけず，布の厚さを考慮してボタンが浮くようにつけるとよい。

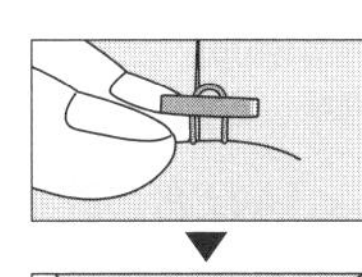

▼

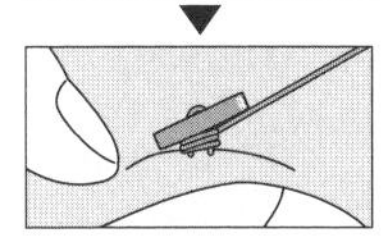

p.118～119 ステージ1

教科書の要点

❶ ①型紙　②あや織り
③バイアス　④地直し
⑤まち針　⑥しつけ
⑦返し

❷ ①クール　②リユース
③リサイクル　④リデュース
⑤修繕〔補修，直〕

教科書の資料

1 ①裁ち〔たち〕　②ルレット
③チャコペンシル〔チャコ鉛筆〕
④糸切り　⑤リッパー
⑥針さし

2 ①1　②4　③3　④5　⑤2
〔①2　②5　③3　④4　⑤1〕

3 ①天びん　②上糸調節装置
③はずみ車
④送り調節器〔送り調節ダイヤル〕
⑤押さえ

p.120～121 ステージ2

❶ (1)Aみみ　方向ウ
(2)a なみ縫い　b 本返し縫い
c 半返し縫い
(3)エ　(4)③，④に○

❷ (1)A糸立て(棒)　B返し縫いレバー
(2)c→b→f→a→d→e
(3)例糸がほつれることを防ぐため。
(4)①釜　②はずみ車　③押さえ　④針

❸ (1)①ウ　②ア　③イ
(2)①エ，オ，カ　②イ　③ア
④エ，カ　⑤ウ，カ

❹ (1)①リユース　②リペア　③リデュース
④リサイクル
(2)石油　(3)ウ

解説

❶ (1)Aは布の縦に対して，左右にあたる部分で，ほつれないようになっている。布は縦方向が最も伸びにくく，斜め方向(バイアスともいう)が最も伸びやすい。
(2)いずれも小学校で学習した技能だが，製作に用いた場合は出題されることも多い。縫い方を確認しておこう。
(3)まち針は，縫う方向に対して直角に打つ。打つ順番も確認しておくとよい。
(4)①はさみは柄を相手に向けて渡す。②布と異なる色で，なるべく細い線でつける。

知っ得ワード

□**平織り**▶縦糸と横糸を１本ずつ交差させた織物。ブロード，ギンガムなど。
□**あや織り**▶横糸１本に対して縦糸を２本交差させた織物。デニム，サージなど。
□**メリヤス**▶１本の糸を交差させた編み物。
□**キルティング**▶キルト芯を入れ，ステッチをかけた布。
□**不織布**▶繊維を絡ませた布で，ほつれない。フェルト。

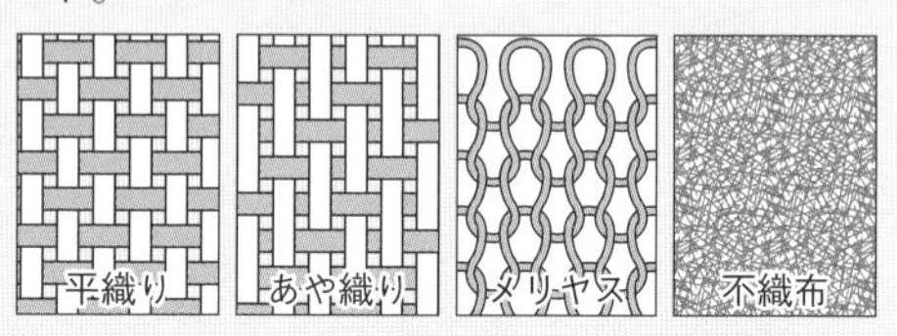

❷ a天びん，b上糸糸案内，c糸立て，d糸かけ，e針棒糸かけ，f糸案内板。
(3)縫い目を丈夫にしたいときにも行う。

❸ (2)①針のつけ方や，針そのものに問題がある場合に起こる。②ほかに，糸巻き軸が下糸を巻く(ボビン押さえに押しつけられている)状態になっていることでも起こる。③送り歯にほこりがつまっている場合もある。④針に問題があることが原因。⑤上糸が強すぎることも原因。

これもチェック　糸調子の調整

上糸調節装置で調整できる。上糸が強いときは，目盛りを小さく，上糸が弱いときは目盛りを大きくして調整する。

❹ (1)④繊維を綿状にほぐした反毛にして，フリース，カーペットなどに利用されている。
(2)合成繊維の多くは石油からつくられている。
(3)**ア**クールビズは，ネクタイなどを締めず，風通しのよい服装で暑さを調節する。**イ**ウォームビスは，重ね着や開口部を閉じて寒さを調節する。**エ**洗剤の量を増やしても汚れ落ちはよくならない。

ポイント！　環境に配慮した衣生活

● 4R(リサイクル・リデュース・リユース・リペア)　●クールビズ　●ウォームビズ

p.122〜123 ステージ1

教科書の要点

❶ ①子ども ②生活行為
③生理・衛生 ④家事作業
⑤個人生活 ⑥畳
⑦和洋折衷 ⑧動線

教科書の資料

1 ①入浴 ②収納
③睡眠 ④調理
⑤移動 ⑥団らん

2 ①岐阜県 ②北海道
③岩手県 ④島根県
⑤沖縄県

p.124〜125 ステージ2

❶ (1)①自然 ②健康 ③活力
④子ども ⑤介護
(2)Aウ Bア Cイ Dエ Eオ
(3)Aエ Bウ Cア Dイ Eオ
(4)L…①リビング ②居間
D…①ダイニング ②食事室
K…①キッチン ②台所
(5)①，④，⑤に○

❷ (1)①和式 ②洋式 ③和洋折衷
(2)ア，エ，オ，キ
(3)①保温 ②吸湿(順不同)

❸ (1)①オ ②イ ③ア ④ウ
(2)A台風 B二重 C通り庭

解説

❶ (2)(3)生活行為と部屋(空間)を対応させておく。

これも チェック 食寝分離と就寝分離

食事の場所と寝る場所を分ける住まい方を**食寝分離**，子どもの年齢や性別に応じて親やきょうだいが別の部屋で寝る住まい方を**就寝分離**という。

❷ (1)③和式と洋式の両方の特徴を生かした住まい方。

❸ ①台風が多い沖縄県の家。暑い気候に合わせて開放的なつくりにもなっている。②積雪の多い岐阜県・富山県の山間部の住まい。世界文化遺産にも登録されている。③北海道の住まい。冬の厳しい寒さに耐えるつくり。④京都の町屋。

p.126〜127 ステージ1

教科書の要点

❶ ①湿度 ②気密性
③一酸化炭素 ④化学物質
⑤換気

❷ ①家庭内事故 ②バリアフリー
③ユニバーサル

❸ ①家具 ②防災

❹ ①緑のカーテン〔グリーンカーテン〕

教科書の資料

1 ①自然 ②換気扇

2 ①カビ ②ダニ
③シックハウス ④不完全

3 ①固定 ②避難通路

p.128〜129 ステージ2

❶ (1)A結露 Bダニ
(2)例気密性・断熱性が高いから。
(3)①ア ②エ (4)シックハウス症候群
(5)①二酸化炭素 ②不完全燃焼
③一酸化炭素 ④騒音 ⑤日光

❷ A例コードをしまつする。
B例手すりをつける。
C例浴そうの水を抜いておく。
D例段差をなくす。

❸ (1)①イ ②エ ③オ ④ア ⑤ウ
(2)例本棚の上のテレビを移動する。
(3)②，④に○

❹ ①エ ②ア

解説

❶ (2)アルミサッシなどの建材の普及によって，気密性・断熱性が高まった。
(3)イウ自然換気を行うときは，風の通り道を家具などで塞がないようにする。開口部が一か所では空気は入れかわりにくい。

ポイント! 室内環境

- 室内空気の汚染…カビ，ダニ，ほこり，二酸化炭素，一酸化炭素(CO)，化学物質
- シックハウス症候群
- アレルギー

❷ 家庭内事故の死者数は，年代によっては交通事故による死者数よりも多くなっている。特に乳幼

児では窒息が，高齢者では溺死や転倒・転落，窒息が多く発生している。予防のためには，危険な場所はどこかを知ることや日常的な清掃，片づけが有効である。そのうえで，危険な場所についての対策を家族で考えることが大切である。

ポイント! 住まいの安全対策

- 事故が起きやすい…台所，浴室，敷居，階段など。高齢者，乳幼児は特に注意。
- バリアフリー　●ユニバーサルデザイン
- 火災対策…火災警報器，消火器，ガス漏れ警報器

❸ (1)①壁に家具を固定する。②避難の際に怪我をしないよう，ガラスが飛び散らないようにする。③就寝中に棚の中や上のものが落ちてくると危険である。④手前にマットを挟むと倒れにくくなる。⑤通路や出入り口のそばにものを置くと，倒れて避難経路を塞ぐことがある。
(2)棚の下に重いものを入れる，重ねた家具をつなぐなどでもよい。
(3)①非常持ち出し袋の食料は3日分あるとよい。また，すぐに取り出せるところにしまう。③家族がそろわなくても，各自で避難をする。合流できるように避難場所を決めておく。

ポイント! 災害対策

- 家具の配置の見直し　●家具の固定
- 避難経路の確保
- 就寝中の安全確保　●ガラスの飛散防止

❹ ②地域の人と取り組むことでより効果が上がり，また，良好な関係をつくることにもつながる。

家庭C　消費生活と環境

p.130～131 ステージ1

教科書の要点

❶ ①物資　②サービス
③消費
❷ ①無店舗販売　②即時払い
③キャッシュレス　④家計
⑤消費支出　⑥金銭管理
❸ ①契約　②合致
③クレジット

教科書の資料

1 ①前払い　②即時払い
③後払い　④プリペイド型電子
⑤デビット
2 ①消費　②権利
③販売　④義務
⑤合致
3 ①消費者　②販売者
③クレジットカード

p.132～133 ステージ2

❶ (1)①商品　②消費者
(2)a ア，エ　b イ，ウ，オ
❷ (1)A店舗　B無店舗
(2)①B　②B　③A
(3)①A　②B　③B　④A
❸ (1)A即時払い　B後払い　C前払い
(2)Aデビットカード
Bクレジットカード
Cプリペイドカード
(3)例使いすぎに気をつける。
❹ (1)A合意　B義務　C権利
(2)イ，エ，オ
(3)ウ　(4)ア　(5)イ
❺ (1)A商品の引き渡し
B代金の立て替え払い
(2)売買契約
(3)メリット例現金を持ち歩かなくても買い物ができる点。
デメリット例後払いのため，使いすぎてしまう恐れがある点。

解説

❶ (2)bサービスはこのほか，医療，映画・コンサートなどの娯楽，理容・美容，銀行などの金融もあてはまる。最近はサービスの種類も増加している。

❷ (1)A消費者が実際に店舗に行って購入する。Bほかに通信販売もあてはまる。

(2)①②どちらも消費者が直接購入するが無店舗販売にあたるので注意する。③ドラッグストアは医薬品・日用品を売る専門店である。

(3)店舗販売と無店舗販売の長所と短所は表裏の関係にある。①直接商品を比べている。②実際の商品を見ずに購入しているので通信販売などと考えられる。③時間や場所を気にせずに購入できる通信販売の長所である。④店舗販売は場所や営業時間に制約がある。

ポイント! **店舗販売と無店舗販売**

- 店舗販売→商品を直接比較して検討できるが，店がないと買えない。
- 無店舗販売→店に行かなくても購入できるが，商品の比較がしにくく実物を見ることができない。

❸ (1)(2)A現金やデビットカードなどで支払う。Bクレジットカードのほか，使用量に応じて後で請求される公共料金などの例がある。C商品券，プリペイドカード，チャージを繰り返すプリペイド型電子マネーなどで支払う。

(3)手元に現金がなくても使用できるため，しばしば支払い能力を超えて使いすぎてしまうトラブルが起きる。

❹ (1)代金と商品の動きについても確認しておこう。

(2)ア，ウ一般的に，家族や友人との口約束などは契約に含まれない。

(3)購入の意思と販売の意思が合致したタイミングで契約は成立する。

(4)契約は「法的な責任が生じる約束」なので拘束力がある。イ，ウはそれぞれの商店の独自サービスにすぎない。

(5)社会経験が少ない未成年者が，保護者などの同意を得ずに契約した場合，契約を取り消すことができる。未成年者取り消しは，未成年者自身からでも，保護者からでもできる。ただし，小遣いの範囲の少額な契約や，成人であると積極的にウソをついたり，保護者の同意があるとウソをついたりした場合は，未成年者取り消しができないので注意が必要である。

❺ (2)消費者と販売者の間の契約は売買契約である。消費者とクレジットカード会社の間の契約は会員契約である。クレジットカード会社と販売者の間の契約は加盟店契約である。

(3)消費者にとっては，クレジットカードを利用すると，手元にお金がなくても商品・サービスの購入ができるという利点がある。一方，後払いで済むため，手元にある以上の金額を使ってしまう恐れがある。

p.134〜135 ステージ1

教科書の要点

❶ ①消費者　②悪質商法
③オンライン　④弱い
⑤消費者契約　⑥製造物責任
⑦特定商取引　⑧クーリング・オフ
⑨消費生活

❷ ①必要　②アフター
③マーク

教科書の資料

1 ①悪質な訪問販売　②キャッチセールス
③アポイントメントセールス
④マルチ
⑤ネガティブオプション

2 ① PSE　② SG
③ JAS　④ JIS
⑤エコ　⑥グリーン

p.136〜137 ステージ2

❶ (1)A悪質な訪問販売　Bマルチ商法
Cアポイントメントセールス
Dキャッチセールス
Eネガティブオプション
Fワンクリック詐欺　G催眠商法
Hサクラサイト商法

(2)①，④に○

❷ ①エ　②ウ　③ア　④イ

❸ (1)B（さん）　(2)イ

(3)例特定記録郵便もしくは簡易書留を利用し，

書面で通知する。

4 (1)①機能　②価格　③アフターサービス
④環境　(2)ア

5 ①イ　②ア　③オ　④エ　⑤ウ

解説

1 (1)悪質商法の特徴と名前はよく出題される。また新しい手口が出てくることもあるので，どのような被害が出ているのか，いつも確認しておくようにしよう。Ｅネガティブオプションに対しては，14日間は商品を保管しておき，請求は無視するようにする。

(2)②身に覚えのない請求は無視をすればよい。不用意に発送元に確認すると，被害が拡大することもある。③断るときは曖昧ではなく，はっきりと「いらない」と伝える。

知っ得ワード

□**サクラサイト商法**▶芸能人や利用者になりすましたメール(サクラメール)交換を通して，有料サービスを利用させる。

□**点検商法**▶悪質な訪問販売の一種。設備を点検するとして訪問し，故障などを指摘して不安をあおって高額な工事をさせる。

□**デート商法**▶知り合った人に対して，恋人のような親しい関係を築いてから高額な商品を売りつける。

2 ①消費者保護基本法を2004年に改正したもの。②事実と違うことを言われた，契約しないと帰してもらえない，消費者が著しく不利になる取り決めなどが不当な契約にあたる。④トラブルを生じやすい訪問販売や通信販売を規制している。

3 (1) **ミス注意** クーリング・オフの適用条件に注意する。Ａ現金で3000円未満の商品を購入した場合はクーリング・オフが適用されない。Ｂ適用条件を満たしている。Ｃ通信販売はクーリング・オフが適用されない。返品条件などを確認して慎重に契約する。右のようなジャドママークをつけている企業は，自主的に返品条件を規定していることが多い。

ジャドママーク

(2)クーリング・オフの期間は原則8日間と覚えておく。ただし，マルチ商法など一部の販売方法は20日間となる。

(3)クーリング・オフは書面で通知する。特定記録郵便か，簡易書留などで送る。はがきを利用する場合はコピーをとり，配達証明郵便で送るなど，通知の証拠を残しておく。

ポイント!　**クーリング・オフ制度**

- 適用される契約→訪問販売，キャッチセールス，アポイントメントセールス，マルチ商法
- 適用されない契約→現金3000円未満の契約，化粧品・食料品などの消耗品を使用した場合，通信販売
- 適用期間→8日間(マルチ商法は20日間)

4 (1)③製造者や，販売店で行われている。

(2)イ購入するほかにも，製作する，つくり変える(リフォーム)，借りる(レンタル)，共有する(シェア)の手段がある。ウ売り手からの情報は正確でも，よい点を強調しがちである。情報リテラシーの観点からは，複数の情報を比べることが望ましい。

これもチェック　生活情報

商品の選択に関わる情報については，売り手が発信するカタログ，ウェブサイト，チラシなどの広告，買い手が発信する口コミのほか，公的機関による発信もある。

5 **ミス注意** 似ているマークに注意。①エコマーク，②SGマーク，③STマーク，④グリーンマーク，⑤JASマーク。

p.138〜139 ステージ1

教科書の要点

1 ①8　②5

2 ①化石燃料　②温暖化
③省エネルギー　④グリーン
⑤フェアトレード　⑥エシカル
⑦二酸化炭素　⑧循環型

教科書の資料

1 ①安全　②選択
③補償　④消費者教育
⑤批判的　⑥主張

⑦連帯

2 ①リサイクル　②リデュース
③リユース

p.140～141 ステージ2

1 (1)A知らされる　B反映
C基本的ニーズ　D健全な環境
(2)①環境への配慮をする(責任)
②連帯する(責任)
③批判的意識をもつ(責任)
④主張し行動する(責任)

2 (1)A批判　B社会　C投票　D市民社会
(2)①エシカル消費　②ウ
(3)フェアトレード

3 (1)①化石燃料　②温室効果ガス
③地球温暖化
(2)再生可能エネルギー

4 (1)Xリデュース　Yリユース
Zリサイクル
(2)循環型社会
(3)①X　②Z　③X　④Y　⑤Z　⑥Y
(4)ア，ウ，エ，オ
(5)例生活ア，
取り組み…食品をむだにしないように，エコクッキングをしている。
〔生活イ，取り組み…ほころびのある衣服を補修して着ている。／生活ウ，取り組み…夏に緑のカーテンをつくり，室温の上昇を防いでいる。〕

解説

1 消費者の権利と責任は言葉と具体例を結びつけておこう。

> **これもチェック　消費者の4つの権利**
> 消費者の権利のうち，「安全である権利」，「知らされる権利」，「選択する権利」，「意見が反映される権利」の4つは，1962年にアメリカのケネディ大統領が世界で初めて提唱したものである。

2 (2)②ア使い捨てではなく，長く使えるものを選ぶ。イ生産地が離れていると余計なエネルギーを消費することになる。そのほかエシカル消費の例には以下のようなものがある。

> ・フェアトレードの商品を買う
> ・被災地でつくられた商品を買う
> ・環境に配慮した商品を買う
> ・障がい者の支援につながる商品を買う
> ・地産地消を意識して買う
> ・売上げの一部が寄付になる商品を買う
> ・ユニバーサルデザインの商品を買う
> ・使い捨てプラスチックを減らす
> ・食べ残しを減らす

(3)フェアトレード製品の購入で，発展途上国の貧困を改善することにつながる。

3 (1)化石燃料による発電には石油，天然ガス，石炭などが用いられる。

4 (1)X消費者はごみの減量を考えて製品を購入する。Y使えるものを廃棄せずに再び使用する。
(4)家電リサイクル法の対象4品目は，「エアコン，テレビ，冷蔵庫・冷凍庫，洗濯機・衣類乾燥機」である。製造業者には実際のリサイクル義務が，消費者にはリサイクル費用の負担が求められている。
(5)消費生活だけでなく，生活のあらゆる場面で環境に配慮することが大切。

> **ポイント！　3R・5R**
> ●3R→リデュース，リユース，リサイクル
> ●優先順位はリデュース＞リユース＞リサイクル
> ●5R→3Rに消費者の態度として重要なリフューズ，リペアを加えたもの。リフォームを加えることもある。

家庭総合　生活の課題と実践

p.142　ステージ1

教科書の要点

1 ①生活　②改善
③実践　④記録
⑤発表　⑥評価
⑦課題

p.143　ステージ2

1 (1)例電子レンジを買い換えること。
(2)エシカル〔エコ〕
(3)①インターネット　②試用
③パンフレット　④聞き取る
⑤比較表
(4)イ　(5)ウ
(6)例アフターサービスがあること。

解説

1 (1)生活をふり返り，気づいたことを書き出す中で，問題点や課題が見えてくる。
(2)消費電力が小さい，環境(かんきょう)に配慮(はいりょ)した製品を希望していることから，エシカル消費を心がけたいことがわかる。光熱費に着目して，節約を心がけるエコ消費としてもよい。
(3)課題を解決するために，いくつかの方法を組み合わせて，多面的に考える必要がある。
(4)優先順位に沿って決定する。①オーブン機能がない**ア**は，対象外となる。②**イ**と**ウ**は，どちらも洗浄機能がある。③価格は**イ**のほうが安い。よって，**イ**が購入候補となる。実際は，**イ**と**ウ**の価格差と消費電力を比較して電力料金の差が何年で価格の差を上回るかも検討すると，よりよい結果が得られる。
(5)店頭で試用したことにより，考え方が変わることもある。実際の使い勝手・使い心地を知ることはとても大事である。優先順位の高い使用感がよいのは，**ウ**である。
(6)アフターサービスや保証のほかに，耐久性，デザイン・色など，さまざまな検討項目がある。「商品の選択と購入」の単元をもう一度確認してみよう。

プラスワーク

p.144

1 ①エコ　②グリーン
③省エネ性　④再生紙使用
⑤容器包装識別　⑥ JAS
⑦有機 JAS　⑧特定保健用食品
⑨国際フェアトレード認証
⑩ PET ボトルリサイクル推奨
⑪ JIS　⑫ ST
⑬ SG　⑭ PSC
⑮ PSE　⑯シルバー
⑰ジャドマ　⑱飲用乳公正

2 ①チ　②ス　③セ　④キ
⑤ア　⑥オ　⑦タ　⑧シ
⑨サ　⑩ツ　⑪ソ　⑫ウ
⑬コ　⑭イ　⑮ケ　⑯エ
⑰ク　⑱カ

解説

1 ③オレンジは省エネ基準の達成率が100％未満のもの，緑は達成率が100％以上のものを表す。表示方法などはJISに定められている。⑤ほかにアルミやスチールなどを表すマークもある。⑰さまざまな種類の通信販売に対して発行される。
ミス注意 ⑥⑪，⑫⑬，⑭⑮は紛らわしいので取り違えないように注意しよう。

2 ⑨フェアトレードは，貿易から生まれる貧困の解消のため，公正な取引を行うしくみ。開発途上国の原料や製品を適正な価格で継続的に取引する。⑰返品の可否や条件を提示するなどして公正な販売に努めている事業者を示す。